인간의
마음과 법

河合隼雄　加藤雅信 편저
가와이 하야오　가또 마사노부

김상수 번역

법우사
BUBWOOSA

이 책은 일본의 獨立行政法人 國際交流基金(Japan Foundation)의 2012년도 번역출판조성을 받아 출판되었다. 국제교류기금에 심심한 사의를 표하는 바이다.

JAPANFOUNDATION

이 책은 일본에서 출판된 河合隼雄=加藤雅信, 人間の心と法(有斐閣, 2003)을 편저자와 출판사의 허락을 받고 번역 출판한 것이다.

한국어판 서문

「所有 · 契約 · 社會」라는 표제 하에 법인류학적 수법, 법사회학적 수법에 의한 연구를 하게 된 단서는 뉴욕 재주 시절인 1986년 10월 미국 비교법학회에서 "The Role of Law and Lawyers in Japan and the United States"라는 보고를 한 것이었다. 이 보고는 다음 해 미국 비교법학회의 회의장이었던 브리함 영대학의 로리뷰에 공표되었는데, 그 보고를 할 때 콜롬비아대학에서 교편을 잡고 있었던 나는 그 해 동료인 마이클 K 영 교수와 공동세미나를 가졌고, 일본인과 미국인의 법의식의 차이를 1년간 미국인 학생들과 논의하였다. 둘의 견해는 상당히 달랐는데, 그 학회보고와 공동세미나를 하게 됨으로써, 나는 인상론이 아닌 실증적으로 '법의식'을 논할 필요를 통감하였다. 그 결과 실시된 것이 『韓國人 · 日本人の契約觀——世界22か國 / 地域調査から』("한국인과 일본인의 계약관"이라는 제목으로 이 책의 번역자인 김상수교수가 번역)로 결실을 맺은 계약의식조사와 동양인과 서양인의 법의식비교를 위한 「日米中 · 3か國法意識調査」(일미중 3개국 법의식조사)이다. 후자인 3개국에서의 전국법의식조사가 이 책의 "인간의 마음과 법"의 내용이므로, 약간 자세히 설명하기로 한다. 이 3개국에서의 최초의 비교조사는 1995년의 중국조사였다. 이것은 중국정부 - 구체적으로 조사를 담당한 것은 중국사회과학원과 중국 국가통계국 - 와 필자 및 마이클 K 영교수가 대표를 맡은 법의식국제비교연구회가 계약을 체결하고, 중국전토 5000명 규모로 법의식조사를 실시한 것이다. 이 조사는 중국에서의 최초의 법의식조사임은 물론이지만, 전국 규모로의 사회학적 조사로서도 중국에서는 이에 선행하는 정치의식조사가 하나 존재할 뿐이고(閔琦著＝丸山省監譯『中國の政治文化――なぜ民主主義が育たないのか』〔田畑書店、1991年〕), 2번째로 행해진 사회학적 전국조사이며 문화대혁명 종결 후의 '4가지 현대화'노선을 이끈 등소평 사망 직전의 중국인이 어떠한 생각으로 살고 있었는지, 하나의 시대를 이야기하는 것이다. 그 후 2000년에 일본조사를 2001년에 미국조사를 모두 1000명 규모로 행하였다. 이 3개국조사의 결과로서 특히 법의식에 관하여는 동양 대 서양(중일과 미국), 선진자본주의국 대 사회주의국(미일 대 중국)이라는 도식은 모두 성립하지 않고, 미일중의 법의식은 말하자면 등거리의 정삼각형을 이루는 것이 명확해졌다.

이 조사의 중심이 된 것은 藤本亮교수와 河合幹雄교수였는데, 河合교수의 소개로 융그파 심리학자로서 유명한 河合隼雄 문화청장관(당시)이 협력해 주었고, 법의식국제심포지엄이 도쿄와 나고야에서 개최되었다. 그 내용을 함께 엮은 것이 이 책이다.

이 3개국 법의식조사의 데이터는 귀중한 것이고 본서 공간 후에도 이 데이터를 기초로 몇 가지 논고가 발표되었으며, 나 자신도 「日本人の『裁判嫌い』、『調停志向』の神話と實話 ― ―『日本人の法意識』再考」(ジュリスト1359号,1360号)를 공간하고 있다.

그건 그렇고 우리의 공동연구 '소유계약사회'의 성과는 각각 『「所有權」の誕生』(소유권의 탄생), 『日本人の契約觀』(한국인과 일본인의 계약관), 『人間の心と法』(인간의 마음과 법)이라는 3책으로 결실을 맺었는데, 그 모두를 외우(畏友) 김상수교수가 한국어로 번역해 주었다. 국가 사이에는 국경이 있지만 학문에 국경은 없다. 단지, 거기에 있는 언어의 장벽을 김상수교수가 모두 없애준 것에 충심으로 사의를 표하는 바이다.

2012년 9월 9일 66세의 생일을 맞이하며

上智대학교수 加藤雅信

원저 서문

‘사회가 있는 곳에 법이 있다“는 말이 있는데, 어떠한 사회도 나름대로 질서가 필요한 이상 법을 갖고 있다. 사회가 복잡하지 않으면 법삼장적인 살인, 상해, 절도만의 단속, 모세의 십계, 또는 불교의 십계적인 것으로도 사회의 최저한의 규율은 유지될 것이지만, 사회가 복잡해지면 사회의 거울인 법도 역시 복잡해진다. 일본이나 유럽대륙과 같은 제정법국가에서도 또한 미국이나 영국과 같은 판례법국가에서도 근대국가는 모두 복잡한 법체계를 갖고 있다. 그러나 몇 개 국가에서 생활을 해보면 각각의 국가에서의 법의 역할은 결코 같지 않다. 법이 사회생활이나 인간관계의 전면에 나오기 쉬운 사회도 있고 법회피형 사회도 있다.

나 자신은 일본에서 태어 낳지만 30대에 미국에서 살았을 때에 양국의 사회구조의 차이를 피부로 느꼈다. 1981~1982년, 1986~1987년 2번에 걸쳐 뉴욕 콜롬비아대학에서 교편을 잡을 기회가 있었는데, 동료인 마이클 K 영교수와의 일본법 공동강의에서는 이 일미법의식비교론을 다루는 일이 많았다. 또한 1986년의 미국 비교법학회에서 “일본과 미국에서의 법과 법률가의 역할"(The Role of Law and Lawyers in Japan and the United States)이라는 주제로 발표를 한 것도 이러한 문제의식에서였다.

전문인 민법학의 연구를 계속하는 한편으로 법-사회-인간의 관계가 어떠한 것인지, 마음의 한구석에서 계속 생각해온 나는 그 후에도 서울에서 '동아시아의 법의식'심포지엄을 주최할 때에 법의식비교의 연구대상을 점차 다국화 하기 시작하였다.

법의 그리고 사회의 기본에는 '소유'개념이 있다. 토지 그 밖의 생산수단에 관하여 사적 소유가 인정되는지 공유인지에 의해 자본주의국과 사회주의국으로 구별된다. 1991년의 소련 소멸까지 70년, 특히 제2차세계대전 후의 반세기, 현대세계사는 이 문제를 기조로 진개되었다. 또한 역사를 보다 긴 시점에서 돌아보아도 원시공산사회, 고대노예사회, 봉건사회, 근대자본주의사회 등의 시대구분도 소유형태 등을 기초로 생각되어진다.

또한 경제의 기본은 교환에 있고 그것은 법적으로 계약이라는 형태를 취한다. 이 의미에서는 '소유'와 '계약'이 법의 기본을 형성하고 있다. 그리고 법은 사회의 아이이고 이들 기본적 개념도 각각의 사회에서 그 사회의 콘텍스트 안에서 기능하게 된다. 이러한 관점에서 자세히는 이 책 제2장의 처음에서 말했듯이 우리는 '소유'를 둘러싸고는 세계22개국/지역에서 대규모 질문표조사를 전개하여 왔다. 또한 '사회'를 둘러싸고는 동양사회와 서양사회에서의 법의 기능의 차이를 대비하기 위해, 일본, 미국에서는 우리 연구회에 의한 조사, 중국에서는 중국정부와의 공동조사라는 형태로 이 3개국에서 법의식을 둘러싼 전국조사를 전개하였다(중국조사에서는 물론 일본이나 미국에서도 전국을 망라한 이러한 법의식조사는 처음 이루어진 것이다 → 이 책 48면). 이와 같이 하여 '소유, 계약, 사회'의 총체를 법과 사회라는 관점에서 연구함으로써, 때로 주위에서 '두 마리 토끼'로 평가되는 일도 있던 나의 민법학연구와 법사회학 · 법인류학연구는 하나의 통합체를 이루어지는 것이 아닌가, 라고 개인적으로 생각하였다. 이러한 문제의식에서 1994년에 이 책 집필의 멤버를 중심으로 미국, 아르헨티나, 한국, 스웨덴, 태국, 중국, 독일, 일본, 뉴질랜드, 베트남 10개국 연구자로 이루어진 법의식국제비교연구회를 설립하였다. 그리고 이 연구회 손으로 앞서 말한 몇 가지 대규모조사가 병행적으로 전개된 것이다.

이 조사결과는 각각 학술연구로서 발표되어 왔는데, 그것은 연구회 멤버의 소개와 함께 이 책의 말미의 기술로 미루겠다. 이 3가지 연구가 거의 막바지에 이른 2002년 1월에 우리들은 도쿄국제심포지엄 '서양사회의 법과 동양사회의 법 - 사람은 왜 법을 어기는가, 일미중의 법의식조사로부터', 나고야국제심포지엄 '법과 사회의 기본구조를 찾는다 - 소유 · 계약 · 사회'라는 제목의 2가지 심포지엄을 개최하였다. 그 때 게스트 스피커를 부탁드린 문화청장관 河合隼雄씨와 법의식국제비교연구회대표 加藤雅信와의 공편에 의해 그 심포지엄의 내용을 학술서가 아닌 일반서의 형태로 출판하려고 한 것이 이 책 "인간의 마음과 법"이다(이러한 이 책의 성격에서 국명, 선주민족명 등은 관용표현를 따르기로 하였다).

후술 말미부분에서 적었듯이 이 공동연구의 성과는 여러 가지 형태로 발표되고 있는데, 모두 개별 테마별로 공간된 것이고 상당히 장대하다고 말할 수 있는 '소유 · 계약 · 사회'연구의 전체를 바라보는 것은 이 책뿐이어서, 이로써 우리 문제의식과 연구성과의 개요를 일망할 수 있으리라 생각한다.

이 책 및 이 책의 배경에 있는 연구를 전개함에 있어서는 실로 많은 분들, 많은 단체의 도움을 얻었다. 3가지 조사에 흔쾌히 응해준 25개국(및 반환전의 홍콩)의 피험자분들, 또한 그 조사에 협력하여 준 각국의 연구자나 제기관 분들에게 먼저 충심으로 감사하고 싶다. 또한 이 책 출판에 있어 도움을 준 有斐閣 江草忠敬사장, 酒井久雄편집장 편집부 五月女謙一씨에게도 충심으로 사의를 표한다.

아울러 이러한 3가지 조사를 중심으로 하는 우리 연구회의 활동은, 科學研究費(國際學術調査)(1991), 名古屋大學 アジア太平洋地域 法制研究教育事業基金(AP基金)(1992), 科學研究費(國際學術調査)(1994-1995), 平和中島財團 國際學術研究等助成(1994), 名古屋大學AP基金(1994-1995), 名古屋大學AP基金(1995-1996), 松下國際財團(1996), 日本證券獎學財團(1997), 科學研究費(國際學術調査)(1998-2000), 國際交流基金日米センター(1999-2001), 松尾綜合法律事務所(2000), 三井安田法律事務所(2000), 名古屋大

學學術振興基金(2000), 社會科學國際學術交流江草基金(2001), 科學研究費(基礎研究(B)(1) (2002-2003)로부터 조성을 받아 이루어졌다. 또한 전술한 도쿄국제심포지엄, 나고야국제심포지엄에 관하여는, 법무성, 일본변호사연합회, 나고야변호사회, 일본법사회학회, 國際交流基金日米センター, 社會科學國際學術交流江草基金, NHK, 朝日신문, 나고야테레비, 토요타자동차, 중부전력으로부터의 후원을 받았다. 여기에 이들 재단과 조직에 심심한 감사를 표하는 바이다.

마지막으로 심포지엄의 게스트 스피커, 이 책의 공동편집을 맡아주신 문화청장관으로 임상심리학자 河合隼雄님, 지금까지 10년 가까이 공동연구로 많은 무리한 일을 하여 준 공동집필자에게도 심심한 사의를 표하는 바이다.

2003년 6월 28일
加藤雅信(가또마사노부)

부기 : 이 책의 내용의 기초가 된 조사의 조사표에 관하여는 일본어판 및 영어판에 관하여는 법의식국제비교연구회의 홈페이지에 게재되어 있다. 그 이외의 중국어, 한국어, 베트남어, 타이어, 헤브라이어, 아라비아어, 이탈리아어, 스웨덴어, 독일어, 프랑스어, 스페인어, 포르투갈어의 조사표에 관하여는 名古屋大學法政論集187호53면 이하, 같은 제196호319면 이하를 참조하기 바란다.

차 례

제 1 부

인간의 마음과 법

제 1 장

인간의 마음과 법

제1 __ 자연과 인간의 욕망

인간도 자연의 일부이다. 인간도 다른 동물과 같이 언젠가는 죽는 존재이다. 그러나 인간은 다른 동물과 달리 자신이 죽는 것을 알고 있고 자신의 의지와 행동에 의해 자신의 환경을 변화시키며, 자신의 욕망을 조금이라도 만족시키려고 노력하고 고안한다. 이러한 인간이 갖는 경향을 스위스의 분석심리학자 C.G. 융구는 "인간의 성질(nature)은 자연(nature)에 반하는 경향을 갖는다"고 말하고 있다. 인간 존재가 갖는 역설적인 특성을 잘 표현하고 있다. 때문에 인간은 다른 동물과는 다른 문화나 문명을 갖게 된다. 그 하나로서 법률이라는 것도 바로 인간 특유의 것이라고 생각된다. 인간의 마음은 어떻게 하여 법을 만들어 내고, 나아가 때로는 자신이 설정한 법을 어기는지에 관하여 고찰해보도록 하겠다.

□ 자연의 질서와 인간

인간이 자신의 욕망에 따라 일반적으로 용인하기 어려운 행동을 하였을 때, 예를 들면 친자 간의 근친간이라든지 살인을 범하였을 때, "개보다도 못하다"라든지 "마치 동물 같다" 등으로 형용하지만 이것은 틀린 것이다.

동물은 그렇게 쉽게 근친간도 하지 않고 동료를 죽이거나 하지 않는다. 동물생태학자의 치밀한 조사에 의해 그것은 밝혀져 왔다. 예를 들면 콘래드 로렌츠의 연구에 의하면, 늑대는 다른 늑대와 싸워도 진 쪽 늑대가 내미는 목에 이긴 쪽이 물어뜯는 것 같은 의사행위를 할뿐 승부는 결정하지만 상대를 죽이지는 않는다. 확실히 무리의 지위를 둘러싼 다툼은 있지만, 그 때마다 상대를 죽이면 종의 보존이 성립하지 않는 것이다.

또는 사자나 늑대 등의 육식동물은 만복일 때에는 먹이가 되는 동물이 가까이에 있어도 바라보지도 않는다. 만복 이상으로 먹이가 되는 동물을 죽인다면 결국 먹이 부족으로 고생하게 될 것이다.

성에 관하여도 근친간, 특히 모와 아들의 그것은 회피되도록 잘 짜여져 있는 일이 많다. 자세히는 동물생태학자의 보고를 참고로 하기로 하고, 발정기가 일정되어 있는 점이나 무리의 멤버 구성의 조합 등에 의해 근친혼은 자연적으로 잘 회피되는 것이다.

단, 매우 흥미로운 것으로 침팬지는 '아이 죽이기'를 한다고 보고되어 있다. 이 행위를 어떻게 설명할지는 그다지 정설은 없는 것 같지만, 동물 중에서 인간에 가장 가까운 유인원에게 이러한 행위가 보여지는 것은 주목할 만하다.

지금부터는 전적으로 저자의 추론이지만, 인간은 아마도 이러한 '자연의 질서'로부터 벗어나는 행위를 오랜 옛날부터 한 것이 아니었을까. 자연 그대로의 상태라면 동물의 세계가 보여주듯이 그것은 그것으로 잘 만들어져 있는데 인간의 욕망이 자연의 한계를 벗어난 것이 아닐까.

우선 성에 관하여. 인간의 발정기가 한정되지 않게 된 것은 언제부터인지 알 수 없다. 성에 대한 욕망이 다른 동물에 비해 강해져서 한정된 기간이 아닌 언제라도 욕정할 수 있게 되었다. 이 때문에 근친혼이 상당수 생겨나고 그 결과 바람직하지 않은 것을 알게 되었기 때문에 근친혼을 금지하는 '규칙'을 설정할 필요에 봉착한 것이 아니었을까.

즉 자연 그대로 모든 것이 이루어지는 것이 아니라 자연의 질서를 깨트린 다음에 다음으로 그것을 자신의 의지에 의해 금지한다는 것을 말한다. 이러한 번거로운 경과를 거쳐 인간의 '문화'라는 것이 발생한 것이 아니었을까.

이것은 살인의 경우에도 말할 수 있을 것이다. 처음에는 먹이를 얻기 위해 사용된 무기에 의해, 자신의 욕망에 대항하는 인간을 공격하여 죽였을 것이다. 그러나 그 후에 그것을 반성하고 금지한다. 물론 살인의 경우에는 부족의 '적'을 죽이는 것은 칭찬받을지 모르고, 살인에 관한 '규칙'은 근친혼만큼 단순하지는 않았을 것이다. 아무튼 자연의 질서를 깨트린 다음에 그것을 스스로의 의지로 다른 형태로서 질서를 지키려고 한다는 패턴은 동일하다.

이러한 '금지를 깨트리는' 행위가 인간의 문화의 시작으로서 존재하는 것을 우리는 잘 인식할 필요가 있다. 인간은 자연의 규칙을 깨트려 인간이 된 것이지만, 그것을 그대로 계속하여서는 일신의 파멸이 된다는 패러독스를 안고 있는 것이다.

이것은 인간에게 있어서 극히 근본적인 것이므로 신화 속에서 자주 말해지고, 그 신화를 갖는 부족이나 민족의 세계관, 인생관이 거기에 반영되어 있다고 생각한다. 따라서 다음으로 신화에서의 '금지를 깨트리는' 행위에 관하여 고찰해 보겠다.

□ '금지를 깨트리는' 신화

'금지를 깨트리는' 신화는 아마도 어떠한 부족이나 민족이라도 갖고 있는 것이 아닐까 생각된다. 이미 언급하였듯이 이것이 인간의 본질과 깊게 관련되어 있기 때문이다.

그런데 여기서 '신화'를 다루는 것에 관하여 아주 간단히 그 의미를 언급해 두겠다. 예를 들면 그리스의 고대에서도 태양은 불타는 구체임을 사람들은 알고 있었다. 그럼에도 그들은 왜 태양은 황금의 사륜마차를 탄 영웅의 모습이라는 등 신화를 말하였던 것일까.

그것은 어둠속에서 아침이 되자 떠오르는 태양의 모습을 볼 때의 그들의 마음속의 상황을 가장 잘 표현하는데 그것이 적합하였기 때문이다. 일본의 현대인 중에서도 높은 산 정상에서 아침 해를 보고 합장하는 사람이 있다. 그에 대하여 "당신은 저것을 신이라고 믿습니까, 저것은 태양이고..."등을 설명하는 사람이 있으면 이 '아무것도 모르는 놈"이라고 생각할 것이다. 떠오르는 태양을 볼 때의 전체적 상황을 반영하는 가장 적절한 방법이 합장하여 설한나는 행위에 나타나 있는 것이다.

따라서 사람들이 자신의 마음의 상황이나 그것을 둘러싼 환경 등의 상호작용 안에서 가장 납득할 수 있는 방법으로 그것을 깨달았을 때 '신화'라는 형태를 취하는 것이다. 거기서 역으로 신화를 조사함으로써 그것을 말하는 사람들의 마음의 모습을 추측할 수 있다고 생각된다.

'금지를 깨트리는' 인간의 이야기라고 말하면 누구나 "구약성서"의 아담과 이브가 '금단의 열매'를 먹은 이야기를 떠올릴 것이다. 물론 크리스트교의 원리주의자는 "성서"에 쓰여진 것은 모두 사실이라고 주장하지만, 위와 같은 의미에서 '신화'로서 다루는 것도 허용될 것이다. "구약성서"의 '창세기'에 의하면 주님은 아담을 에덴동산에 데리고 가 "너는 동산의 어떤 나무에서도 마음대로 따 먹어도 좋다. 그러나 선악을 아는 나무의 열매는 먹어서는 안된다. 그것을 따먹으면 꼭 죽을 것이다"라고 말하였다. 그 후에 아담의 늑골로 여자를 만들고 "사람과 그 처와는 둘 모두 벌거벗었지만 부끄럽다고 생각하지 않았다."

뱀은 모든 생물 중 가장 교활하였다. 뱀은 여자에게 나무열매를 먹어도 안죽고 "그것을 먹으면 당신의 눈이 열리고 신과 같이 선악을 아는 사람이 된다고 신은 알고 있습니다"라고 유혹한다. 여자는 금단의 열매를 먹고 함께 있던 남편에게도 주었다. "그러자 둘의 눈이 열리고 자신들이 벌거벗은 것을 알았기 때문에 무화과 나뭇잎을 엮어 허리에 걸쳤다."

신은 이 사실을 알고 먼저 뱀에게 "너는 이 일을 했기 때문에 모든 가축, 들판의 모든 짐승 중 가장 저주받는다. 너는 배로 기어 다니고 일생 흙먼지를 먹을 것이다"라고 말하고, 여자에게는 "나는 당신의 출산의 고통을 크게 한다. 당신은 고통속에서 아이를 출산한다. 그래도 당신은 남편을 따르고 그는 당신을 다스릴 것이다"라고 말한다. 남자에 대해서는 "당신은 일생 동안 고통속에서 땅으로부터 먹을 것을 얻는다. 땅은 당신을 위하여 가시와 엉겅퀴를 만들고 당신은 들의 풀을 먹을 것이다. 당신은 얼굴에 땀을 흘리면서 빵을 먹고 결국은 흙으로 돌아간다. 당신은 땅으로부터 나왔으니까. 당신은 흙먼지이니까 흙먼지로 돌아간다"라고 말하였다. 각각의 죄에 대하여 명확하게 벌이 내려진 것이다. 그리고 신은 남과 여를 에덴동산에서 추방하였다. 이것이 낙원추방의 이야기이다.

여기에 인간이 뱀의 유혹이 있기는 하지만 신이 정한 금지를 깨트렸기 때문에 '낙원추방'이라는 벌을 받는다는 이야기가 나온다. 인간은 모두 이러한 '원죄'를 지고 있다는 것은 유대, 크리스트교도에게 있어서는 매우 중요한 일이다. 그러나 이것은 관점을 바꾸면 인간은 '낙원추방'이라는 희생을 받지만, 금지를 깨트려서라도 무엇인가를 알려고 하고, 선악의 판단을 스스로의 힘으로 하려고 노력하게 되었다고도 말할 수 있는 것이다. 인간을 '낙원'에 잡아두는 것은 불가능한 것이다.

다음으로 유대, 크리스트교의 견해와 대비하기 위해 일본의 신화를 들어보도록 하겠다. 여기에도 "금지를 깨는" 이야기는 있다. 단지 일신교와 같이 신과 사람의 사이가 명확하지 않기 때문에 금지를 주는 방법도 깨는 방법도 '신'의 일로서 이야기된다.

이자나키, 이자나미는 일본의 신화에 등장하는 최초의 부부신이다. 여신 이자나미는 일본의 국토를 비롯하여 여러 가지를 출산하지만 마지막으로 불의 신 가굿찌를 출산하고 음부가 불탔기 때문에 죽어버린다. 남편 이자나키는 크게 화를 내고 가굿찌를 죽이지만 처는 이미 황천으로 가버렸다. 이자나키는 처를 좇아 황천으로 가서 처를 데리고 오려고 한다. 그러나 이자나미는 아쉽게도 황천의 것을 먹어버렸기 때문에 돌아갈 수 없다고 한다. 참고로 이것은 그리스신화에도 있는 규칙이다.

이자나미는 이에 황천의 신과 교섭하고 올 테니, 기다리는 동안 자신의 모습을 보면 안된다고 한다. 여기에 금지가 부과되었던 것이다.

이자나키는 황천의 어둠 속에서 기다리고 있었지만 결국 참을 수 없어 빗을 부러트려 거기에 불을 붙인다. 그러자 거기에는 처 이자나미의 시체에 구더기가 보이고 천둥의 신이 있는 등 처참한 모습이 있었다. 이자나키는 그것을 보고 두려워 도망가지만, 이자나미는 나를 욕보였다고 하고 요모쯔시코메(황천의 추녀)에게 좇아 가게 한다. 이 이자나키의 도주의 자세한 내용은 생략하기로 하고, 이자나키는 겨우 이승과의 경계인 황천 비량판(比良坂)에 도착하여 거기에 '천인(千引)의 바위'를 놓고 이자나미와 대면한다. 여기서 부부는 이별하게 되지만, 이자나미는 "당신 나라의 사람을 하루 1000명 죽이겠다"고 하고 이자나키는 이에 대해 "하루에 1500의 아이를 낳게 하겠다"고 말한다. 일종의 타협이 여기서 성립하였던 것이다.

이 신화에서는 금지를 주는 쪽이 여신이고 금지를 깨는 것이 남성신이라는 점, 금지를 깨트린 것에 대한 벌이 명확하지 않은 점이 '구약성서'의 경우와 다르다. 여기서는 낙원추방이라는 벌이 아니라 생과 사의 구별이 명확해지는 것이다. 이 때 금지를 깨트린 행위의 배후에는 '보면 안된다고' 하여도 '보고 싶다는' 인간의 강한 호기심이라는 것이 존재하고 있다. 이 점은 '구약성서'의 경우에도 어느 정도 유사하다고 말할 수 있을 것이다. 금지하여도 인간의 호기심은 멈추질 않는다.

일본의 신화에는 여신이 금지를 주고 그것을 남편인 신이 깨는 이야기가 또 하나 나온다. 일본인이라면 잘 알고 있는 우미사찌(海幸)·야마사찌(山幸)의 이야기로 야마사찌 히코인 호오리노미코토는 바다의 신의 딸 토요타마히메와 결혼한다. 토요타마히메가 임신하여 아이를 출산할 때 그것을 보면 안된다고 남편인 호오리노미코토에게 금지한다. 그러나 호오리노미코토는 금지를 범하여 엿본다. 토요타마히메는 악어의 모습으로 되어 있었기 때문에 호오리노미코토는 놀라 도망가고, 토요타마히메는 부끄럽게 생각하여 아이를 출산한 뒤 바다로 사라져버린다.

이 경우에도 남성신이 금지를 깨는 것에 대한 벌이 없는 것이 특징이다. 그 후 토요타마히메는 여동생 티마요리히메를 자신이 출산한 아이를 돌보라고 보내지만, 그 때 토요타마히메는 노래를 호오리노미코토에게 보내고 호오리노미코토도 답가를 하여 이야기는 끝난다. 즉 양자의 갈등은 매우 미적인 방법으로 수습되는 것이다. 이것은 일종의 해결이기도 하지만 금지를 깨트렸을 때의 토요타마히메의 슬픔, 분노는 그대로 미해결인 상태로 남아 있다고도 말할 수 있다. '구약성서'의 경우 원죄라는 것이 무한히 확대하려는 인간의 욕망에 억제를 하는 역할을 하지만, 일본신화의 경우에는 슬픔이라는 것이 욕망의 확대에 억제를 가하는 역할을 갖는 것이 되었다고 생각된다.

□ 부성원리와 모성원리

"구약성서"와 일본의 신화를 들어 "금지를 깨트리는" 테마를 다루는 차이를 보았다. 같은 일에 대해서도 그것을 어떻게 판단하고 어떻게 대처하는지는 개인에 의해서도 문화에 의해서도 시대에 의해서도 달라진다. 예를 들면 이 책에서도 자세히 논하고 있듯이 '법률'이라는 것에 대해서도 앙케트 결과에서 볼 수 있듯이 여러가지 차이가 나온다. 이러한 것을 생각함에 있어 필자는 자신의 문화차의 체험 등을 근거로 다음과 같이 생각하여 보았다. 인간이 자연에 반하여 살아감에 있어서 인간으로서의 질서를 형성하는 2가지 기본적인 사고가 있다고 가정하였던 것이다. 이것은 달리 이미 발표한 것인데 여기서 재론하기로 한다.

예를 들면 필자가 스위스에 가족과 함께 유학 중 유치원을 방문하여 거기서는 초등학교 1학년이 유치원으로 낙제되어 오는 것을 알았다. 일본에서는 그러한 것은 절대로 하지 않는다고 말하니 유치원 교사가 "일본은 그러한 불친절한 교육을 해도 잘 되는가"라고 말하였다. 즉 일본에서는 1학년으로 설사 성적이 나빠도 2학년으로 올려주는 것이 '친절'이라고 생각하는데 비해 스위스에서는 "1학년 수업을 따라가지 못하는 아이는 유치원으로 보낸다"는 것을 '친절'이러고 생각하고 있는 것이다. '친절'이라고 하여도 그 근거로 하는 원리가 다르다.

또는 교통사고의 경우에 지금이라면 보험업자에게 맡길테

지만, 과거에는 쌍방 먼저 "미안하다"고 하고 나서 절충을 하는 것이었다. 필자가 1959년에 미국에 유학하였을 때 일본인 유학생이 교통사고 시에 상대방이 나쁜데 먼저 "I am sorry"라고 말해버렸기 때문에 그 후에 불필요한 고생을 하게 되었다. 지금은 일본인이라도 이런 것을 하는 사람은 없을 것이다.

그러나 수년 전에 어떤 교육에 관한 모임에서 국제교육에 열심히 노력하고 있는 초등학교 교장으로부터 그 실상에 관한 보고를 들었다. 그 때 그 교장은 항상 국제적이고 타국인과 사이좋게 지내기 위해 아이들에게 "설사 상대가 나쁘고 자신이 바르다고 하여도 바로 I am sorry라고 말할 수 있도록 교육하고 있다"고 말하였다. 상기와 같은 점에서 생각하여도 나는 놀라버렸지만, 더 놀라운 것은 이 모임에 참가한 교육관계자들이 이것을 듣고 아무 말 없이 긍정하는 것이었다. 역시 문화의 특성이라는 것은 그렇게 간단히 바뀌는 것이 아님을 알게 되었다.

이와 같은 예를 들면 한이 없는데 결론을 말한다면 사물을 보는데 2가지 대립하는 원리가 있다고 생각하고, 그것을 부성원리 모성원리라고 부르기로 하였다. 이 명칭은 오해를 부를 수도 있는데, 문화차에 관하여 구미에서 발표할 기회가 많고 그 때 paternal principle, maternal principle로서 양자를 설명하면 이해하기 쉬웠기 때문에 그대로 사용하고 있다.

전술한 예로 말하면 한번 1학년으로서 함께 배우게 되면 거기에서 한 명을 별개로 할 수 없는, 항상 전체로서 사람에 포함되어 있고 구별하지 않는다는 사고와, 설사 처음에는 1학년으로 같이 지내도 잘하는 아이와 못하는 아이를 구별하고 별도로 대응하여야 한다고 생각하는 것이다. 이러한 차이를 기본으로 하여 〈표1〉에 부성원리와 모성원리의 대비를 제시하였다. 조금 단순화해버린 감도 있는데 이로써 양자의 비교가 가능할 것이다. 이하에서는 이 표에 따라 간단히 설명한다.

<표1> 부성원리와 모성원리

(출전 : 河合隼雄『子どもと學校』[岩波書店, 1992年])

	부성원리	모성원리
기능	자른다	포용한다
목표	개인의 확립	공동체로의 소속
	개인의 성장	공동체로의 평형상태의 유지
인간관	개인차(능력차)의 긍정	절대적 평등감
서열	기능적 서열	한가지 서열성
인간관계	계약관계	일체감(공생감)
대인관계	언어적	비언어적
변화	진보에 의한 변화	재생에 의한 변화
책임	개인의 책임	공동체의 책임
우두머리	지도적	조정적
시간	직선적	원환적

부성원리와 모성원리의 주된 기능은 각각 '자른다'는 것과 '포용한다'는 것이다. 부성에 의해 무엇인가와 무엇인가를 구별하지만 이에 대하여 모성은 다른 것을 포용하여 일체로 해버린다. 단적으로 표현하면 부성은 좋은 아이와 나쁜 아이를

구별하고 "좋은 아이는 자신의 아이이지만 나쁜 아니는 자신의 아이가 아니"라고 한다. 이에 대해 모성은 먼저 '우리 아이'가 중요하고 "우리 아이는 좋은 아이"이고 다른 아이에게는 무관심이라는 것이 된다.

개인은 영어로 individual이라고 표현하는데 이것은 나누는(divide) 것이 불가능 한 것을 의미하고, 그 최종단위인 '개인'을 확립하고 성장을 도모하는 것이 부성원리에서는 중요한 것이 된다. 이에 대하여 모성원리에서는 포용하고 있는 일체로서의 그 '공동체'가 중요하고 공동체의 평형상태를 유지하는 것에 중점이 두어진다. "물건을 파괴하는" 행동은 어떠한 것이라도 거부된다. 이것은 자주 일본인의 '집단주의'로서 표현되지만, 그것과는 다르다. '집단'을 개보다도 우신하여 신댁하고 집단을 위하여 적극적으로 봉사한다는 것과 '공동체의 존중'은 조금 뉘앙스가 다르다. 후자 쪽이 수동성이 높다.

개인차를 인정하는 것은 능력차를 긍정하는 것인데, 모성원리에서는 절대적 평등감이 강하다. 구미에서는 상식인 초등학교의 '월반'제도도 일본에서 실행하는 것은 곤란하다. 단, 여기서 주목하여야 하는 것은 부성원리에서는 절대적 평등감을 배후에 두면서 어떤 집단의 질서를 위하여 서열을 붙이는 경우, 기능적인 서열이 아니라 전적으로 획일적으로 1번부터 순서대로 1명도 빠짐없이 순번을 붙이는 경향이 있다. 이것도 원래는 '장유유서'이고 연령순이나 고참자순 등이 있었지만, 여기에 부성원리가 가미된 능력차의 관념이 들어오면 1번의 차이를 둘러싸고 쓸데없는 경쟁이 전개되게 된다.

커뮤니케이션이나 인간관계에서도 부성원리에서는 언어적인 계약이 중시되지만, 모성원리에서는 비언어적인 일체감, 공생감이 중요하다. 이것은 후술하지만 '법률'과 큰 관계가 있다. 문자에 의해 명확하게 '규칙'을 쓴다는 일은 강한 부성원리의 작용이다.

애당초 '진보'라는 것이 명확히 의식되게 된 것은 근대의 특징이 아닐까. 시간이 직선적으로 진행한다는 생각과 어울러 그 시간축에 입각하여 인간이나 사회가 진보한다는 등은 모성원리우위 세계에서는 생각할 수 없다. 시간은 원환적으로 돌아가는 것이고 변화는 때로 발생하지만 본질적으로는 불변의 상태가 계속되는 것이다. 아무튼 그 신이 만든 세계가 최고의 세계이고 그것을 유지해 가는 것이 중요한 것이다.

조금 이야기의 규모가 커졌는데 현실적인 이야기로 돌리면 책임이라는 것에 관하여 부성원리에서는 개인의 책임이 명확하지만, 모성원리에서는 그 공동체 전체가 책임을 진다. 교통사고의 경우 과거의 일본에서 쌍방이 "미안합니다"라고 말한 것은 그와 같이 하여 하나의 '공동체'를 만들고 거기에서 서서히 공동체의 책임분담 방식을 쌍방이 생각한다는 방업이었다. 일본에서는 지금도 책임이 있는 자가 "미안합니다"라고 말했을 때 그 비(非)를 강하게 추구하면 그것이 바른 경우라도 오히려 비난받게 된다. 그것은 그 '공동체의 평형상태'를 파괴하는 행위로 간주되기 때문이다.

모성원리에서는 '우두머리'가 되는 자는 전체의 조정역이지만, 부성원리에서는 우두머리는 문자 그대로 '리더' 즉 방향을 가리킬 수 있는 자이어야 한다. 모성원리의 세계에서 우두머리가 '리더'로서의 역할을 너무 강하게 하면 전체가 서서히 이반되어 갈 것이다.

이상 매우 단순한 비교 형태로 부성원리와 모성원리의 대비를 제시하였는데, 어떤 문화가 완전히 한쪽으로 기우는 일은 없고 양자의 미묘한 밸런스 사이에 존재하고 있다. 단, 어떤 문화나 사회에서 어느 쪽의 원리가 우세하다는 것은 판단할 수 있다. 그것이 가치관과 연결되는 일도 많다. 즉 무엇인가의 행위를 부성(또는 모성)원리에 기하여 하는 것이 "좋다", "바르다" 등으로 생각되고, 그 반대의 경우를 "나쁘다", "틀렸다"는 것으로 생각하는 것이다.

여기서 자세히 논하지 않지만, 필자는 어느 쪽 원리도 일장일단이 있고 어느 쪽이 바르다고 말할 수 없다고 생각하고 있다. 그러나 유럽 근대화에서 매우 강한 부성원리에 의한 문화가 세련되어 강력해지고 그것은 현대로 연결되는 근대과학이나 개인주의적인 사고를 만들고, 그것이 지금은 전세계를 석권하는 상황이 된 것은 잘 인식해둘 필요가 있다.

일본의 현황에 관하여는 후에 좀더 자세히 논하지만, 구미에 비하면 일본은 모성원리우위 문화임은 전술한 바로 추측될 것이다. 이러한 것을 인식한 다음 인간의 마음과 법의 문제를 생각하여야 한다.

□ 자연과의 공존

부성원리는 "잘라버리는" 기능이 강하다. 자와 타, 마음과 물건 등이 명확히 구별되고 인간이 자연을 '대상'으로 하여 연구하고 그 결과를 이용하여 테크놀로지에 의해 자연을 지배하게 된다. 이것으로써 근대과학 및 그것과 연결된 테크놀로지는 급격하게 발전하였다. 이 때문에 개인의 욕망은 이전과 비교할 수 없을 정도로 충족되고 인간의 욕망은 한계를 모른다는 상황이 되었다. 현재 인간은 달까지 갈 수 있고 핵에너지의 사용, 유전정보의 해명과 유전자의 조작 등 과거에는 상상할 수 없었던 것을 가능하게 하였다. 인간의 마음은 많은 지식, 기능 등을 획득하고 두려운 것을 모른다고 말할 수 있는 상황이 되었다.

이러한 상황에서 공해문제가 발생하거나 지금까지 근대의학의 방법으로는 대처할 수 없는 질병이 출현하거나, 많은 '진보'는 이루었지만, 이로써 인간은 이전보다도 '행복'하게 되었다고 말하기 힘들다는 것을 인식함에 따라 근대의 인간에 대한 반성이 나타나게 되었다. 그 중의 하나로서 '자연과의 공존'이라는 것이 주목 받는 테마로서 부상하였다. 말하자면 부성원리에 의해 인간과 자연을 분리하는 것을 반성하고 모성원리에 의한 사람이 자연에 "포용되어" 살아가는 방법에 가치를 발견하려는 사람이 현대인 중에서 나오게 된 것이다.

이 점에 관하여 생각해보기 위해 필자는 약 1개월간의 단기간으로 미국의 선주민 나바호족을 2000년에 방문하고, 유럽 크리스트교 이전의 켈트문화의 모습을 알기 위해 2001년에 아일랜드를 방문하였다. 이러한 체험을 바탕으로 필자가 생각하는 바를 적어 보겠다.

나바호족에 한하지 않고 미국 선주민 사람들은 실로 자연과 함께 살아 온 사람들이다. 필자도 직접 그 사람들을 접하며 여러 가지 이야기를 들었는데 바로 자연과 공존하고 있는 삶을 잘 느꼈던 것이다. 여기서는 그 상세는 생략하지만 이러한 자연과 함께 산 민족의 삶의 방식에 관하여 매우 단적으로 표현하고 있다고 느껴지는 미국의 시인 게리 스나이더의 말을 인용한다. 이것은 앞으로의 우리의 논의에 관계된다고 생각하기 때문이다. 이집트, 중국, 잉카 등의 고대문명은 그 후에 상당한 유적을 남겨두고 있다. 이에 대하여 미국대륙의 선주민들은 아무런 유적도 남겨놓지 않았다. 이에 관하여 게리 스나이더는 다음과 같이 말한다.[1)]

“1만년이나 그곳에 살아오며 복잡하고 풍부한 지적 · 정신적 · 영적 문화를 가꾸어 오면서 전혀 유적을 남겨놓지 않았다는 것은 훌륭한 위업이다. …우리도 미래를 위해 더럽히지 않은 자연을 남기는 것을 이 문명의 기념비로 해야 한다.”

여기서는 시인 게리 슈나이더가 근대의 가치관을 전적으로 역전시켜 말하고 있는 점에 우리는 주목해야 한다. 즉 슈나이

---

1) 星川淳『環太洋インナーネット紀行』(NTT出版, 1997年) 중에 인용되어 있다.

더가 '위업'이라고 부르고 있는 것은 아주 최근까지는 일반적으로 '미개발'이라든지 극단적인 경우에 '문명이 없는' 지역이라고도 말해지고, 낮은 평가를 받고 있었던 것이다. 이러한 상황이 발생하는 문화의 한 가지 큰 요인으로 '문자'가 없다는 사실이 있다. 문자가 없다는 것은 명확히 '법'을 갖지 않는다는 것이다. 물론 '자연과 공존'하여 가기 위해 여러 가지 '규칙'은 있다. 그러나 그것은 문자에 의해 쓰여지지 않고 그 '규칙'이 어느 정도로 시대나 지역을 넘어 어떻게 지켜져 왔는지를 명확히 말하는 것은 곤란하다. 이 '문자'가 없는 따라서 명문화된 '법'이 없다는 점에 관하여 조금 생각해 보고자 한다.

이 문제를 지금 논하는 것은 간단하지 않다. 아주 얼마 전에도 '법'도 없는 미개발국이라는 한마디로 정리될 것이다. 그러나 게리 슈나이더의 말에 나와 있는 평가의 역전이 나타난 것도 사실이다. 이러한 2면성이 있는 문제임을 항상 의식하여 생각해 볼 필요가 있다.

이미 언급하였듯이 필자는 켈트 문명에 관하여 생각하기 위해 아일랜드를 방문하였다. 미국 선주민과 달리 켈트는 어느 정도의 유적을 남기고 있지만, 문명으로서는 크리스트교 문명에 의해 완전히라고 말할 수 있을 정도로 소멸되었다고 말해도 좋다. 상기한 미국 선주민의 재평가와 같은 취지로 켈트 문명을 평가하려고 하는 움직임도 나타나고 있지만, 오히려 '문자'를 갖지 않는 문명이기 때문에 그 실체를 알기가 상당히 어렵다. 역시 인간에게 있어서 문자가 얼마만큼 중요한지 라는 것이 되지만, 이에 관하여 전술한 게리 슈나이더와 유사한 느낌으로 일본의 작가 辻井喬가 흥미로운 발언을 하고 있다. 일본에서의 켈트 연구자, 鶴岡眞弓와의 대담에서 양자는 다음과 같은 일치된 의견을 말하고 있다.[2)]

鶴岡는 "켈트 민족의 문자기피는 실로 그들이 언어를 질서유지의 도구로 하는 서구적 방법에 부응하지 않는 사상을 갖고 출발한 문화집단이었던 점의 증명이라고 말할 수 있을지도 모릅니다"라고 말한다. 즉 근대의 서구가 행하여 온 "인간이라는 '주체'가 사물을 분절(分節)하여 질서화하는 방법을 배우게 되고, 사물의 실태와 언어가 어긋남이 없이 대응하는 세계"를 구축하는 것과 다른 점을 켈트 민족은 행하였던 것이나. 이러한 鶴岡의 말에 동조하면서 辻井는 다음과 같이 말하고 있다. "공적인 언어는 전혀 사람들을 감동시키지 않는다. 표찰, 공시 등이 올려지고 그것은 사람을 공포에 빠지게 할 수 있어도 감동시킬 수는 없다." 이에 대하여 문자에 의해 일반화되지 않고 그 때 그 장소에서 언어가 "내면적인 것과 일체가 되어 말하여진 때에는 거기에 사람을 감동시키는 무엇인가가 있다"고 말하는 것이다.

이러한 생각은 매우 의미 있다고 생각하지만, 물론 일면적으로 긍정할 수 있는 것은 아니다. 그 점은 鶴岡도 辻井도 잘 알고 있다. 그러나 근대서구의 세계를 일본은 잘 모방해 왔지

---

2) 辻井喬 · 鶴岡眞弓『ケルトの風に吹かれて』(北澤図書出版, 1994年).

만, 그것을 꾸준히 진행시키는 것에는 한계에 이르고 있고 그것과 다른 생각을 받아 들여 갈 필요가 있음을 지적하고 있는 것이다.

자연과의 공존이라고 말하지만, 실제로는 켈트 문명은 크리스트교 문명에 의해 멸망된 것이고, 나바호의 사람들도 미국합중국 속에서 전화의 보급률이 30%이 이르지 않는다는 빈곤한 생활을 하고 있다. 이러한 사실을 우리는 잊어서는 안될 것이다.

제2 _ 인간과 법

문자에 의한 '법'을 갖는 것은 문명의 시작이라고 말할 수 있지만, 21세기 현대에 있어서는 전술하였듯이 그렇다고만은 말할 수 없는 역설이 있는 것도 잊어서는 안된다. 그러나 '법'에 관한 양가(兩價)적인 경향은 예부터 있었다고 말해도 좋을 것이다. 이러한 점에 관하여 조금 생각해 보도록 하겠다.

□ 신의 말·사람의 말

자연의 질서와 함께 살아가려면 인간은 언어를 잃게 되기 쉽고, '문자' 등이라는 쓸데없는 것은 불필요하게 되어 거기에

'법' 이라는 것 등은 이라는 것이 된다. 그러나 인간은 "자연에 반하여" 살아가려고 한 것이므로, 문명이 발달함에 따라 문자가 생기고 '법'이 생기는 것도 당연하다. 자연의 질서를 파괴한 다음 인간의 질서를 유지하려면 '법'이 필요하다.

여기서 매우 중요해지는 것은 초월자의 존재이다. 특히 일신교의 경우가 가장 확실할 것이다. 유일신이 이 세상 모든 것을 만들었으므로 이 세상에는 신에 의한 질서가 있을 것이다. 따라서 인간의 삶의 방식에 관하여도 '하여야 한다', '하여서는 안된다'라는 '신의 말'을 적은 서적이 있다면 그것이 즉 '법'의 기본이 된다고 생각한다.

유대, 크리스트교에는 "성서"가 있고 이슬람에는 "코란"이 있다. 모두 일신교이지만 시대와 함께 사람들의 그것에 대한 사고방식은 변화한다. 무엇보다도 인간관계의 세부에 이르기까지 신은 논하지 않는다. 실제문제에서 어떻게 판단할지가 문제가 되어도 '신'은 답해주지 않는다. 이에 신의 말을 대변하거나 해석하는 성직자의 역할이 중요해진다. 따라서 성직자가 '법'과 가장 깊게 관계를 갖는 존재였지만, 시대의 변화와 함께 세속적인 권력이 강해지고, 정치적, 군사적인 힘이 성직자의 그것을 넘어서는 자가 나오면 이야기는 점점 복잡해진다. 교황과 세속적인 왕과의 사이의 확집에 관하여는 생략하기로 하고, 간단히 말한다면 이 양자의 다툼은 간접적으로는 신과 인간과의 다툼이었던 것이기도 하다.

서양의 근대에 있어서는 과학의 급격한 발전이 중요한 의미를 갖고 있다. '신의 질서'를 알려고 과학은 발전해 가는 것인데 그 중에 인간의 지혜가 신을 추월해버릴 정도로 되어 버렸다. 철학자 村上陽一郎이 '성속(聖俗)혁명'[3]으로 부르듯이 신의 가호에 의지하기보다 인간의 지식과 기술에 의지하는 쪽이 훨씬 효율이 높다는 것을 인간은 알게 되었다. "인간의 일은 인간에게 맡겨 주십시오"라는 것으로 '법'도 신으로부터 벗어나 인간의 지혜에 의해 안출되게 되었다. 그렇지만 현대에서도 '신'의 힘은 역시 소멸된 것이 아니다. 이것이 인간사회의 어려운 점이다.

법정에서 선서할 때 '성서'에 손을 얹는 것은 지금도 행해지는 것이 아닐까. 미국의 대통령이 전쟁을 시작하기 전에 '십자군'이라고 말하기도 한다. 역시 신의 힘은 아직 강하게 작용하고 있다. 그렇다면 인간이 정한 '법'에 의지하기보다는 역시 '신'을 배경으로 하는 인간관계를 중요하게 하는 쪽이 인간의 삶의 방식으로서 바람직하다는 생각이 있는 것도 당연하다. 물론 이미 말한 '성속혁명'을 거친 현대에 있어서는 신의 말을 그다지 중시하지 않거나 신앙의 생활과 속세계의 일은 전적으로 나누어 생각하는 사람도 있기 때문에, 개인에 의한 차이가 생긴다. 즉 사물을 해결할 때에 법률에 의지하는 쪽이 좋은지 나쁜지에 관해서도 상당히 개인차가 발생하는 것이다.

이슬람의 경우에는 신의 힘이 매우 강하다고 말해도 좋을

---

3) 村上陽一郎『近代科學と聖俗革命』(新潮社, 1976年).

것이다. 사견이지만 '신의 아들'로서의 예수를 신으로 인정하는 크리스트교와는 달리 이슬람에서는 신과 인간과의 차이는 매우 크고 크리스트교 문화권에서 발생한 것과 같은 '성속혁명'은 간단히 일어나기 힘들다고 생각한다. 역시 사람의 모습을 한 신의 이미지를 가진 크리스트교에서는 인간의 힘이 점차 커져간 것이다. 이슬람 문화권에서는 원리적으로는 정치와 종교가 분리하기 힘들고 '법'을 신과 결부지어 생각하는 것도 강할 것이다.

물론 이 때문에 사람들이 '법'을 지키는 자세가 강한 것이라고 하면 실제적으로는 그렇다고만은 할 수 없는 것이 인간의 마음의 흥미로운 점이다. 카이로에 가서 일본문화에 대하여 강연하였을 때, 청중 1명이 질문하여 자신은 이슬람의 종교를 믿고 있는데 일본인은 거의 종교 등을 믿지 않는 것처럼 생각된다. 그러나 도쿄에 가면 범죄는 적고 안전하며 그것은 카이로와 비교할 수 없다. 법을 어기는 사람은 일본인 쪽이 적다고 말해도 좋을 것이다. "이것은 왜 그런가"라고 말한 일이 있다. 확실히 이것은 상당히 흥미로운 사실이다. 일본의 경우에 관하여는 다음에서 말하지만 이슬람의 경우 이것은 어떠한 마음의 작용에 의한 것일까 연구할만 하다.

□ 일본의 경우

일본에서는 '법'은 어떻게 받아들여질지 일본인의 마음과의 관계에서 생각해보도록 하겠다.

일본에서의 '법'에 대한 인식방법에 관하여 먼저 생각나는 것은 '非理法權天(히리호켄덴)'이라는 말이다. 이것은 전국시대 무장인 楠木正成이 그 깃발에 적었다고 말해지고 있다. 그 전거는 모르지만 여기에 일본인의 '법'에 대한 생각의 하나가 나타나 있어 흥미롭기 때문에 언급하고자 한다. "비(非)는 이(理)를 이길 수 없고 이는 법에 이길 수 없으며 법은 권(權)에 이길 수 없고 권은 천(天)에 이길 수 없다"는 것은 결국 인사(人事)는 천명에 의해 움직인다고 천의 중요성을 강조하는 곳에 포인트가 있는 것인데, 그 도중에 '법'에 관하여 언급되어 있는 바에 관심이 가는 것이다. "비는 이를 이길 수 없다"고 한 다음에 그 비보다도 '법'이 강하다고 하고 그 '법'은 권력보다도 약하다는 위치부여를 하고 있다. 역시 인간의 세계에서는 권력보다 강한 것은 없다는 것일까. 그래도 모든 것은 "천명대로 따른다"고 하기 때문에 '천'이 최고로 자리 잡고 있다.

이것은 이미 말했듯이 구미에서 '신'의 위치가 가장 높고 인간이 만든 법보다는 신의 의지에 따르는 쪽이 바람직하다고 생각하는 것과 매우 닮은 느낌을 받는다. 단, 유대, 크리스트교의 신은 인격신으로서 이미지되어 있고 신과 인간과의 오랜 대화를 거쳐 '이'와 '신'을 일치시켜 생각하게 하는 오랜 노력이 이루어져 왔기 때문에 '천'이 갖는 애매한 성격은 상당히 배제되어 있다. 이에 '비리법권' 등이라는 순서부여는 서구에서는 통하기 어렵고 일본인이 느끼는 '천'은 그들에게는 이해하기 힘든 일도 있을 것이다.

'천'의 애매함이라는 표현을 하였는데 사실 '애매'라는 것은 적절하지 않다. '천'은 결코 애매하지 않고 견고하게 정해진 판단을 내리지만 그것은 일신교의 '신'과 같이 '이'와 연결되어 있지 않다. 원리·원칙과는 연결되지 않는다. 이것은 켈트 문명에 관하여 말한 것과 상당히 궤를 같이 한다. 근대 서구의 사고에 따르면 '애매'하다고밖에 표현할 수 없지만 결코 애매하지 않다고도 말할 수 있는 것이다.

일본인의 개인 또는 집단의 행위규범을 생각함에 있어 선술한 '천'과도 관련되는데, 일본신화(특히 『古事記』)에서의 '중공균형구조(中空均衡構造)'라는 것을 지적한 적이 있다. 이미 다른 곳에서 논하였기에[4] 반복은 피하는데 요컨대 일본신화의 중심에 원리원칙을 체현하거나 특히 강력한 신이 존재하는 것이 아니라 오히려 중심은 중요하다고 하면서 단지 이름이 언급되는 것에 불과할 뿐(예를 들면 아메노미나카누시와 같이) 그것은 아무런 역할도 하지 않는다. "무위의 중심"이라고도 표현하였는데 그러한 중심을 가지면서 전체로서 적절히 일이 진행되는 것이다. 그것은 어째서인가 말하면 중심에 의해 통제, 통합이

4) 河合隼雄『中空構造日本の深層』(中央公論社, 1982年).

이루어진 것이 아니라 전체의 밸런스가 잘 갖추어져 있기 때문이다. 서로가 적당히 반발하거나 협조하거나 하면서 전체로서의 조화가 성립하고 있다. 이것을 일신교세계의 구조에서 인정되는 "원리(력)중심통합구조"와 비교하여 "중공균형구조"라고 불렀다.

중공균형구조에서는 무엇인가의 원리 · 원칙이 힘을 동반하여 전체를 통합하는 것이 아니라 중심이 무위로 있음으로써 전체가 서로의 조화에 의해 그 전체성을 유지하고 있는 것이다. 이미 말한 부성원리, 모성원리와의 관련에서 말하면 중심통합구조는 부성원리에 근거해 있고 중공균형형(型)은 모성원리에 근거해 있다고 말할 수 있다. 그러나 중공균형형은 강력한 부성원리는 허용할 수 없지만 전체로서 조화할 수 있는 범위내에서 말하자면 부성원리와 모성원리의 일정 정도의 조화가 도모된다는 부분이 있다. 여담이 되지만 이것 때문에 유럽의 근대에 발생하고 급격히 발달한 근대과학을 비롯한 매우 부성원리가 강한 문명을 모성원리가 강한 다른 나라들에 앞서서 일찍부터 이해하고 받아들일 수 있었던 것이 아닐까 생각하는 것이다(다른 문화는 오히려 모성원리중심이라고 불러야 하는 것이 많다).

일본의 신화에서 볼 수 있는 '중공균형구조'는 일본인의 심성을 생각함에 있어서 현대의 일본인에 관하여도 많은 시사를 주는 것이라고 필자는 생각하고 있다. 이 점에 관하여는 생략하지만 법과 관련되는 점에 한정하여 조금 논하도록 하겠다.

중공구조는 그 자체로 적극적으로는 원리·원칙적인 일을 갖지 아니 하므로 다른 것을 받아들이기 쉬운 경향을 갖는다. 따라서 외국에서 유입되는 이문화를 그다지 저항없이 받아들인다. 그것은 일시적으로는 중심을 차지하는 것처럼 보이지만, 점차 전체 속으로 흡수된다. 즉 '일본화'가 발생하는 것이다. 일반적으로는 2가지 서로 다른 문화가 접촉하면 거기에 충돌이 생기고 어느 쪽이 다른 한 쪽을 말살해 버리게 된다. 전형적인 경우가 이미 말한 켈트 문명과 크리스트교 문명과 같은 경우일 것이다. 그런데 일본의 경우에는 대륙에서 불교, 유교, 도교 등을 받아들이면서 오래 기간 동안 그것을 일본화하고 그 어느 쪽도 일본의 중심을 차지하고 있다고는 말하기 어려운 상황이다.

'법'의 경우에 있어서도 대화(大化)의 개신시에 일본이 당시의 당나라 문화를 전면적으로 받아들이고 율령국가로서의 형태를 갖추도록 하였다. 이것으로 '법'의 형태가 만들어졌던 것인데 이와 같이 타국의 문화를 아무렇지도 않게 받아들이면서 일본적인 것을 유지해 가는 곳에 특징이 있다. 그 가장 일본적인 양상이 인정되는 것이 가마쿠라시대에 행해진 北條泰時에 의한 '貞永式目'(당시의 율령과는 달리 武家 독자의 법률로서 한문이 아닌 보통 사람도 읽을 수 있는 문장으로 만들어진 것이다-역자주)의 제정이다.

이것의 의의를 山本七平가 적확하게 논하고 있으므로 그 설을 원용하면서 다음으로 이에 관하여 말하도록 하겠다. 山本七

平에 의하면 '貞永式目'은 획기적이라고 하기보다는 일종의 '혁명'이라고 말해야 하는 것이다. '貞永式目'은 그때까지의 율령체제를 근본적으로 변혁하는 것이다. 그때까지의 조정과 공경(公卿)에 의한 정치체제를 전적으로 변혁하고 무가정치를 하는 것이므로 보통이라면 명확한 '법'의 개혁을 하여야 한다. 그런데 北條泰時는 아무렇지도 않게 율령체제를 그대로 놔두고 거기에 쓰여져 있는 것이 체계적이고 훌륭한 점은 인정하고 있다. 그러나 그것은 예를 든다면 '한자'로 쓰여진 것으로 '가나'밖에 모르는 일반인에게는 이해할 수 없다. 이에 이 '式目'은 '가나'밖에 모르는 일반인이 잘 알도록 한 것이라고 말한다.

그러면 式目은 무엇을 근거로 하여 제정된 것일까 라고 하면 泰時는 그런 것은 없다고 아무렇지도 않게 답한다. 이것은 "단지 도리가 원하는 바를 적은 것이다"라고 말하고 있다. 그러면 이 '도리'란 무엇일까. 그에 관하여 山本七平은 "내심의 규범(도덕율)과 사회의 질서와 자연의 질서가 일체화되게 하는" 것이다. 여기서 山本七平은 泰時가 심취하고 있었던 당시의 명승(名僧) 明惠의 "있어야 함은"이라는 생각의 영향에 관하여 논하고 있는데 그 점은 여기서는 생략하겠다. 泰時은 말하자면 헌법개혁을 전혀 하지 않고 '혁명'을 성공시킨 것이다.

어째서 이러한 일이 발생했을까, '중공구조'와의 관련에서 말해 보겠다. 중공구조라는 것은 진짜 알기 어려운 구조이다. 일신교의 신을 중심으로 두는 것이 가장 알기 쉽다. 그러나 이것을 속세계로 옮겨보면 중심에 왕 등으로 불리는 권력자가 있고 그 힘에 의해 전체가 통합되는 것이 된다. 그 질서를 지키기 위한 법도 제정된다. 그러나 인간세계의 일이라면 어떠한 중심도 '지고지선'일 수는 없다. 따라서 중심에 반대하는 생각을 갖는 자는 주변으로 밀려버리게 되지만 시대와 함께 그 주변에 존재하는 자가 강력해지거나 '바르다'고 생각하거나 하면 중심과의 충돌이 생기고 주변에 생긴 새로운 쪽이 승리를 거두면 중심의 교대가 이루어지며, 따라서 '법률'도 신질서에 맞추어 변하게 된다.

중공구조의 경우에는 상기와 같은 변혁을 명확하게 말하는 것이 어렵다. 거기에 일본의 신화를 보면 알 수 있는데 표면적으로는 외국에 대해 천황가의 정통제를 보일 수 있게 쓰여져 있기 때문에 아마테라스(초대 천황－역자주)를 중심으로 하여 그 후계자인 천황을 중심으로 하는 체계라고도 해석할 수 있게 되어 있다. 그러나 그것을 지탱하는 것은 중공구조이고 아마테라스는 일신교의 신과 같은 '중심'적 존재가 아니다. 이에 천황은 중심이지만 실제로는 권력자가 아니라는 이상한 형태가 인간의 역사 속에서 발생한다. 필자는 일본인 특유의 타테마에(체면)와 혼네(내면)의 사고패턴은 여기에 근거를 두고 있는 것이 아닌가 생각하고 있다.

중공의 중심은 '공'이지만 그 중심의 체현자를 '장'이라고 생각하면 그 장은 특별히 무엇인가 능력이나 판단력이 없다고 하여도, 또는 그렇다기보다는 없기 때문이라고 말해도 좋은데, 장을 계속할 수 있다. 즉 그 집단의 구성원은 전체의 균형상황이 가장 중요하기 때문에 중심이 무너지거나 강력한 원리를 가진 자가 중심에 앉으면 곤란하므로 우선 중심의 역속성을 바라는 경향이 강하다. 이것은 '장'에 관하여 말할 수 있는 것이지만 '법'에 관하여도 동일하게 한번 '법'이 제정되면 그것을 우선 존중하려고 한다. 사태가 변화하여도 그것에 맞추어 '법'을 바꾸는 것을 강조하면 특별한 이유없이 전체의 반발을 사게 되는 것이다. 따라서 泰時가 행한 것같이 '율령체제'는 존중하는 것처럼 보여주면서 실질은 변화하고 있기 때문에, 우선 '貞永式目'에 의해 실제적 운영을 하자는 태도가 일본인에게는 받아들여지기 쉬운 것이다.

이러한 경향은 일본의 현대인에게도 아직 이어져 오고 있는 것이 아닐까. 법률이라는 것에 관하여 여러 가지 미묘하고 복잡한 반응의 방법이 있다고 생각된다. 물론 의식적으로는 특히 인텔리계층에서는 합리적인 사고방법에 기한 태도를 표명하겠지만, 실제적 행동이 되면 아직 전통적인 것에 얽매여 있다고 생각된다.

제3 _ 문화차의 문제

국제화의 경향이 강해지면서 문화차에 관한 관심도 강해진다. 이문화 간의 접촉이 매우 많고 모든 기회에 생기고 그 차에 관하여 어떻게 생각하고 어떻게 대처하여 가는지라는 문제가 자주 생기게 되었기 때문이다. 이러한 이문화 간에 생기는 차이를 없애려고 노력하거나 강제하거나 하기 전에 우선 그러한 이문화 간에 상호이해가 성립하는 것이 필요하다고 생각한다. 그러한 상호이해에 기하여 다음의 여러 가지 해결책이 나오게 될 것이다. 그렇지 않다면 단순히 자신들의 문화를 '바르다'고 생각하고 이문화에 대하여 '틀렸다'든지 때로는 '악'이라고도 판단하게 될 것이다.

□ 개인과 가족

인간에게 있어서 가족은 매우 중요한 것이다. 가족은 사회를 구성하는 단위로서 중시되지만, 여기서는 오히려 개인과의 관계에 초점을 맞추어 논하기로 한다. 구미에서는 개인주의가 확립되어 있고 법률도 개인을 중시하여 만들어져 있다. 현재는 구미 이외의 나라도 이 경향을 강하게 받고 있으므로 개인과 가족이라는 점에 주목하여 생각하려는 것이다.

인간은 자신이 죽는 존재임을 알고 있다. 그 때문에 자신이 죽은 후에도 그것이 무엇인가 영속성이 있는 것과 깊게 관련되어 있음을 확신함으로써 자신의 죽음을 받아들일 수 있다. 이것이 종교가 발생하는 하나의 요인이라고 생각한다. 크리스트교도의 경우에는 유일신과의 관계가 가장 중요하고 자신의 사후에도 신과의 연결에 의해 이 세상의 끝에 부활하는 것으로 되어 있다.

일신교 세계에서도 가족과의 유대는 실제적으로 중요하지만, 그것은 제일의적인 것이 아니다. 이에 대하여 다른 문화권에서는 가족이 일의적인 중요성을 갖는 곳이 있다. 가족이라고 하여도 그 경우에는 대가족이므로 부족이라는 것이 적당할지도 모른다. 아무튼 자신의 사후에도 그 가족(부족)이 영원히 계속됨을 믿고 죽음을 받아들일 수 있는 것이다.

이러한 가족은 피의 연결에 의해 구성되어 있다. 혈연이라는 운명적 유대는 자르려고 해도 자를 수 없는 것으로 모든 것의 기초로서 생각하기 쉽다. 가족의 번영이라는 것이 제일의가 되고 그 밖의 것은 무시되어도 좋은 것이 된다. 이것은 법률에 대한 태도에도 잘 나타나 있고, 자신이 얻은 사회적 지위를 이용하여 가족을 위해 최선을 다하는 것이 제일의가 되기 때문에 그 때 어느 정도 법률을 어기는 것은 오히려 당연하다고 생각된다. 자신이 높은 지위에 오르면 친족에게 여러 가지 관직을 주거나 편의를 제공하거나 한다. 근대국가의 관점에서 보면 악일테지만, 그 나라의 전통적 가치관에 의하면 그것은 오히려 선이라고 해야 할 것이다.

아시아제국이 쉽게 근대화할 수 없는 요인으로서 이 가족의 문제가 있다. 이 점에 관하여는 우리 일본인도 잘 이해하여 둘 필요가 있다. 바로 '비리법권천'으로서, 법 위에 오는 권력을 어느 가족이 잡는가라는 다툼이 매우 중요하게 된다. 가족을 중핵으로 한 확대가족 대 확대가족의 다툼이라는 것이 된다. 이 때 현재는 이데올로기의 대립이나 세계관의 대립 등이 전면으로 나오는 것처럼 보여도 진정한 것은 가족간의 대립이라는 것이 많다. 물론 모든 가족이라고 해도 자신들은 '천'에 근거한다는 것을 주장하는 것이지만.

중국에 관하여는 중국을 방문하여 중국의 사회학자들과 이야기할 때에 위와 같은 점에 관하여 질문하면 다음과 같은 답이 돌아 왔다. 중국은 오랜 동안 가족 제일주의였지만 모택동이 가족간의 다툼을 없애고 국민의 아이덴티티의 기초를 자신에게 두도록 하려고 의도하여 문화대혁명 때에 가족내에서의 밀고를 장려하는 시책을 하였다. 이 때문에 육친사이에 또는 부부사이에 밀고가 성해지고 그것은 서로의 사이에 강한 증오감이나 원망을 사는 것이 되었다. 모택동의 이 정책은 크게 성공하였지만 그 정점에서 그가 실각하였기 때문에 국민 사이에 아이덴티티 상실의 위기가 발생하였다. 이것은 매우 심각한 상태인데 극단적으로 말하면 결국 누구에게도 의지할 수 없다면 의지할 수 있는 것은 '돈'이라는 것이 되어 버렸다. 이것은 현재의 중국의 경제활동의 활력을 설명하는 것이다. 그러나 단지 돈이 중요하게 되면 사악한 일을 하는 자가 증가하므로 법률이라는 것이 중요해진다. 그러한 의미에서 중국인은 '법'이라는 것을 중시하는 자가 많다는 것이었다.

이것은 전적으로 개인의 의견인데 필자로서는 상당한 설득력을 느꼈던 것이었다. 이에 상기와 같이 소개한 것이다. 아울러 앞의 사람은 중국인의 가족관계에 관하여 모택동 시대의 가족간의 증오나 원망이 너무나 깊기 때문에 가족관계의 회복은 어려웠지만, 점차 과거와 같은 가족중시의 방향으로 돌아가는 것 같다고 말하였다. 상기한 점도 포함하여 이들 점에 관하여는 앞으로의 연구가 필요할 것이다.

일본은 경우는 어떨까. 일본은 다른 나라에 비하여 특수한 상황에 있음은 선학이 그때마다 지적하고 있는 바이다. 일본은 가족의 피의 유대보다도 '家名'을 중요시 한다. 이 점을 나타내기 위해 '이에(家)'로 표시되는 일도 있는데 '～家'라는 것이 가명의 영속성을 바라는 것이다. 이 때 가명을 중요히 하기 때문에 가를 승계하는 자로서 반드시 장남이 정해져 있는 것은 아니다. 아이들 중에서 능력이 있는 자를 고르거나 때로는 매우 능력이 높다고 생각되는 자를 일부러 '양자'로서 승계시키기도 한다. 이 점에서 일본은 에도시대부터 타국에 비해 양자가 많은 나라라고 말해지고 있다. 예를 들면 도쿠가와장군가의 가계도를 보면 이 점을 잘 알 수 있을 것이다.

간단한 표현방법을 쓴다면 가족중시의 경우에는 개개인의 능력보다도 피의 유대 정도가 중요하지만, 일본에서는 '家'의 내부에서는 피의 유대 정도보다도 능력이 우선되는 것이다.

이 점이 잘 작용한 것이 일본이 쇄국을 그만두고 개국할 때였다고 생각한다. 갑자기 강한 외적을 맞이하게 되어 일본의 사람들이 '家의 중대사'라는 감각을 가졌기 때문에 일본의 나라라는 '家'를 위해서는 상당한 능력주의에 의할 수 있고 그

때까지의 일본의 나라의 질서체계를 깨트리고 능력이 있는 자가 등용되었다. 이 점은 개국시의 위기를 극복하고 명치유신을 성공시킬 수 있게 한 원동력이 되었다고 생각한다. 단, 명치정부가 성립하고 새로운 질서가 만들어지자 그때까지의 '家' 중시의 상태가 되고 문벌이 강해져 갔다. 그대로 '家'를 중요시하는 생활방식을 계속해 왔지만, 제2차세계대전 패전시에 미국의 힘에 의해 '家'는 붕괴되어 버린다.

'家'는 붕괴되었지만 일본인이 그 대리로서 원한 것이 '회사'이다. 자신이 소속하는 '회사'의 영속을 믿음으로써 자신의 아이덴티티를 얻을 수 있는 것이다. 이것은 2차대전 후부터 버블기에 이르기까지 일본의 경제적 급성장을 지탱하는 하나의 중요한 요인이 되었다.

위와 같은 일본인의 마음의 모습에는 역시 '중공구조'가 작용하고 있다고도 생각된다. '家', '회사'의 이름을 중시하는 것은 그 자체는 원칙이나 권력을 갖지 않는 '중공'의 존재를 중요하게 생각함으로써 전체적인 발전을 바란다는 형태를 취하고 있다. 이 방법에 의해 전체로서는 잘 기능하고 발전하여 가지만, 구성하는 개인은 특히 전체와 균형이 맞지 않는 능력이나 재능을 가졌을 때 그것은 전체의 조화를 위해 희생하여야 한다는 구조이다. 여기서는 전체의 조화를 어지럽히는 것은 '악'이라고 생각되지만 명확한 형태로 선악의 판단기준이 보이지 않는다는 점에 특징이 있다.

중공균형구조와 재판의 관계를 보여주는 좋은 예가 大岡越

前守에 의한 명재판인 '三方一兩損'이다. 어떤 남자가 3량의 돈을 떨어트린다. 주운 자가 그것을 신고한다. 떨어트린 자 는 떨어트린 돈이니까 자신은 필요없고 돌려주지 않아도 된다고 말한다. 주운 남자는 주운 돈이고 원하지 않으니까 받으라고 주장한다. 서로 양보하지 않아 재판이 되었을 때 大岡은 자신이 1량 낼테니까 그 3량과 함께 2량씩 둘이 나누라고 말한다. 이것으로 大岡은 1량 내었으므로 1량의 손, 떨어트린 남자는 3량 떨어트리고 2량 받았으므로 1량의 손, 주운 남자는 3량 주워 2량 얻었으므로 1량의 손, 즉 '3방1량손'으로 잘 정리되었다는 것이다.

이 '재판'에서 선악, 정사(正邪)의 판단이 내려지지 않은 점에 주목하여야 한다. 돈을 떨어트린 경우, 주운 경우의 소유권의 판단은 없고 거기에 룰은 없다. 그러나 '3방1량손'으로 균형상태가 발생하고 원만히 정리되는 것이다. 여기에는 무엇인가 룰에 의한 승자, 패자는 없고 법관까지 끌어들여 전체로서의 조화가 시도되는 것이다.

이러한 일본적 경향에 의해 일본은 경제의 발전을 이루어 왔지만, 경제적으로 제외국과 대항하는 과정에서 또한 글로벌 파도에 부딪치면서 일본적인 것은 전적으로 이질적인 세계와 직면할 수밖에 없게 되었다. 그것이 구미 특히 북미의 세계이다. 이것은 중공균형과는 전적으로 다르고 힘을 동반한 원리·원칙 또는 중심통합의 구조를 갖는 세계이다. 선악, 정사가 명확히 구별되고 갈등은 대결에 의해 해결된다. 이 대결은 선이 악에 이긴다는 것이 기대되고 있지만, 이것이 조금 변형되면 이긴 쪽이 선, 또는 바르다는 생각으로도 되기 쉽다. 또한 원리나 원칙, 사람과 사람의 계약에서 언어가 매우 중요한 역할을 한다. 이렇게 되면 법률이 매우 중요해진다. 법에 의한 재단에 의해 정사가 밝혀진다. 그에 의해 사회의 질서를 유지한다.

그런데 필자가 과거 미국 선주민인 나바호족 사람들과 이야기 하였을 때 그 중 한 사람이 백인에 대한 불만을 말할 때에 "백인은 재판에서 죄가 되지 않으면 자신은 바르다고 생각하기 때문에 곤란하다"고 한 적이 있다. 그러한 말은 "법망을 피할 수 있다면 무엇을 해도 좋다고 생각하는 것이 좋지 않다"는 것을 말하고 있다고 생각되었다.

법률은 인간이 인간의 사회의 질서를 지키기 위해 만들어 낸 것이지만, 본래는 그것을 초월한 것이 있을 것이라는 생각은 문화차이를 넘어 누구나 갖고 있는 것이 아닐까. 그러나 그것을 '넘어서'라는 경우에 피의 유대에 의한 '가족'의 일체감, 일본과 같은 '家'내의 균형상태, 일신교의 세계에서의 '신'에 의한 판단 등, 무엇을 중요한 것으로 하는지에 따라 그 모습은 크게 변한다. 나바호 사람이 한탄하듯이 현실적으로는 그 사람이 비난하는 백인이 있는 것도 사실이지만, 일반화하는 것은 어렵고 구미인 중에도 법률을 넘은 신의 심판이라는 것을 의식적 · 무의식적으로 마음에 두고 있는 사람들이 많은 것도 잊어서는 안된다.

□ 현대인의 문제

현대의 상황을 생각할 때 문제를 어렵게 하는 요인에 관하여 인식해 두어야 한다. 그것은 현대인의 의식이 그 인간존재로부터 상당히 분리된 상태에 있다는 것이다. 지식의 양이 증가하고 지적 판단을 필요로 하는 일이 많아졌기 때문에 인간의 의식은 지적인 면에 치우치고 감정을 무시하거나 신체성에서 분리되어 버린다. 따라서 통상의 경우의 지적 판단을 들었을 때와 그 사람의 실제적 행동의 사이에 괴리가 발생하는 일이 있다.

특히 일본을 비롯한 구미제국 이외의 나라들은 근대화라는 것을 목표로 하고 있기 때문에 의식적으로는 가능한 서양의 근대적인 모습에 가까워지려고 한다. 이 때문에 앙케트조사를 하면 그 영향이 나오지만, 그것이 '실태'와 어느 정도 어긋나게 하는지를 판단하는 것은 어렵다. 그 때 적확한 판단은 하기 어렵다고 하여도 전술한 것과 같은 점을 잘 의식해둘 필요가 있을 것이다. 예를 들면 중국에서는 앞서 말한 것 같은 사정에 의해 가족 등의 전통적인 가치를 지탱하는 것이 어렵게 되었고, 그렇게 되면 '법'의 의의가 의식적으로는 높아지게 된다. 그러나 인간의 마음은 갑자기 변화하는 것은 아니므로 아무래도 오래된 것이 영향력을 남기고 있는 것이고, 실상이라면 간단히는 파악할 수 없는 것이 아닐까.

현대에 있어서는 종교를 달리 하는 것이 공존해 가는 것을 생각하여야 하고, 때문에 법은 매우 중요해진다. 이 때 나바호족의 사람이 한탄하였듯이 "법에 의해 벌받지 않는 것은 바르다"는 생각이 강해지면, 그 사회는 긴장이 높아지게 될 수밖에 없을 것이라고 말하고 거기에 "법을 초월한 것"의 존재에 의해 해결을 시도하여도 그것이 애당초 문화에 의해 모습이 변해진다고 하면, 어떻게 생각하고 어떻게 행동하는지는 상당히 어렵게 된다. 문화가 다르고 종교가 달라도 상호이해가 가능하다는 점에 해결책을 찾을 수 있을 것이다.

제 2 부

계약과 사회

제 2 장

민법의 인간관과 세계관

- 소유 · 계약 · 사회 -

제1 _ 서

이 제2장에서는 우리 법의식국제비교연구회가 최근 10년간 또는 선행활동으로부터 계산하여 20년간, 세계적 규모로 전개하여 온 '소유 · 계약 · 사회'연구의 엣센스를 가능한 알기 쉽게 제시하도록 하겠다. 물론 보다 상세한 연구내용은 제3장 이하에 또한 이 책 말미의 ['소유 · 계약 · 사회'연구에 관하여](336면)에 실은 제논문에서 볼 수 있다.

간단히는 머리말에서 말했는데 '소유'라는 개념은 사회의 근본구조를 규정한 것이다. 그럼에도 소유의 기원이 어디에 있는지는 실증적으로도 논리적으로도 해명되는 일이 없었다. 그 이유는 소유의 기원이 쓰여진 역사가 시작되기 이전에 일이었기 때문에 실증을 중요시하는 학문적인 시점에서는 해명하기 어려운 점에 있다. 이에 나는 주로 문화인류학적 시점에서 수렵채집사회, 유목사회, 화전농경사회에서의 소유의 모습을 생각하기로 하였다. 이것은 물론 어느 정도는 문헌연구에 의했지만, 토지소유권의 개념이 희박할 것으로 생각한 유목 국가 몽골, 고지 네팔 히말라야, 중국 운남성의 라오스 국경부근의 화전 마을, 안데스, 아마존, 판타날 습원, 파타고니아 등에서 한 자신의 실태조사의 결과도 섞어가면서 구체적 문제를 생각한 것이다(이 장에서 논하는 '소유'에 대해서는 加藤雅信(김상수번역), 「소유권」의 탄생, 법우사, 2005 참조). 결론을 한마디로 말하면, 소유권은 토지소유권을 예로 들면 알 수 있듯이 농업사회 등에서의 식량생산증대의 사회적 요청을 사인의 생산성과를 독점하고 싶다는 사욕을 자극함으로써 실현하기 위해 발생한 개념이다. 말하자면 사회구성원 전체의 요구와 개인의 사적 요구와의 통합적 조화체로서 사적 소유권의 개념이 태어난 것이다. 그것이 근대가 되면 공업생산증대의 사회적 요청을 사인의 생산성과의 독점이라는 사욕을 자극함으로써 실현하기 위해 지적 소유권의 개념이 발생하였다. 역사는 지극히 일관된 구조 하에 움직이고 있는 것이다.

계약도 일단 체결된 후 그것이 어디까지 준수될지는 각각의 사회에서 차이가 있는 바이다. 이 장에서도 나중에 소개하듯이 가와시마(川島武宜)는 일본인과 미국인 내지 서양인을 비교하여 계약준수의식이 낮다고 말하고, 그 설이 현재에 이르기까지 다대한 영향을 주고 있다. 그러나 인상론적 색채가 강한 가와시마의 관찰이 어디까지 맞는지에 대해서는 의문도 제기되고 있었다. 이 점에 대하여 실증적인 연구를 할 필요를 느낀 우리 연구회는 아시아, 유럽, 북남미, 오세아니아, 아프리카 22개국/지역에서 샘플 총수 23,885 케이스에 이르는 질문표조사를 전개하였다. 계약준수도에 관한 우리의 국제비교조사의 결과에 의하면, 가와시마가 대조적으로 든 일본도 미국도 특별히 특이한 위치에 있는 것이 아니고 세계의 아주 평균적인 위치에 있는 것에 불과하다. 조사를 통해 계약준수도가 상대적으로 높다는 결과가 나타난 나라는 홍콩, 이스라엘, 스웨덴이고 낮은 것은 대만과 브라질이었다. 동일한 중국인사회인 홍콩과 대만이 양극에 위치하는 것을 보아도 계약준수도의 차이를 동양과 서양이라는 틀로 보는 것도 적당하지 않다. 가와시마 이후 말해져 온 일본인 내지 동양인의 계약준수도가 낮다는 명제는 '신화'가 아닌가, 이 조사를 통해 말할 수 있다고 생각한다.

가와시마의 이해의 배경에는 법치의 서양, 법이 없어도 사회를 다스릴 수 있는 도원경적인 유토피아의 동양이라는 이미지가 있는 것 같다. 그것이 또한 소송사회 미국과 소송기피 동양이라는 이미지를 만들었을 것이다. 이러한 이미지대로 차이가 있다는 것이 과연 진실로 존재하고 있는지의 여부는 법의식조사로부터 어느 정도 밝혀질 수 있을 것이다. 거기서 우리들은 동양사회의 대표로서 중국과 일본, 서양사회의 대표로서의 미국이라는 3개국를 골라 거기서 본격적인 전국사회조사를 실시하기로 하였다. 중국정부와 공동으로 한 중국 전토 5,000인의 법의식전국조사는 중화인민공화국 건국 이후 최초로 한 것이었다. 미국에서도 이러한 조사는 없었고 일본에서도 선행하는 법의식조사는 수도권과 요코하마를 대상으로 하는 것이고 전국조사는 이 조사가 효시가 된다. 이 3개국 조사의 결과는 도원경적인 이미지는 일본의 일부에는 보여지지만, 현대중국에는 존재하고 있지 않다. 게다가 법의 불가결성의 평가는 중국 쪽이 미국 이상으로 높다는 결과가 판명되었던 것이다. 또한 소송사회 미국이라고 불리지만, 친구와의 금전대차를 둘러싼 분쟁에 대해서는 소송제기를 가장 싫어하는 것이 미국이고 일본이나 중국을 압도하고 있다. 이 책 제9장의 풋 논고에는 "미국인은 일본인보다 일본적인가"라는 자극적인 타이틀이 붙어 있는데, 우리가 생각해 온 전형적인 일본인, 미국인, 중국인의 이미지의 상당부분은 이 조사에 의해 크게 파괴되어 버렸다.

법의식으로 보는 한, 일본과 중국의 사회는 일의대수의 관계에 있지 않다. 또한 일본과 미국도 모두 선진자본주의국이지만 거기에 법의식의 유사성이 있는 것이 아니다. 이 조사의 결과로부터는 법의식에 관한 한, 동양 대 서양, 자본주의 대 사회주의, 선진국 대 발전도상국이라는 사회적 비교의 틀은 의미를 갖지 않고, 일본 중국 미국의 3개 사회는 어디도 유사하지 않고 각각 특유한 경향을 보여주는 트라이앵글을 형성하고 있는 것이다. 이 조사에 나타난 법의식론으로 보는 한, 태평양과 동지나해는 등거리에 불과하다고 말할 수 있을 것이다.

법은 사회의 자식이다. 각각의 사회적 콘택스트 중에서만 법은 기능한다. 또한 사법 내지 민법의 중심개념은 '소유'와 '계약'이다. '소유'와 '계약'이 어떠한 사회적 콘택스트 중에서 기능하는지를 살펴봄으로써 법의 해석과 법의 사회과학이 유기적으로 연결된, 법률학의 새로운 국면을 열 수 있는 것이 아닐까. 이러한 야심적인 발상을 갖고 머리말에서도 말했듯이 주위에서 투 잡이라고 평가하는 일도 있었던 나의 민법학연구와 법사회학 · 법인류학의 결합, 보다 넓게 말하면 법률학과 다른 인접사회과학과의 통합을 지금까지 4반세기 생각하여 왔다. 이 통합체에 법사회학 · 법인류학 측면에서 조사(照射)를 시도한 것이 이 "인간의 마음과 법"을 비롯한 "소유 · 계약 · 사회"를 둘러싼 일련의 연구이다. 또한 이 통합체에 법률학의 측면에서 조사를 시도한 것이 현재 공간이 반에 다다른 민법의 교과서 · 체계서 · 연구서를 겸한 6부작으로 구성되는 "신민법대계"이다.

나아가 법이 인간의 활동을 규율하는 것인 이상, 의식적 무의식적으로 일정한 인간상을 전제로 하는 것이 된다. 이 법이 갖고 있는 인간관을 고찰하는 것은 "인간의 마음과 법"을 매개로 하여 다시 한번 법과 사회를 연결하는 것이 될 것이다. 이 제2장에서는 지금까지 우리 공동연구의 엣센스를 소개함과 동시에 '소유'와 '계약'을 실마리로 사법 내지 민법이 갖는 인간관과 사회관을 고찰하기로 하겠다.

제2 _ 소유권편

□ 사회의 기초이면서 기원이 불명한 소유권 개념

소유권 또는 소유라는 말은 초등학생이라도 알고 있는 세상의 기본적인 개념의 하나이다. 그러나 '소유권'이란 말은 인류 역사의 매우 오래 전부터 있었기 때문에 너무 오래되어서 언제부터 소유권 내지 소유라는 말이 출현한 것인지는 알려져 있지 않다.

민법학에서도 "소유란 무엇인가" 등이라는 것은 우선 논의되지 않고 소유라는 개념이 존재하는 것을 전제로 여러 가지 이론이 제기되어 왔다. 민법학, 법률학을 떠나 보다 넓은 시점에서 생각하여도 자세히는 다음에서 말하듯이 각각의 사회에서의 소유의 형태가 어떠한 것인지에 의해 사회의 성격이 규정되어 있다. 현대 사회에서는 토지 그 밖의 생산수단에 대해 사적 소유가 인정되는지, 아니면 공유인지에 의해 자본주의인지 사회주의인지가 결정된다. 또한 역사적으로도 근대자본주의사회 등의 시대구분도 소유형태 등을 기초로 생각되고 있다.

이와 같이 소유라는 말은 사회의 기본개념임에도 불구하고 소유란 무엇인지 등을 생각하는 것은 일부의 철학자뿐이고 통상인도 일반적인 민법학자도 생각하려고 하지 않는다. 이 책에서는 이 소유란 무엇인지, 소유권이란 개념은 어떻게 발생하였는지 라는 문제를 철학적이 아니라 보다 실증적으로 생각해 보도록 하겠다.

□ 왜 소유권개념이 사회구조를 결정하는가

약간 복잡한 이야기를 처음부터 하게 되는데, '소유'와 '사회'의 관계를 생각해보도록 하겠다.[5)]

소유권은 물건에 대한 권리임에 대해 계약 등의 채권은 사람에 대한 권리라고 법률가는 말한다. 확실히 소유는 사람이 물건을 지배하고 있는, 또는 사람이 물건에 귀속되어 있다는 의미에서는 '사람 대 물건'의 관계이다. 그러나 고립인 로빈슨 크루소가 자신의 물건에 대한 직접 지배를 소유권으로서 주장할 필요가 생기는 것은 프라이데이가 섬에 출현하였을 때부터이고, 이렇게 생각하면 소유권을 포함한 권리는 궁극적으로 '사람 대 사람'의 관계가 된다.

지금 말한 '사람 대 물건' 과 '사람 대 사람'의 관계는 도대체

---

5) 이 장에서 말하는 소유의 문제를 상세히 알고 싶은 독자는, 加藤雅信(김상수 번역), 「소유권」의 탄생, 법우사, 2005.를 참조하기 바란다.

어떻게 되어 있는 것일까. 소유권은 물건을 둘러싼 분쟁을 해결하기 위한 법적인 개념이다. 거기서는 '물건에 대한 권리'를 사람에게 주장한다는 권리주장이 물건을 개재하여 이루어진 구조로 되어 있다. 위에서 말했듯이 소유권이 '사람 대 물건'의 관계임에도 불구하고 그 소유권을 주장할 필요성은 '사람 대 사람'의 관계에 있다.

이것이 소유관계가 사회구조를 규정하는 것의 기초에 있다. 조금 구체적으로 생각하여 보자. 문화인류학의 조사를 보면, 수전경작 등에 의해 토지소유권이 명확하게 되기 전의 화전경작사회나 토지소유라는 개념이 없는 수렵채집민의 사회에서는 사회구조 그 자체가 평등주의적이다. 현대만이 아니라 역사적으로도 존재한 이러한 사적 소유권이 발생하기 이전의 평등주의적 사회는 원시공산사회라고 불려 왔다. 그 후에 출현한 사람을 물건으로 지배하는 것이 허용되는 사회는 고대노예사회로 불렸다. 거기서는 노예를 갖는 자, 노예를 갖지 않는 자, 노예가 되는 자는 각각 '사람 대 사람'의 관계로서 그 소유관계를 승인하여야 했기 때문에 일종의 계층사회가 출현하였다. 봉건사회에서도 영주는 지대(地代)징수권을 중핵으로 하는 하급소유권을 갖고 있었다. 여기서의 토지소유자, 비소유자, 자유농민, 농노 등등의 '사람 대 사람' 사이에서의 봉토 내지 경작지 소유관계의 승인은 봉건사회 특유의 계층관계를 발생시키게 된다. 또한 자본주의사회에서의 생산재소유자, 비소유자라는 '사람 대 사람' 사이에서의 그 소유관계의 승인은 자본주의사회에서의 자본가와 노동자라는 계층성을 고정시키는 것이 된다.

소유제도의 변혁은 때때로 혁명을 의미하는데, 그것은 집단 내지 계급을 구성하는 '사람 대 사람'이 종래 계속해 온 '사람 대 물건'의 소유관계의 승인을 부정하는 것이 사회적으로는 혁명으로 파악할 수 있기 때문이다. 이 소유관계의 승인에 따른 계급고정성 그 자체에 사회주의자를 포함하는 각종 평등화 운동이 '소유'를 문제시하는 기초에 있는데, 이 '소유' 안에 사회적 생산력 증강의 계기가 포함되어 있는 것을 제시하는 것이 이 장의 테마이다.

□ '소유'권은 부의 불평등을 낳는다

소유권이라는 개념은 때때로 부정적으로 파악되어 왔다. 예를 들면 루소는 자신의 저작인 "인간불평등기원론" 중에서 다음과 같이 말한다.[6] "어느 토지에 울타리를 만들고 〈이것은 나의 것이다〉라고 말하는 것을 생각해내고 사람들이 그것을 믿을 정도로 단순하다고 알아차린 최초의 인간의 정치사회의 진정한 설립자이었다. 말뚝을 빼고 또는 도랑을 메꾸면서 〈이런 사기꾼의 말을 들을 때는 조심해야 한다. 산물이 만인의 것이고 토지가 누구의 것도 아니라는 것을 잊는다면 너희들은

6) ルソー＝小林善彦譯, 世界の名著30, 中央公論社, 1966, 152면.

파멸한다!〉고 동포들에게 외친 사람이 있었다고 하면 그 사람은 얼마나 많은 범죄와 전쟁과 살인과, 또한 얼마나 많은 비참과 공포를 인류가 갖지 않도록 하게 해준 것일까". 또한 마르크스, 레닌을 비롯한 사회주의자들은 생산수단의 사적 소유를 금지함으로써 부의 불평등의 해소를 시도하였다.

이러한 부의 불평등을 불러오는 '권리'는 토지소유권에 국한되지 않는다. 근대공업사회에서는 지적소유권이라는 개념이 확립하고, 특허나 의장 등이 보호되고 있다. 특허 등의 지적소유권이 보호받고 있는 것은 산업개발이 왕성한 선진국에게는 유리하지만, 발전도상국에게는 불리한 것이다. 남미 파라과이에 가면 거기서는 저관세정책이 채용되어 있고 이웃 브라질, 아르헨티나와의 사이의 국경무역이나 밀수, 삼각무역 등이 경제활동의 중요한 부분으로 되어 있으며, 나라 안에 복제품이 횡행하고 있다. 이러한 나라에 한하지 않고 발전도상국이나 중진국에서는 지적 소유권의 침해가 곳곳에서 찾을 수 있는 것이 현실이다. 또한 선진국인 일본에서도 가짜 로렉스 사건 등이 신문에 자주 등장하는 것도 드물지 않다.

그러면 시민 간의 부의 불균형의 해소를 도모하고 경제적 평등을 실현하기 위해 사회주의자 들이 주장하듯이 토지의 사적소유의 개념을 폐지하는 쪽이 좋은 것일까. 또한 국제사회에서의 부의 불평등 해소를 도모하기 위해 지적소유권을 발전도상국에게 개방하여야 할 것일까. 나 자신은 그렇게 생각하지 않는다. 헤겔은 "이성적인 것, 그것은 현실적이고 현실적인 것, 그것은 이성적이다"[7] 고 말하는데, 토지소유권의 개념이 각국에서 확립되어 갔던 것도 또한 근대에 지적소유권의 개념이 확립되어 갔던 것도 일종의 사회적인 필연 때문이었던 것이다. 그 필연의 내용이 어떠한 것인지를 서서히 밝혀나가기로 하겠다.

□ '소유권'개념은 보편적인 것인가?

이러한 토지소유권의 개념이 사회적 필연에서 성립한다고 하여도, 과연 그것은 어디까지 보편성을 갖는 것일까. 현재 선진국에서 토지소유권이라는 법제를 갖지 않는 나라는 존재하지 않는다. 일본도 농업 주체의 경제에서 오래 전에 벗어났지만 공업화된 일본에서도 가격이 고등한 토지는 기업이 금융을 받는 담보로서 큰 의미를 갖고 있다. 이 의미에서는 토지소유권은 금융과 그 담보라는 형태로 일본 경제의 하나의 동맥을 이루고 있다. 그러나 일본이나 구미와 같은 선진국에서는 토지소유권이 중요하지만, 몽골의 초원에 가면 몽골 유목민은 토지의 소유권을 관념하지 않고, 자유롭게 양들의 유목을 하고 있다. 또한 아프리카 사반나의 수렵채집민이나 호주의 아보리지니 등도 토지의 사적 소유권이라는 관념은 갖고 있지 않았다.

---

7) ヘーゲル=高峯一愚譯, 法の哲學 上, 創元社, 1953, 21면.

이러한 토지소유권을 갖기 이전의 사회 구조를 관찰하면 역으로 선진국에서는 당연시되고 있는 토지소유권의 사회적 의미가 명확해지고, 그것이 나아가서는 사적 소유를 포함하는 권리발생의 사회구조를 해명하는 것으로 연결될 것이다.

□ '문명화된 인디안'의 세계

여기서 역사를 잠시 돌아보고 미국선주민의 세계를 생각해 보겠다. 서부극에서 보이는 인디인의 모습과는 달리 백인문명에 접촉한 미국선주민 중에는 - 과거 일본이 페리제독과 함께 온 '흑선'을 선두로 하는 서양열강의 힘에 직면한 후, '부국강병', '식산흥업'을 슬로건으로 하여 자신의 근대화를 시도하면서 서구열강에게 대항하려고 한 것과 같이 - 백인문명과 대항하기 위해 자신의 근대화를 시도하고 헌법을 제정하며 통치기구를 정비하려고 한 부족도 출현하였다. 소위 '문명화된 인디안', '시빌라이즈드 인디안'이라고 불린 부족인데, 그 중에 체로키족의 헌법은 토지를 공유제로 하고, 다음과 같이 규정하고 있다.

"체로키 네이션의 토지는 공유재산으로서 존속한다. 그러나 그 토지에 가해지고 또한 체로키 네이션의 시민의 소유로 하고 있는 개량물은 그것을 한 시민 또는 합법적으로 그것을 소유할 수 있는 시민의 독점적인 빼앗을 수 없는 권리를 갖는 체로키 네이션의 시민은 어떠한 형식이건 합중국, 개개의 주 또는 그러한 시민에 대하여 그 개량물을 양도할 권리 또는 권한을 갖지 않는다. 어떠한 시민도 체로키 네이션의 경계를 넘어 가재를 갖고 이주하거나 다른 정부 하에 그 시민이 될 때에는 체로키 네이션의 시민으로서의 모든 권리 및 특권을 상실한다. 부족회의는 체로키 네이션에 복귀하는 것을 바라는 시민이 재승인을 구하며 같은 회의에 청원을 하는 경우에는 법률에 의해 시민으로서의 모든 권리를 다시 승인할 권한을 갖는다".[8)]

이 체로키족을 비롯한 미국선주민의 근대화정책은 일정한 성공을 거두었지만, 그것은 흑인노예를 갖는 노예제국가이고 남북전쟁시에는 남부연합측에 참가하고 합중국과 싸워 패배하였으며 이윽고 쇠퇴하였다.

그것은 둘째치고 여기서의 체로키 네이션헌법이 규정하는 미국선주민들의 토지에 대한 권리의무의 존재형태에는 주목할 점이 있다. 여기서의 토지는 공유재산으로서 사적 소유의 대상이 되지 않는다. 그러나 시민이 그 토지를 개량하는 즉 경작, 관개 또는 가옥건설 등을 한 경우에는 그것은 "빼앗을 수 없는 재산"으로서 실질적인 사적 소유의 대상이 된다는 점이다(단, 이 권리를 양도할 수 있는 대상은 체로키 네이션의 구성원에 국한되고 외부자에 대해서는 양도할 수 없다는 규율이 붙어 있다).

---

8) 上田伝明, インディアン憲法崩壊史研究, 日本評論社, 1974, 6면 이하.

□ 몽골사회의 토지소유권

체로키족에 한하지 않고 북미 미국선주민은 토지의 사적 소유의 관념을 갖지 않지만, 토지에 대한 사적 소유권을 갖지 않는 것은 특별히 미국선주민에 한정되지 않는다. 그러한 예로서 몽골사회를 다루어보겠다.

몽골은 사회주의체제가 세계적으로 붕괴되어 갈 때 역시 사회주의체제를 포기하고 1992년에 신헌법을 채택하여 정식국명을 '몽골국'으로 하였다. 그 헌법6조3항1문은 "목초지, 공적이용지 및 국가의 특수한 이용에 제공되는 토지를 제외하고, 몽골국민에 한하여 토지를 사유할 수 있다"고 정하고 있다. 그런데 이 헌법의 내용을 구체화하기 위해 몽골토지법이라는 법률을 만들려고 하자, 토지의 사적소유권의 도입이 좋은지 여부를 둘러싸고 국론이 불등하였다. 1994년의 여름 몽골에서의 히어링조사에서는 반대론의 중심은 사회주의 몽골 이전이라도 몽골에서 토지의 사적소유라는 관념은 없었고, 따라서 사적소유의 도입은 몽골인의 전통적인 의식을 파괴하게 된다는 점이었다. 이러한 논의의 결과 몽골토지법 그 자체는 성립하였지만, 토지의 사적 소유를 인정할지의 여부는 다른 법률에 의하는 것이 되었고, 몽골이 국토의 일부에 대해서는 결국 토지사유제를 도입한 것은 2003년 5월부터였다.

□ 유목사회와 수렵채집사회

몽골인에 한하지 않고 아라비아유목민, 툰드라의 랏프랜드의 도나카이 유목민, 동아프리카 낙타 유목민 등 유목사회에서는 어디든지 토지의 사적소유라는 관념은 존재하지 않는다. 유목에서는 "여기는 내 땅이므로 동물이 들어오면 안된다"는 것으로는 유목생활은 성립하지 않는다.

동일하게 수렵채집사회에서도 토지의 사적소유권이라는 관념은 존재하지 않는다. 이것은 호주의 아보리지니에서도 토끼 사냥 등을 중심으로 하여 또한 저 큰 뿔을 갖고 있는 무스라 불리는 미국 말코손바닥사슴을 사냥하는 캐나다 헤어 인디안, 아프리카에서 수렵채집생활을 하는 민족 또는 북극해 근처의 과거라면 에스키모라 불린 이누잇 등은 토지소유권의 관념을 갖지 않는다. 물론 수렵 중에 "타인의 토지에 들어가면 안된다"고 말하면 수렵생활이 성립할리 없다.

그러나 유목사회나 수렵채집사회에서 토지소유권의 관념이 존재하지 않는 이유는 토지소유권의 관념이 거기서의 생업방해의 기능을 영위하기 때문이라고 생각하여서는 안된다. 그 이유는 후술하는데 그 전에 농업사회에 대해 조금 생각해보겠다.

□ 정착농경사회와 화전농경사회

정착농경사회에는 물론 토지의 사적소유라는 관념이 - 사회주의국가를 제외하면 - 존재하고 있다. 그러나 화전농경사회에서는 이 토지소유권의 관념이 상당히 다양하고 많은 경우에는 익스텐디드 패밀리라 불리는 확대가족의 소유 또는 공동체적인 소유로 되어 있고, 사적인 개인소유가 아닌 경우가 많다. 이것은 일본의 화전, 아시아제국, 남미, 아프리카, 오세아니아 등 세계각지에 공통적으로 볼 수 있는 상황이다. 그런데 佐々木高明이 보고하는 인도의 어떤 마을의 예에서는 화전용지에는 일응 사적소유가 있지만 매년 각각의 토지를 사용하는 자는 마을의 샤먼의 '신탁(神託)'에 의한 지명에 의해 결정되고, 화전용지의 사적소유권은 사용권능과 분리된 상당히 애매한 것으로 되어 있다. 그런데 그에 대해 같은 마을에 존재하는 수전에 대해서는 사용수익권능과 결합한 완전한 사적소유가 확립되어 있고, 화전농경과 정착농경의 차는 확연한 것이었다.[9)]

□ 토지소유권 관념발생의 기초

이상 보아 왔듯이 토지소유권의 관념은 유목사회나 수렵채집사회에는 존재하지 않지만, 정착농경사회에는 존재하고 있

9) 佐々木高明, 熱帶の燒畑, 古今書院, 1970, 157면, 245면 이하.

고 화전농경의 사회에서는 미약하다. 그러면 왜 이러한 차이가 나오는 것일까.

가령 정착농경의 사회에 토지소유권의 관념이 존재하지 않는 경우를 생각해보자. 농업을 하기 위해서는 최저한 농경이라는 노무투자가 필요하고 많은 경우 그에 더하여 관개, 비료투여 등의 투자가 필요하다. 수확기가 되어 이러한 투자를 한 사람들이 그 투자의 성과인 수확물을 걷어들이려고 하여도 토지소유권이 존재하지 않고 다른 사람도 자유롭게 수확물을 가져갈 수 있다면 포즈나가 말하는 것처럼 누구도 농업을 위한 투자를 하는 사람이 없게 된다.10) 그 사회가 충분한 식료를 확보하기 위해서는 토지소유권의 관념을 확립하고 각각 개별 자본투하자를 보호함으로써 비로소 사회전체의 농업생산의 극대화를 도모하는 것이 가능하다.

그러나 유목사회나 수렵채집사회에서는 특별히 생산활동을 위한 토지에 대한 투자를 하는 일은 없다. 이러한 사회에서는 기본적으로는 토지소유권을 관념할 필요는 없고, 토지 위에 세워진 건물이나 파오 등의 소유권을 생각하면 된다.

또한 화전농경 사회에서는 토지에 대한 자본투하는 토지 위에 초목을 태워버리는 간단한 노무투자는 있지만, 그 이상의 것은 없다. 그렇다면 토지의 소유권이 존재하지 않는 것은 아니지만 정착농경사회 만큼 명확한 형태로 확립되어 있을 필요

---

10) R. Posner, Economic Analysis of Law, 2nd ed., 27-28(1977).

도 없다는 구조가 있다.

□ 유목사회나 수렵채집사회에서의 소유권관념의 발생

그러면 유목사회나 수렵채집사회에서는 소유권이라는 구조가 없는 상태로 사회운영이 가능한 것일까. 반드시 그렇지는 않다. 확실히 유목사회에서는 토지에 대한 노무투하 그 밖의 자본투하는 이루어지지 않는다. 이에 토지에 대해 소유권을 관념할 필요는 발생하지 않는다. 그러나 유목사회에서도 사람들은 어린 가축을 키워 크게 하는 등 가축에 대한 노무투하, 자본투하는 이루어지고 있다. 그렇다면 이러한 가축에 대한 사적소유권을 인정하지 않으면 가축을 돌보는 사람이 없어진다. 따라서 유목사회에서는 가축에 소유권을 인정하여 제1차적으로는 투자를 하고 있는 개별 유목업 종사자를 보호함으로써 최종적으로는 그 사회에서의 유목생산력의 극대화를 도모한다는 구조가 나온다. 여기서는 권리의 관념은 토지로 향하지 않고 가축으로 향하는 것이다.

이것이 수렵채집사회가 되면 사람들의 노무투하는 토지 위에 이루어지지 않고 또한 동물을 키우는 것도 아니다. 이러한 사회에서는 토지소유권을 관념할 필요도 없고 동물에 소유권을 관념할 필요도 없다. 그러한 이러한 사회에서도 수렵채집 활동이라는 노무투자가 이루어진 것이고 포획한 동물에 대한 소유권, 채집물에 대한 소유권을 관념하지 않으면 수렵 등의 포획채집에 종사하는 자는 없게 된다. 그렇다면 이러한 사회에서는 권리의 관념은 토지로 향하지 않고 동물로 향하지도 않고 단지 포획대상물이나 수렵채집물로만 향하게 된다. 이렇게 하여 개별 수렵채집활동을 하는 자본투하자를 보호함으로써 사회전체의 수렵채집생산력의 극대화를 꾀하고 사회적인 식료확보 메커니즘이 기능하는 것이다. 학술보고는 아니지만 그린랜드 이누잇의 공동 바다코끼리 사냥에서의 포획물의 분배방법은 사회적으로 명확히 결정되어 있다는 보고가 있다. 구체적으로는 공동수렵자가 "2명인 경우에는 동체를 정중앙에서 나누고 머리와 등뼈를 창을 던진 사람이 갖는다. 3명이라면 첫 창을 던진 사람이 머리와 등뼈가 붙은 상체의 반, 2번째 창을 던진 사람이 남은 상체의 반, 3번째 창을 던진 사람이 하반신. 4명이라면 3명인 때의 3번째 창을 던진 사람의 몫을 3번째와 4번째 창을 던진 사람이 동등하게 나눈다. 5명이라면 3번째와 4번째 창을 던진 사람이 다리와 복부 가죽이 붙은 고기, 5번째 창을 던진 사람이 신장이 붙은 허리의 고기 등으로 8, 9, 10명 이라도 더 많아도 모든 사람에게 분배될 수 있도록 정해져 있다는 것이다.11)

이상과 같이 분석해 보아도 유목사회, 수렵채집사회 등은 일본에게 그다지 익숙하지 않은 존재일지도 모른다. 그러나

11) 大島育雄, エスキモーになった日本人, 文芸春愁, 1989, 186면.

일본에서도 수렵채집민족이었던 아이누사회에서는 조방적인 농업은 약간은 존재하고 있었는데 토지소유권이라는 관념은 존재하지 않았다.

또한 오끼나와의 久高島(쿠다까지마)에서는 전통적으로 남자는 어업, 여자는 농업이라는 성적 분업이 이루어지고 있었는데, 사쯔난제도(諸島), 오끼나와에서 널리 존재하고 있었던 경지의 교체(割換)제도의 영향인지 지금도 경지의 사유제가 확립되지 않았다고 말해지고 있다. 역사적으로 보면 일본은 기본적으로 정착농경사회라고 말할 수 있었지만 화전농경은 물론 존재하고 있었고 아이누 등에서 볼 수 있듯이 수렵채집사회도 무연하지 않았던 것이다.

□ 근대농업사회와 지적소유권의 발생

역사적으로는 정착농업사회라고 말할 수 있었던 일본도 지금은 공업화 나아가 제3차산업화가 진행되고 농업의 비중은 점점 작아지고 있다. 이에 근대공업사회를 배경으로 지금까지 말 한 이야기를 다시 한 번 되돌아보겠다.

특허권, 저작권 등의 소위 지적소유권이라 불리는 권리가 보호되게 된 것은 결코 오래 전의 이야기가 아니다. 지적소유권의 발생은 역사적으로 영국에 있다고 과거 생각되고 있었는데, 근래에는 베네치아 등의 북부 이탈리아의 특허제도가 시작이라는 견해도 유력하다. 그러한 역사도 흥미롭지만 여기서는 일본의 상황에 문제를 모아보겠다.

현재의 특허제도에 대응하는 것은 최초 명치4년에 제도화되었는데, 발명심사를 하려면 외국인을 고용하여야 하고 비용이 들었기 때문에 다음 해에 집행정지가 되었다. 그러자 특허제도를 요구하는 민간의 요청이 정부 등에 쇄도하였다. 이것은 발명을 하여도 특허제도가 없기 때문에 발명자에게 보상할 수 없는 것의 반영이었다. 예를 들면 臥雲辰致는 명치8년에 방적기계를 발명하였지만 특허제도가 없었기 때문에 전매할 수 없어 많은 사람에게 모방되어 보상받지 못하였다.

현대의 발명은 개인의 발상에 의한 것이라기보다 기업이나 연구자들이 조직적으로 하는 연구개발활동에 의존하는 일이 많다. 이것은 때때로 다액의 투자를 동반한다. 그렇다면 다액의 투자를 하여 발명을 하여도 타인이 모방하거나 아무런 성과도 얻지 못하면 발명을 위한 투자를 하는 사람은 없게 된다. 이러한 상황이 있다면, 과거 정착농경사회에서 농경에 의한 노무투하 그 밖의 자본투하 성과의 귀속을 보증하기 위해 토지소유권이라는 개념이 발생하고, 사회전체의 농업생산력의 증강이 시도되는 것과 같이 발명 그 밖의 것을 위한 투자활동의 과실을 창작자 등에게 보증함으로써 사회전체의 창작활동의 활성화와 공업의 진흥을 도모하여야 하고, 지적소유권이라는 개념이 발생하게 된다.

□ 컴퓨터의 발달과 지적소유권의 발생

소유권만이 아니라 특허권 등의 지적소유권이 발생한 것도 과거의 역사적 사실일 뿐이다. 그러나 우리가 살고 있는 이 시대에도 역시 지금까지 말해 온 이야기와 같은 구조에 의한 권리의 발생은 계속되고 있다. 최근 10년간 컴퓨터산업의 발달은 눈부시다. 이 컴퓨터의 발달에 따라 그것을 사용하는 소프트웨어 개발도 필요해진다. 이 소프트웨어의 개발에는 사람의 손이 많이 가고 많은 기술자들이 여기에 종사하고 있다. 환언하면 소프트웨어의 개발에는 일정한 노무투자가 필요하다는 것이다. 자본을 투하하여 소프트웨어를 개발하여도 그것이 간단히 모방되면 자본투하의 성과를 회수할 수 없다. 따라서 사회가 컴퓨터산업의 발달을 원하는 경우에는 이 소프트웨어의 개발에 대해 권리보호의 법제를 생각해 나갈 필요가 있다. 컴퓨터산업이 가장 발달한 미국이므로 우선 미국에서 이 필요성이 발달하였다.

일본도 세계의 선진국의 하나이므로 소프트웨어의 개발에 권리보호법제를 줄 필요성이 있음은 미국과 같다. 그러나 미일의 차이는 미국이 컴퓨터산업에 관한 세계의 탑 란너임에 반해 일본은 두 번째에 불과하다는 점에 있었다. 미국이 자국의 이익을 지켜려고 하면 소프트웨어에 강한 권리를 주면 줄수록 타국에 차이를 벌릴 수 있다. 일본은 소프트웨어를 지키는 권리를 만드는 것은 일본보다 뒤늦은 국가에 대해서는 유리하지만, 권리가 강해지면 일본보다 선행하고 있는 미국과의 관계에서는 불리해진다.

이러한 배경 하에 미국은 컴퓨터 소프트웨어를 저작권에 의해 보호하고 같은 법제를 외국에도 만들도록 하였다. 그에 반해 약 20년 전의 일본 통산성은 프로그램권법이라는 특허권과 유사한 법률을 만들려고 하였지만, 미국은 그에 대해 강하게 반대하였다.

특허권적인 보호의 경우에는 10여년으로 보호기간이 끝나고 그 후에는 누구라도 자유롭게 사용할 수 있게 된다. 또한 각국에서의 출원절차를 취하면 비로소 보호를 받을 수 있다. 이에 반해 저작권에 의한 보호의 경우에는 저작자의 사후 50년간 보호가 지속된다. 그 위에 베르누소약과 만국저작권조약이 세계의 많은 나라를 커버하고 있기 때문에 각국에서의 절차를 취하지 않고 보호를 받을 수 있다. 이에 소프트웨어 산업의 세계 최선진국인 미국은 가장 강한 보호를 요구하며 저작권에 의한 보호를 주장하고, 이 점에서는 두 번째 선진국인 일본의 통산성은 특허권 형태의 보호를 주장한 것이다. 그러나 미일의 국력의 차이에 더하여 성익만이 있고 국익은 없다는 말이 있는데 일본국내에서도 저작권을 소관하고 있는 관청이 저작권법에 의한 보호를 주장하고, 국론이 분열되기도 하여 미국의 주장이 최종적으로 통하게 되었다.

□ 소유와 인간의 마음

이상 검토한 바와 같이 토지소유권, 지적소유권을 포함하는 권리발생의 구조가 어떠한 것인지, 어느 정도 명확해졌을 것이다. 어떤 사회라도 각각의 사회에서의 식료생산량이나 공업생산량의 극대화를 도모할 필요가 있었다. 그것을 위해서는 사회구성원이 하는 생산을 위한 투자의 성과 확보를 보증할 필요가 있었다. 때문에 소유권이나 지적소유권이라는 개념을 관념하고, 투자를 하는 자에게 그러한 권리를 주어 개별 자본투하자를 보호함으로써 사회전체에서의 생산량 극대화를 시도한 것이다. 말하자면 개별투하자의 이기심을 보호함으로써 사회전체의 번영을 시도하기 위한 개개의 이익을 전체의 이익으로 전환하기 위한 매직 워드가 '소유권', '지적소유권'이라는 개념이었다.

이러한 테제를 바탕으로 생각하면, 토지소유권의 개념을 관념할 필요가 있는 것은 토지에 대한 생산을 위한 자본투하가 가능한 사회이다. 이 토지에 대한 자본투하의 대소라는 관점에서 정착농경, 화전농경, 유목사회 · 수렵채집사회의 3가지를 비교하면서 토지소유권의 발생의 구조를 그리면 〈도1〉과 같다.

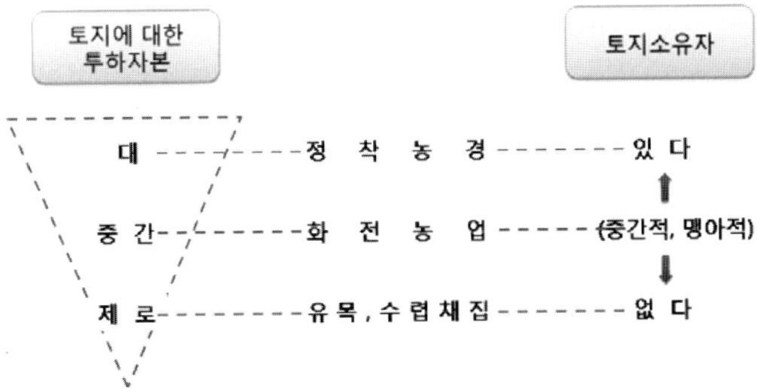

<도1> 토지에 대한 투하자본과 토지 소유권

나아가 각각의 사회에 의해 식료생산을 위한 자본투하의 대상은 달라진다. 각각의 자본투하의 대상에 입각하여 소유권개념이 발생하지만, 그 대상이 어떻게 다른지를 도시한 것이 〈도2〉이다.

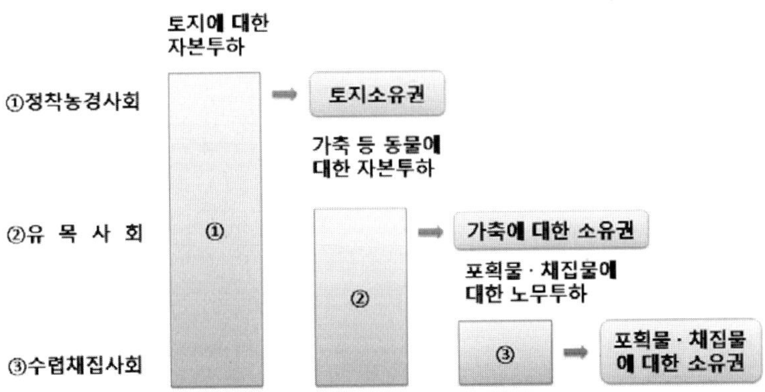

<도2> 토지소유권 개념 발생의 구조

또한 토지소유권 관념이 없으면 농업은 이루어지지 않고 식료생산도 적어지며 인구가 억제되어 현재와 같은 사회의 발전이 없었던 것과 같이 공업에 대해서도 지적소유권의 보호에 의해 연구개발의 인센티브가 부여되고, 공업사회 전체의 발전이 보여지게 된다. 이 관계를 도시한 것이 〈도3〉이다.

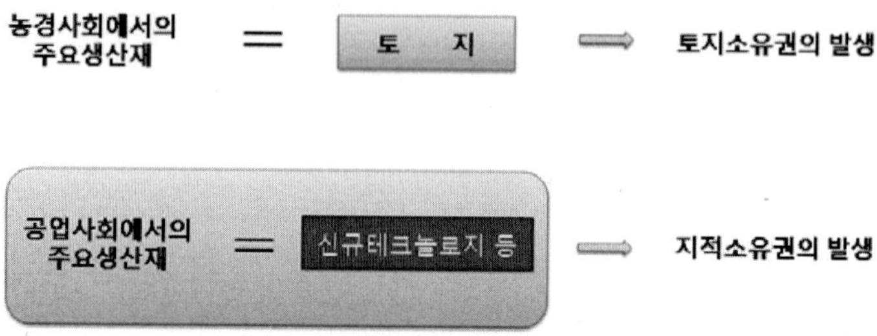

<도3> 생산재에 대한 권리 발생의 구조

우리는 소유권, 지적소유권 등이 이미 존재하고 있는 사회에 태어났다. 뿐만 아니라 토지소유권 등의 관념은 현대적 의미에서의 국가체제가 정비되기 이전부터 사회가 그 필요에 응해 발전시킨 것이다. 그러나 우리가 당연시하고 있는 법제도도 실은 존립기반이 있어서 비로소 성립하는 것이라는 점이 명확해졌을 것이다. 최초의 말로 돌아가면, "이성적인 것 그것은 현실적이고, 현실적인 것 그것은 이성적이다"라는 말은 소유권, 지적소유권에 대하여는 매우 정곡을 찌른 표현이고, 짧은 생각으로 그것을 부정하면 사회주의의 붕괴의 예를 들을 필요도 없이 사회의 파탄과 쇠퇴를 초래하는 것이다.

제3 _ 계약편

□ 계약을 지키는 마음과 깨트리는 마음

일단 계약을 체결하여도 상품의 시장가격 등의 변동이 있으면 불리해진 당사자에게는 성실히 그 계약을 지키는 사람도 지키지 않는 사람도 있다. 개인으로서 본 경우만이 아니라 집단으로서 보아도 계약을 비교적 잘 지키는 집단도 그다지 지키지 않는 집단도 있다. 일본과 미국이라면 어느 쪽 나라의 사람이 계약을 지킬 것일까, 일본 국내의 각 지방에 따라서도 차이가 있을까, 상인과 법률가라면 어느 쪽이 계약을 지킬까, 남과 여는 어떠할까.

이렇게 물으면 독자로서는 어떻게 답할까. 답은 그때그때 말하는데, 우선 여기서 자기 자신이 추측한 답을 메모해두었으면 한다. 자신의 직감이 어느 정도 맞는지 안 맞는지 점점 알 수 있을 것이다.

□ '법률의 나라 미국'과 '의리인정의 나라 일본'이라는 川島이론

꽤 오래된 이야기가 되는데, 일본이 GNP 베이스로 미국 다음으로 세계 제2위가 된 것은 1960년대 중반의 일이었다. 제2

차 세계대전에서의 패전, 일본점령과 법적으로는 연합군에게 패배하고 점령을 받았는데 심리적으로는 미국에 패배하고 미국에 점령당하고 있다고 생각한 사람도 많았던 전후 20년의 일본은, 미국 콤플렉스도 심했고 그와 표리에 있는 반미감정이 우익, 좌익 그 밖의 부분에서 나타나는 일이 많았다. 다른 한편 이 시기 "아직 보이지 않는 나라, 미국"은 미화되어 이야기되는 일도 많았다.

그 때 미국에 체재한 일본인 학자의 다음과 같은 경험담을 인용하면서 川島武宜(가와시마 다케요시)는 자신의 계약의식론을 전개하였다. "미국인은 법률, 규칙, 약속을 잘 지키고 또한 그것을 잘 이용하는 국민이다. 일본인은 그에 대한 관념이 충분히 명료하지 않고 정상(情狀), 의리, 인정, 우정, 진심 등을 중요시 하고 그것에 의지한다...그들(미국인)이 일본인보다도 계약을 잘 지키는 것은 주지의 사실일 것이다...일본인이 타인과 약속하는 경우에는 약속 그 자체보다도 그러한 약속을 하는 친절, 우정이 오히려 중요하고 이러한 진심을 갖고 있다면 그것만으로 약속 그 자체는 반드시 말 그대로 매우 정확하게 하지 않아도 지장이 없다...그들(미국인)에게 있어서는 약속과 우정은 명확히 별개의 것이다".12)

나아가 川島는 농지해방 전의 지주 - 소작인 간의 소작관계, 대공의 동량 - 건축주 간의 건축도급계약, 신원보증계약

12) 川島武宜, 日本人の法意識, 岩波書店, 1967, 98면 이하.

을 예로서 생각하면서 일본의 계약은 권리의무내용이 확정적이지 않고 일반적으로 보아도 법삼장적이며 '공백에 뒤덥힌' 것이며 융통성을 취지로 하고 있음에 비해, 유럽이나 미국의 계약은 계약상의 권리의무가 "매우 미세하게" 규정되어 있고 확정적이라고 말한다. 또한 계약분쟁이 발생한 경우의 해결방법으로서 일본에서는 "장래 본계약으로부터 발생하는 권리의무에 관하여 당사자 간에 분쟁이 발생하였을 때에는 성의를 갖고 협의하는 것으로 한다"(성의협의조항)거나, "협의에 의해 원만히 해결한다"(원만해결조항)이 많이 보여지는데, 이에 대해 서양제국의 계약서에서는 중재조항이 일반적이라고 한다.

한마디로 말하면 일본인은 계약의식이 약하고 구미인은 계약의식이 강하다는 것이 川島가 관찰한 것이있다.

□ 계약보다는 남자의 약속 - 또 하나의 미국적 세계

그러나 川島가 관찰한 일본인의 계약의식은 과연 일본의 독특한 것일까. 川島가 "日本人の法意識(일본인의 법의식)"을 공간하고 위에서 말한 일본인의 계약관이 발표된 시기와 거의 비슷하게 미국에서는 위스콘신대학교수인 맥콜리가 위스콘신 비즈니스맨의 의식에 관한 앙케트조사, 인터뷰조사를 하고 있었다. 그 조사결과로서는 다음과 같은 것이 발표되어 있다.

"비즈니스맨은 분쟁해결이나 조정을 위해 법적인 제재를 이용하는 일은 드물다".[13] "거래가 큰 리스크를 갖는 것이라도 비즈니스맨은 짧은 편지에서의 〈남자의 약속〉, 악수 또는 〈일반시민으로서의 성실함과 예절〉에 의지하려고 하는 것이 보통이다". "거액의 거래에서 큰 리스크가 있을 것 같은 경우에도 비즈니스맨이 계약을 간단한 것으로 하고 공문서적인 형식성을 피하려고 하는 것에 법률가는 불만을 갖고 있다."[14]

"계약외의 곳에서 상당한 양의 절충이 이루어지고 있다". "관계가 계속하고 있는 동안은 일방 또는 쌍방당사자의 계약채무는 합의에 의해 변경되고 절충에 의한 조정이 시도된다. 예를 들면 매수인은 주문이 끝난 상품의 전부 또는 일부를 더 이상 필요 없게 된 경우에 캔슬하는 것이 허용되는 일도 있다. 매도인도 거래환경이 격변한 경우에는 약정 가격 이상의 가격의 지급을 받는 일이 있다". "비즈니스맨은 계약을 체결하였다고 느끼지 않고 주문을 받았다고 느끼는 일이 많다. 그들은 〈계약위반〉이라기보다 〈주문의 취소〉로 표현한다...그들은 캔슬이 나쁘다고는 생각하지 않는다. (이 법률사무소의) 많은 의뢰자들, 적어도 중공업 사람들은 매도인과 매수인이라는 관계의 일부로서 캔슬할 권리가 있다고 믿고 있다. 매우 애매한 기한이지만 그 기한 이내라면 어떠한 거래도 이탈할 수 있다는 것이 널리 일반적으로 보여지는 태도이다. 이 태도에는, 법률가

13) S. MaCaulay, Non-Contractual Relations in Business : A Preliminary Study, 28 American Sociological Review 55(1963), 인용은 55면.

14) 전게주(13), 58면.

는 때때로 놀라게 된다". "분쟁이 발생한 경우에는 계약 또는 잠재적 내지 현실에 있는 법적 제재에는 언급하지 않고 그것이 해결되는 일이 많다. 이러한 교섭과정에서는 법적권리에 언급하는 것 또는 소송제기를 예고하는 것을 주저한다. 주의 깊게 만들어진 상세한 계약서를 당사자가 갖고 있고 거기에는 예를 들어 매도인이 인도납기를 지키지 못했을 경우의 내용이 규정되어 있어도 현실로 그 사태가 발생한 경우, 당사자는 그 계약에 언급하지 않고 마치 그 원계약이 존재하지 않았던 것처럼 분쟁해결교섭을 계속하는 일이 많다". "만일 무엇인가 발생하여도 당신은 상대방에게 전화하고 문제를 처리해야 한다. 만일 또 거래를 하려고 생각하고 있다면 양쪽 다 법률적인 계약조항 등을 읽으면 안된다. 비즈니스를 계속하려고 생각하면 법률가에게 달려가서는 안된다. 왜냐하면 인간은 예의바르게 행동해야 하기 때문에". "만일 법률가와 회계사를 끌어들이기만 하면 어떤 분쟁도 해결된다. 그들은 비즈니스에 필요한 기브 앤 테이크를 모른다".[15]

"세심한 주의로 작성된 계약서도 비즈니스에서 거래를 하는 관계에 있어서는 반드시 바람직한 것은 아니다. 그것은 신뢰의 결여를 보여주는 것이고...우정의 필요성을 무더지게 하며 협력적으로 하여야 할 사업을 적대적인 가축거래와 같은 빈틈없는 것으로 변해버린다". "그래서 〈유연하다〉고 불리고 있었

15) 전게주(13), 61면.

던 것이 상실된다. 비즈니스맨은 실제의 환경에 입각하여 교섭할 수 있도록 계약채무를 애매한 것으로 놔두는 것을 좋아하는 것 같다".[16)]

"계약위반을 이유로 소송을 제기하면 특정 분쟁은 해결할 수 있을지도 모른다. 그러나 그러한 소송은 2가지 기업 사이의 '결혼'을 끝내는 '이혼'과 같은 결과가 되는 일이 많다. 왜냐하면 계약위반소송은 어찌되었든 불성실함을 느끼게 하는 방법으로 제기되는 일이 많기 때문이다".[17)]

이상을 보면 川島가 관찰한 일본인과 맥콜리가 조사한 위스콘신의 비즈니스맨과는 마치 형제처럼 느껴진다.

일본인과 미국인 또는 서양인의 계약관은 과연 비슷한 것일까. 다른 것일까.

□ 일호 설탕 케이스 - 일본인은 계약을 지키지 않는다?

앞서 본 川島의 관찰을 그대로 예증하는 것과 같은 사건이 1970년대 중반에 발생하였다. 그것은 일호설탕 케이스라 불리는 사건이었다.

구체적으로는 1974년에 일본 - 호주 사이에 원당의 5년간 장기수입계약이 체결되었는데 국제가격이 폭락하고 수입을

16) 전게주(13), 64면.
17) 전게주(13), 65면.

계속하면 파산에 빠지게 된 일본 정당회사는 원당의 인수를 거절한 사건이었다. 결과적으로 호주로부터의 원당을 선적한 선박이 도쿄만에 15척, 오사카만에 1척 대기한 채로 있었고 신문은 "'도쿄 설탕 범벅' 소동"이라고 보도하였다.

법의식의 문제에 흥미를 갖고 있었던 나는 제외국에서 여러 사람들과 대화할 때마다 이 사건은 매우 일본적이다, 또는 동양적이다 라는 말을 외국인으로부터 들었다. 이들 외국인은 川島처럼 일본인 또는 동양인은 서양인과 비교하여 계약준수 의식이 낮다고 생각하고 있었던 것이다.

□ 웨스팅하우스 케이스 - 미국인도 계약을 지키지 않는다?

일호 설탕 케이스만을 보면 일견 일본인은 계약을 지키지 않는 것처럼 보일지도 모른다. 그러나 유사한 사건이 미국에서 일어나면 역시 미국인도 계약을 지키지 않는다고 말할 수 있는 예는 있다. 이것이 웨스팅 하우스 케이스이다. 이 사건은 우리 연구회 멤버(太田勝造)가 이미 소개하기 있으므로,[18] 이것을 참조하면서 여기서도 간단히 말해두겠다.

원자로 제조업자인 웨스팅하우스사는 원자로와 연료인 우라늄을 26사에 매각하였다. 그 중 우라늄 판매계약은 고정가격으로의 장기공급계약이었다. 그런데 이 계약기간 중에 우라

18) ジュリスト1096号, 42면 이하.

늄의 시장가격이 급등하고 이 계약의 이행을 계속하면 웨스팅하우스사는 파산할 수밖에 없는 상황이 되었다. 웨스팅하우스사는 일방적으로 우라늄의 장기공급계약을 백지화한다고 선언하였다.

물론 웨스팅하우스사도 전술한 일본의 정당회사도 덮어놓고 이행거절을 한 것이 아니고 계약문언 또는 계약법이론을 근거로 일정한 법적 근거를 주장하면서 이행거절에 이른 것인데, 그러한 주장은 조금도 설득적이지 못한 것이었다. 웨스팅하우스사도 일본의 정당회사도 상대방과의 분쟁은 화해로 결착지었다.

일본의 정당회사도 미국의 웨스팅하우스사도 유사한 상황하에서는 동일한 행동을 취한 것이 된다. 단, 이로써 일본인과 미국인의 계약관은 유사하다고 결론짓는 것은 성급할 것이다. 이익의 획득, 손실의 회피가 비즈니스의 기본목료라고 하면, 이러한 종류의 행동이 비즈니스맨의 보편적인 행동일 가능성도 있고, 때에 따라서는 파산위기에 직면한 비즈니스맨이 그 위기의 원인이 된 계약으로부터의 이탈행동을 구하는 것은 만국공통일 가능성도 또한 부정할 수 없다.

그러나 전단에서 말한 가능성은 어디까지나 추측에 불과하다. 확실한 회답을 구하기 위해서는 보다 실증적인 연구가 필요할 것이다.

□ 인상론의 세계에서 실증연구의 세계로

일본인의 계약관이 세계적으로 보아 어느 정도 다른지, 또는 동양인과 서양인 사이에서는 계약관이나 계약준수의 의식에 차이가 있는 것인지를 조사하기 위해서는 일종의 실증적인 연구가 필요하다. 이에 우리 연구그룹은 준실험계획법이라 불리는 방법에 의해 다음과 같은 조사를 하였다.

우선 앞에서의 일호 설탕 케이스에 대응하는 다음과 같은 조사표의 스토리를 작성하였다. 장기공급계약이 체결되지만, 목적물의 가격이 극적으로 하락하였기 때문에 매수인은 계약가격의 개정을 요구하고, 매도인은 이를 거절한다. 그러자 매수인은 선적된 하물의 수취를 거부하고 항구에 많은 배가 계류되는 사태가 되어 계약이 개정되기에 이른다. 이 스토리가 전개되어 가는 각각의 단계에서 8가지의 주설문이 준비되어 있다. 이러한 설문은 5단계 평가의 질문항목으로 되어 있고 거래를 둘러싼 상황이 변화된 경우에 회답자가 어느 정도 계약을 지키는지를 계측하는 것이다.

우리가 계측하고 싶었던 것은 계약에 관여하는 비즈니스맨의 계약관과 분쟁이 발생한 경우에 그 해결에 임하는 법률가의 계약관이었다. 그러나 조사대상으로서 많은 나라에서 계량분석이 가능한 수만큼의 등질적인 비즈니스맨집단, 법률가집단을 추출하는 것이 곤란하였기 때문에 각국에서 등질성을 확보하기 위해 비즈니스맨 예비군으로서 경영·상학부 내지 비즈니스스쿨 학생, 법률가의 예비군으로서 법학부 내지 로스쿨 학생을 대상으로 하였다.

조사한 것은 일본으로부터 서쪽으로 순서대로 보면, 일본, 한국, 대만, 중국, (중국반환 전의)홍콩, 필리핀, 베트남, 타이, 인도, 이스라엘, 이집트, 이탈리아, 스웨덴, 독일, 프랑스, 영국, 스페인, 미국, 멕시코, 브라질, 뉴질랜드, 호주의 22개국/지역이다. 각각의 나라에서 모국어의 조사표를 작성하고 회답자가 조사표를 용이하게 이해할 수 있도록 배려하였다. 전체의 수집 샘플은 23,885이지만, 샘플수가 적은 스페인과 멕시코는 이하의 서술에서 제외하였다.[19)]

□ '일본인' 한데 묶어 말할 수 있을까 - 다양한 일본인상?

이 조사에 대해서는 한 가지 명확히 하여야 할 점이 있다. 그것이 이만큼 대규모 국제비교를 할 때에는 엄밀한 랜덤 샘플을 이용하여 조사를 할만큼의 연구자금의 여유가 없었기 때문에 이 조사는 랜덤 샘플에 의하지 않은 것이다. 따라서 여기서의 국제비교는 어디까지나 수집한 샘플에 기한 국제비교에 그칠 뿐 각각의 나라의 법학부, 경영 · 상학부의 학생이라는

19) 이하 그 조사결과의 엣센스부분을 소개하지만, 보다 상세한 내용을 알고 싶은 독자는, 契約觀の國際比較－日本人は契約を守るのか、破るのか、２２か國 / 地域國際調査から, 名古屋大學法政論集196号(2003)를 일독하기 바란다.

모집단의 절대치의 추정이 불가능하다는 점이다(물론 각국의 국민 일반이 모집단으로 될 수도 없으므로 일본인의 계약관, 그 밖의 ○○인의 계약관으로서 일반화하여 말할 수도 없다).

아울러 일본조사의 부산물로서 떠오른 문제인데, 조사결과에서는 도쿄를 중심으로 하는 관동, 교토나 오사카 등을 중심으로 하는 관서, 나고야를 중심으로 하는 츄쿄 지구의 순으로 계약준수의식이 높다는 경향이 나타났다. 특히 관동, 츄쿄 지구의 학생은 8질문 항목 중의 4질문에 관하여 통계적으로 의의 있는 차이를 보이고 있었다.[20] 단, 조사표의 설계가 국제조사를 목적으로 한 것이었기 때문에 조사시점에서의 회답자의 거주지는 명확하지만, 설문에 출신지항목이 없었기 때문에 최종적인 결론을 내리기 위해서는 지역차가 명확해지도록 질문표의 설계를 하여 다시 한 번 재조사를 할 필요가 있지만, 일본인, 미국인, 중국인으로 한 묶음으로 하여 과연 좋은지 문제가 부상하였음은 부정할 수 없다.

위에서 말한 것은 이 조사의 방법적인 한계이다. 그러나 그 문제와 함께 '일본인 학생', '미국인 학생' 등 한 묶음으로 하여도 좋은 것일까 라는 문제도 있다. 왜냐하면 조사를 하여 보면

20) 이 원인을 나는 츄쿄지구 쪽이 도쿄를 중심으로 하는 관동지구보다고 인구의 유동성이 상대적으로 작고 커뮤니티로서의 일체성이 유지되어 있기 때문에 인간관계규범이 담당하는 역할이 큰 점에 있는 것이 아닌가 생각하고 있다. 그러나 조사표가 국내지역차를 측정하는 설정으로 되어 있지 않기 때문에 이 점의 분석은 우리들의 별고로 미루기로 하겠다(名古屋大學法政論集196号, 35면).

같은 일본인 학생 사이에서도 법학부와 경영·상학부의 학생, 남자학생과 여자학생에서는 계약의식은 같지 않았다(구체적으로는 후에 검토한다). 뿐만 아니라 "계약을 지키는 지방과 지키지 않는 지방"이라는 지역차도 있을지도 모른다는 문제도 발생하였기 때문이다.

□ 일본인의 계약준수의 의식은 세계적으로 보면 평균적

앞서 8개의 주질문이라고 말했는데, 최초로 (1) 장기계약을 체결하는 것이 무모한지의 여부를 묻고, 다음으로 국제가격의 변화에 따른 (2) 매수인의 가격인하 요구는 자연인지의 여부에 대한 피조사자의 평가를 묻고 있다. 다음으로 (3) 그것을 거부하는 매도인의 태도는 경직적인지의 여부, 또한 (4) 매수인이 상품의 수취거부를 하려고 하는 것은 적당한지의 여부, 그 다음 실제로 (5) 매수인이 수취거부를 실행하고 체선(滞船) 소동을 일으킨 것은 적당한지의 여부를 물었다. 그 후 (6) 도의적 레벨에서도 매수인의 행동은 비난받아야 하는지의 여부, 반대로 (7) 매도인이 최종적으로 10% 가격인하에 응한 것은 어리석은지의 여부를 물었다. 그리고 마지막으로 (8) 매수인의 행동의 배경에는 이대로 계약이행을 계속하면 도산가능성이 있다는 사정이 있었던 경우에는 매수인의 행동은 부득이한지의 여부를 묻고 있다.

(1)은 장기계약체결의 적부이므로 계약준수의식을 계측하는 것은 아니지만, (2) ~ (8)이 계약준수의식을 계측하고 있다. 이러한 것에 대해서는 회답평균치가 높을수록 계약준수의식이 높은데, 조사의 세계적 평균치와 일본의 평균치를 비교하면, 일본은 어느 설문에서도 거의 세계의 평균치와 그다지 다르지 않은 회답치를 보이고 있다.

이 조사로부터 보는 한, 일본인의 계약준수의식은 세계적으로는 평균적인 것이고 특히 잘 계약을 지키는 쪽도 아니고 계약을 깨트리는 쪽도 아니라는 것을 알 수 있을 것이다.

□ 계약의 지키는 국가와 깨트리는 국가 - '川島이론'의 파탄

그러면 제외국에서 이 조사의 대상이 된 학생들의 계약준수의식의 차이를 확인해 두겠다. 계약준수의식과 관계되는 질문 (2) ~ (8)을 비교하면 계약준수도가 상대적으로 높은 국가/지역으로서 들 수 있는 것이 홍콩, 이스라엘, 스웨덴이고 낮은 것이 대만, 브라질이다.

川島는 일본 대 미국 내지 일본 대 서양이라는 도식 하에 계약의식의 비교를 생각하였다. 그러나 모두 동양이고 또한 중국인인 대만과 홍콩이 계약준수에 대해서는 대조적인 위치를 차지하고 있다. 여기서부터는 동양이라는 일반적인 분류가 불가능하다는 점이 이 조사에 의해 명확해진다.

또한 서양제국에 대해서도 계약준수의식은 다양하고 미국인의 계약준수의식도 많은 질문항목에서는 일본인의 경우와 그다지 다르지 않고 차이가 있는 항목 중에서도 계약준수의식이 미국인 쪽이 높은 질문도, 일본인 쪽이 높은 질문도 존재하였다. 이 조사에서 보는 한, 일본 대 미국 내지 일본 대 서양이라는 川島적인 계약의식의 차이에 관한 도식은 성립하지 않는다.

결국, 川島 이후 종종 말하여져 온 일본 대 미국 내지 일본 대 서양이라는 도식 하에서 일본인 내지 동양인이 계약준수의 의식이 낮다는 명제는 '신화'가 아닐까 라는 것이 이 조사로부터 말할 수 있다고 생각한다.

□ 법률가는 나쁜 이웃?

이 조사로부터는 부수적으로 나타난 몇 가지 점이 있다. 흥미롭기 때문에 약간 소개해 두겠다. 이 조사의 결과로서 일본도 포함한 세계의 상당수의 국가에서 법학부의 학생이 경영·상학부의 학생보다 계약준수의 의식이 낮다는 사실이 판명되었다. 거기에 일본의 경우에는 법학부의 학생의 내부비교를 하면 법률을 공부하면 할수록 계약준수의식이 낮아지고, 경영·상학부의 학생의 내부비교에서는 법률을 이수한 적이 있는 학생이 이수하지 않은 학생보다도 계약준수의식이 낮았던 것이다.

세계조사의 결과로서도 계약준수의식과 관련된 모든 항목에 대해서 법학부 학생 쪽이 계약준수의식이 낮았던 한국과 같은 예도 있고, 일본이나 미국도 포함하여 대부분의 나라에서는 많은 질문항목에 관하여 이러한 경향이 보였다. 법학부의 학생 쪽이 계약준수의식이 높았던 것은 유일하게 타이만이었던 것이다.

이 점을 가장 전형적인 한국과 일본의 레이더 그림으로부터 확인해 두겠다(〈도4〉. 점수가 높은 외측 쪽이 계약준수의식이 높다. 또한 질문항목을 고딕체로 표시한 것은 통계적으로 의미가 있는 차이를 보인다[단, 이것은 랜덤 샘플이 아니므로 참고를 위하여 제시하는 것이다]. 이하, 같다).

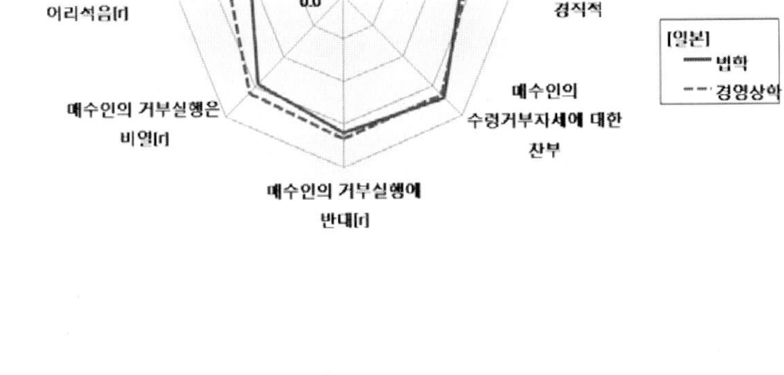

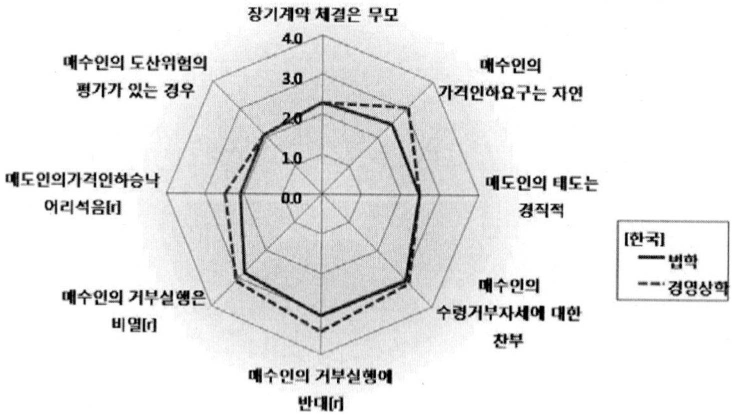

<도4> 법학부생과 경영·상학부생의 계약 준수 의식

이 결과를 어떻게 해석하는지에 대해서는 여러 가지 논의가 있을 수 있지만, 나 자신은 다음과 같이 생각하고 있다.

법은 분쟁해결에 이용되는 것이고 재판 등에서 자기에게 불리한 결론을 보인 당사자도 그 결론에 따르게 할 필요가 있다. 때문에 한편으로 판결이유 등의 법률론에 의해 이성적인 설득을 전개하고, 다른 한편으로 법정에 장엄한 분위기를 도입하고 법복이나 국가에 따라 가발을 이용하여 의식성을 높임으로써 심리적으로 납득시키는 술책을 쓰는 것은 정도의 차이가 있건 어느 나라에서도 볼 수 있는 것이다. 사형 등 자기에게 엄한 판결의 결론은 장중한 절차에 따라 엄숙하게 선고되어도 쉽게 납득하기 어려운 것인데, 친구와 같은 가벼운 어조로 법관이 "잭, 자네는 사형이야" 등으로 사형판결이 선고되어도 쉽게 심리적으로 납득할 수 있는 것은 아니다.

여기에 설사 그것이 비합리적일지라도 많은 나라에서 장중한 절차나 의식성에 의해 재판이나 법이 물신화(物神化)되어 가는 배경이-필요가 불러온 인류의 일종의 '지혜'로서-있는 것처럼 생각된다. 그러나 일종의 술책은 법이나 재판에 정통한 자에게는 통용도가 낮아진다. 그 결과 법률을 배움으로써 법이나 재판의 물신성이 엷어지고 법이나 계약의 준수도가 절대적 준수에서 비용 대 효과를 생각한 상대적인 것으로 옮겨 가는 측면이 있는 것이 아닐까.

또한 상기와 같은 설득, 납득의 필요성에서 세상에는 일반적으로 법이 엄격한 존재이고 법적 논리가 불변이기 때문에 법적 결론은 융통이 듣지 않는 반면 신뢰할 수 있다는 이미지가 존재하는 것처럼 생각된다. 그러나 법학교육을 받음으로써 이러한 이미지는 서서히 붕괴되고 법을 배운 자는 법적 사고가 갖는 유연성을 의식하게 된다. 또한 법에 노숙한 자에게 있어서는 법은 자신의 행동을 규율하는 벽인 동시에 법은 조작의 대상이고 이 점은 계약도 같을 것이다. 이 점에서 '벽'으로서의 존재만을 의식하는 타학부의 학생과 비교하여 법학부의 학생은 계약의 준수의식이 낮아진다는 경향을 보이는 것이 아닐까.

아무튼 통상 말해지는 의미와는 다른 의미로도 법률가는 나쁜 이웃이라고 말해질 만큼의 소지(素地)는 있는 것 같다.

□ 남과 여의 계약관 - 일본 · 독일형 vs. 대만 · 프랑스형

우리들이 1995년에 일본조사를 했을 때 우리를 놀라게 한 것의 하나는 모든 질문항목에 의해 남녀의 회답치가 통계적으로 의미가 있는 차이를 보이고, 남성 쪽이 계약순수의식이 높았다는 것이었다. 우리는 이 점을 둘러싼 세계적 경향이 어떠한지 강한 흥미를 느꼈다. 결과적으로 이 조사에서 보는 법학·경영학 등을 배우는 학생의 계약관에 관한 한 남녀 간의 성차가 명확한 일본, 독일 형의 사회가 있는 한편, 남녀가 거의 동일감각을 갖는 대만, 프랑스형의 사회도 있고, 비교적으로 많은 나라에서 남성의 계약준수도가 여성을 상회하는 경향이 보였다. 이것이 일반적으로 도덕적 판단의 형성에서 '상황', '현실'이 갖는 의미는 남성과 여성과의 사이에 차이가 있고, 여성 쪽이 문맥상대주의적이라고 말해지는 것과 관계되는지의 여부는 알 수 없지만, 흥미로운 현상이다. 조사결과의 2가지 형태가 가장 전형적으로 나타난 일본과 프랑스의 레이더 그림을 보면 〈도5〉와 같다.

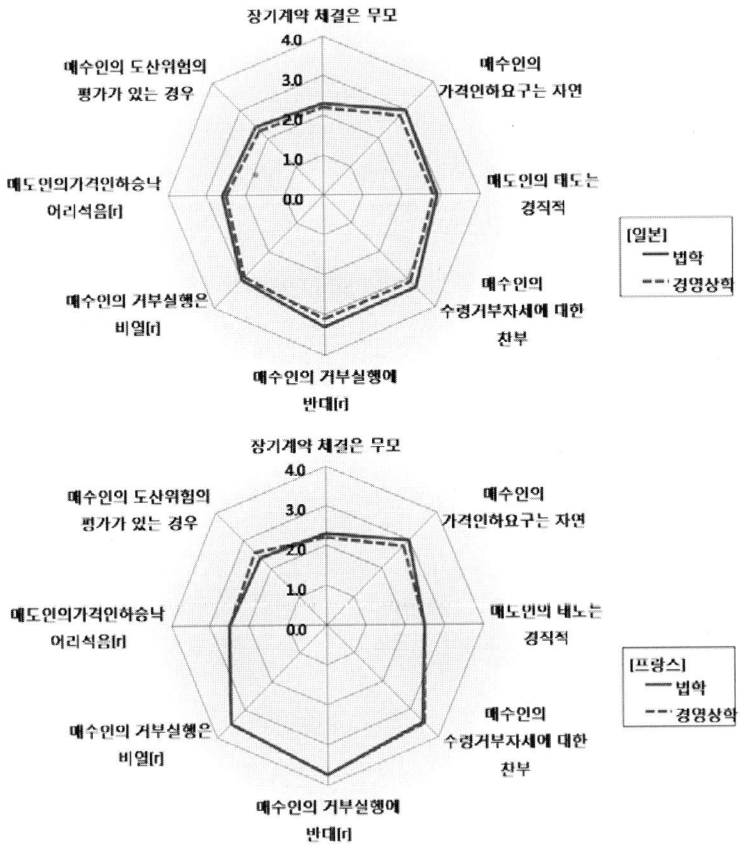

<도5> 계약 준수 의식의 성차

□ 자국옹호와 외국혐오 - 공평한 일본인

이 조사에 사용된 조사표의 스토리는 일호 설탕 케이스를 모델로 한 것이었다. 그러나 단순히 이 스토리만을 바탕으로 조사표를 설계하면 일본의 회사, 호주의 회사라는 이미지 내지 호악 보다 일반화하면 말하면 회답자의 자국옹호, 일정한 국가에 대한 편견 등에 의해 회답이 달라질 가능성이 있고 정확한 데이터를 입수할 수 없는 우려가 있다. 이에 우리는 조사표의 작성에 있어서 일본의 회사가 호주로부터 일본으로의 설탕 장기수입계약의 조사표와 일본으로부터 호주로의 선박장기수출계약의 조사표 등의 대칭적인 조사표를 몇 가지 국가에 입각하여 만들고, 회답자는 하나의 조사표에 회답할 뿐이지만 동일조사개소에서 몇 가지 종류의 조사표를 항상 동일한 수만큼 배포한다는 방법에 의해 회답자집단주의의 특정국으로의 반감, 편간 등을 결과적으로 상쇄시키는 조사방법을 취하였다. 그 결과 자국기업의 행동과 외국기업의 행동과의 평가에 차이가 나오는지 어떤지가 계측가능하게 되었다.

거래상대가 자국기업인지 외국기업인지에 의해 회답평균치가 크게 달라지는 국가와 거의 차이가 없는 국가가 있다. 이 점에서 자국인지 외국인지에 관해 회답자가 매우 공평한 태도를 보이고 배외적인 요소가 거의 보이지 않았던 것이 일본, 이스라엘, 독일 3개국이었다. 특히 일본에서는 대규모인 16종류 조사표를 사용하여 미국, 호주, 영국, 프랑스, 독일, 중국, 한국의 기업을 당사자로 하는 조사표를 이용하였는데, 어느 나라에 대해서도 배타적인 요소가 보이지 않았을 뿐만 아니라 중국, 한국기업과의 거래의 경우에는 오히려 일본기업에 대해 엄격한 회답을 보이는 경향이 일부에 나타났다(독일, 이스라엘의 조사에서는 대일거래, 대미거래의 질문표를 사용하였고 독일, 이스라엘에서의 이 2개국에 대한 호감도가 배외적인 회답을 낳지 않았다는 가능성도 고려해둘 필요가 있다).

단, 이와 대조적으로 일본의 근린제국에는 필리핀, 한국, 중국 등 배외적 감각이 강한 나라가 많았다. 조사한 중에서 자국옹호요소가 강한 것은, 아시아 · 아프리카 제국에서는 이 3국 이외에 대만, 홍콩, 베트남, 타이, 인도, 이집트, 구영연방제국으로서 영국, 호주, 뉴질랜드를 들 수 있고 이 2그룹 이외에서는 이탈리아, 브라질이 있었다. 거칠게 말할 수 있다면, 발전도상국과 중진국, 영연방제국이 배타적 경향이 강하다고 말할 수 있을지도 모른다.

이미지를 명확히 하기 위해 일본, 한국, 중국의 레이더 그림을 보면 〈도6〉과 같다.

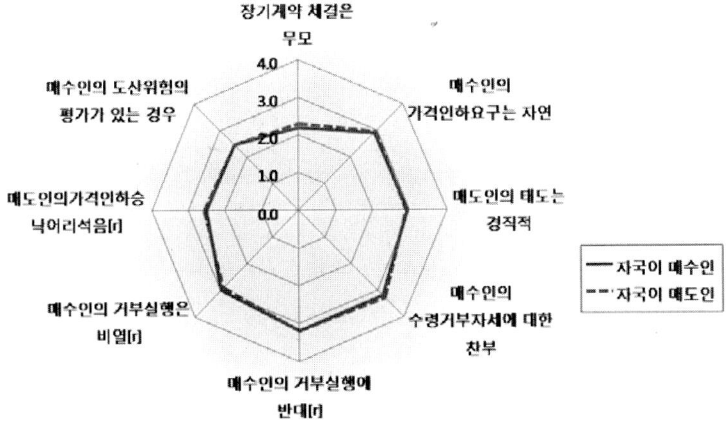

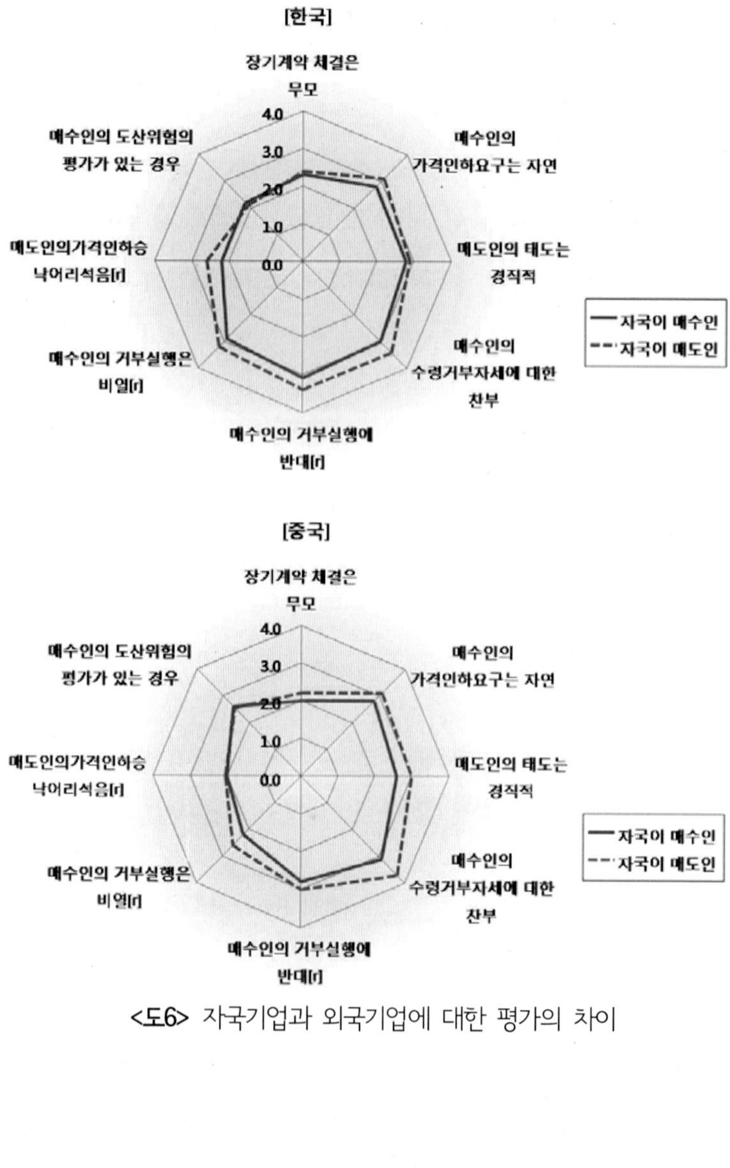

<도6> 자국기업과 외국기업에 대한 평가의 차이

□ 반일감정이 강한 나라는 실은 미국!?

일본의 근린제국에 배외성이 강하게 보여지는 것은 앞서 말했지만, 독자 중에는 이것은 배외성 일반이라기보다는 반일감정의 표시가 아닌가 라고 생각하는 분도 있을 것이다. 그러나 그것은 반드시 사실은 아니다. 한국에서도 중국에서도 일본의 회사와 호주의 회사 등의 행동에 대한 반응에 거의 차이가 없고, 반일감정에 이끌린 결과라기보다는 자국옹호의 결과가 아닌가 생각된다. 이 점은 영국도 같고 회답결과는 매우 강한 자국옹호가 보여지지만 일본기업에 대해 타국기업의 행동보다도 강한 반응이 보이는 것은 아니다.

이에 대해 일본기업의 행동에 대해 엄한 반응을 보이는 것은 미국이다. 미국도 발전도상국이나 구영연방제국 만큼은 아니지만 상당한 정도로 자국옹호국가이다. 그런데 일본과 호주를 비교하면 일본기업의 행동에 대해 명확히 엄한 반응이 보인다.

이것만으로 미국인이 반일적이라고 결정해버리는 것은 단견이 되겠지만, 미국조사가 실시된 것은 1995년이고 일본의 버블경제가 붕괴되었다고 하지만 경제적 차원에서 한 때 재팬이즈 넘버원에 대한 경계심 내지 반감 또는 그 때 종종 미국에서 말해진 일본불공평론의 영향이 남아 있었던 가능성도 생각된다. 그러나 현단계에서 재조사를 하여도 같은 결과가 나올 것이라면 미국인에게 대일차별감각(내지 대아시아 차별감각)이 있을 가능성을 생각하여야 할 것이다. 단, 이 조사에서는 비교대조국이 호주이고 미국인 피험자의 호주에 대한 근친감이 일본에 대한 상대적으로 엄한 반응을 낳게 할 가능성도 있다. 일본에서 하였던 것과 같은 보다 대규모 유럽제국과 아시아 · 아프리카제국과의 거래를 대상으로 한 조사를 한 경우에는 대일감각을 포함하여 미국인의 일정한 국가에 대한 근친감 내지 차별감각이 보다 명확해질 것이다. 기회를 보아 이 점의 재조사를 시도하고 싶다고 생각하고 있다.

□ 계약과 인간의 마음

계약을 지키는 것도 깨트리는 것도 인간의 마음이고 그러한 행동의 배후에는 일정한 마음이 있다. 계약을 지키기 쉬운 사람, 깨트리려고 하는 사람, 잘 지키는 사회와 잘 깨트리는 사회가 있다. 그러한 사람이나 집단의 배후에는 법학교육을 받았는지 비즈니스교육을 받았는지 등의 교육의 차이도 있다. 또한 각각의 사회에서 기대받고 있는지도 각각의 행동에 영향을 줄 것이다. 나아가 애국심이 강한지, 자국옹호인지, 특정국가가 좋은지 싫은지, 등의 감정도 또한 계약준수행동에 영향을 주는 것이다. 이러한 복합적인 상황 안에서 22개국/지역의 계약준수행동이 어떠한 것인지를 구체적, 실증적으로 조사한 것이 이번의 우리 조사였다.

제4 _ '소유권법', '계약법'의 인간관과 사회관

□ 민법의 기본 구조 - 소유, 계약, 법주체

민법전, 근대사법의 가장 기본적인 개념은 '소유권'과 '계약'이다. 이를 기초로 보다 일반적인 '물권', '채권'이라는 개념이 관념된다. 이들은 단순한 법적인 개념일 뿐만 아니라 실은 사회 전체의 골격을 이루는 것이고 사회의 경제생활도 이들 개념을 기초로 한 위에서 전개하고 있다.

경제활동으로서 가장 중요한 매매를 생각해보자. 매매가 계약임은 법률가가 아니라도 일반인이라도 알 수 있을 것이다. 그런데 이 매매라는 행동은 매수인이 목적물에 대한 매도인의 소유권을 승인하고 매도인이 대금을 받아 매수인의 소유권을 인정함으로써 비로소 성립하는 것이다. 즉, 매매라는 경제활동의 기초적 행동은 계약과 소유권의 상호승인 위에 성립하고 있다.

또한 그것은 소유물의 처분권한이 매도인, 대금의 처분권한이 매수인에게 있다는 상호적인 인격의 승인, 법주체성의 승인이기도 하다. 상대를 인격으로서 승인하는 것이 아니면 상인으로부터 물건을 사는 대신에 상인을 그대로 살해하고 그 소지물을 빼앗는 것도 가능하게 된다. 상대방의 자신의 육체에 대한 주체성도 승인하지 않는 것이라면 인간을 노예사냥의 대상으로 하여 강제노동의 대상으로 하는 것도 가능해진다.

매매라는 매우 단순해 보이는 경제활동 내지 사회사상을 법적 차원에서 파악하면 거기에 소유, 계약, 법주체라는 민법 내지 근대사법의 기본구조가 이미 내포되어 있다는 것은 법규조의 현실투영성을 보이고 있다고 말하여야 한다.

그러면 이러한 사회현실이기도 하고 법적 개념이기도 한 제 관념은 어떠한 인간관과 어떠한 사회관 위에 성립하는 것일까.

□ 소유개념이 갖는 인간관과 사회관

이 장 제2의 분석에서도 알 수 있듯이 '소유'권은 생산활동으로 향하는 개별 투자자의 성과확보에 대한 일종의 이기심을 이용함으로써 개별 투자자를 보호하면서 사회 전체의 생산성의 극대화를 시도하는 메커니즘이었다. 거기서의 결론을 반복한다면 개별 투하자의 이기심을 보호함으로써 사회전체의 번영을 시도하기 위한 개별 이익을 전체의 이익으로 전환시키기 위한 매직 워드가 '소유권', '지적소유권'이라는 개념이었던 것이다.

□ 계약법의 기저에 있는 인간관과 사회관

소유권개념에 대해 말한 바를 염두에 두면서 계약법의 기저에 있는 인간관과 사회관을 생각해보자.

애덤 스미스의 "국부론"에는 "우리가 부르는 것은 그들의 인류애에 대해서가 아니라 그들의 자애심에 대해서이다"라는 말이 있다.[21] 이 자애심(셀프 러브)라는 말을 이기심이라는 말로 바꾸면 계약법과 소유권개념의 기초에 있는 인간관, 사회관은 기본적으로 동일하다는 것을 알 수 있다.

법률학에서는 "계약은 합의에 의해 성립한다"고 말해진다. 이것은 이기심의 상호적 타협점을 찾음으로써 상호편익의 극대화를 시도하는 메커니즘이 계약이라는 것을 의미한다. 다시 애덤 스미스의 말을 빌린다면, '내가 원하는 것을 주세요, 그러면 당신이 원하는 것을 드릴께요"라는 거래가 계약의 기초에 있다.[22] 여기서도 개별 계약당사자의 이기심을 이용하면서 계약당사자 전체에서의 이익의 극대화가 시도되고 있다.

그러나 계약으로부터의 이탈=계약의 불이행도 이기심에서 일어난다. 우리가 계약의식조사의 조사표작성의 모델로 한 일호 설탕 케이스도 또한 그것과 패러렐이라고 할 수 있는 미국의 웨스팅하우스 케이스도 계약을 준수하는 것이 불이익하다

---

21) アダム・スミス著=水田洋監譯=杉山忠平譯, 國富論1, 岩波書店, 2000, 39면.

22) 전게주(21), 38면.

고 생각한 당사자가 이기심에서 계약의 개변을 시도한 사건이었다. 계약법은 이기심으로부터의 계약의 이탈을 허용하지 않는 것을 원칙으로 한다. 즉, 계약채무의 불이행이 있었던 경우에 손해배상책임이 발생하지만, 그것은 채무의 불이행을 한 자에게 귀책성(고의 · 과실)이 있을 때에만 인정된다. 현재의 계약법은 귀책성이 인정되는 이기심을 원인으로 하지 않는 귀책성이 없는 경우에는 제재를 가하지 않는 것이다.

이 메커니즘에 의해 일단 성립한 계약에 대해 이행의 확실성을 가능한 확보하고 성립한 계약을 다음의 경제활동을 위한 예측가능한 기초로 하는 것이 가능해지는 것이다(단, 이 메커니즘이 현실적으로 어느 정도까지 기능할지는 각각의 사회마다 다르다. 그 점을 각국 마다 또한 법을 배운 자와 경영 · 상학을 배운 자, 남성과 여성 등의 차이를 카테고리 마다 검증한 것이 이번의 우리 계약의식조사였다).

개별 계약의 성립을 둘러싼 계약법은 개개의 계약당사자의 이기심을 이용한 관계자의 전체 이익의 극대화를 시도하는 것에 그치지만, 각각의 사회에서의 많은 계약의 집적은 사회 전체에서의 이익의 극대화를 초래하는 메커니즘이 된다. 또한 계약위반을 둘러싼 계약법은 이기심을 제어하고 경제활동에 확실한 기초를 주는 메커니즘이 된다. 이렇게 생각하면 전체로서의 계약법은 이기심을 이용 및 제어하고 사회 전체의 편익을 초래하는 메커니즘이라는 것을 할 수 있다.

□ 소유, 계약 등, 재산법이 갖는 인간관과 사회관

이렇게 보면 소유, 계약에 한하지 않고 민법 내지 사법은 인간이 이기심을 가진 존재임을 전제로 하면서 이기적 개인에게 '권리'를 부여하고, 그것을 보호함으로써 사회 전체의 생산활동 내지 그 밖의 편익의 극대화를 도모하는 메커니즘을 부여하는 것이었음을 알 수 있다. 개인의 이익을 노리는 투자가 '보이지 않는 손'에 이끌려 사회의 이익을 추진한다는 것이 애덤 스미스의 명제인데,[23] 여기서 말하는 '보이지 않는 손'에 의한 일종의 예정조화를 부르는 도구야말로 민법 내지 사법인 것이다. 일견 무기적으로 보이는 법도 실은 일정한 인간의 마음을 전제로 하여 성립하는 것을 알 수 있을 것이다.

이상에서 말한 것은 재산법의 기저에 있는 인간관과 사회관에 불과하다. 또한 이 책에서 말한 것은 이러한 인간관과 사회관을 기초로 한 법개념이 사회적으로 어떠한 기능을 하는지에 관한 메커니즘에 불과하다. 재산법, 사법의 분야를 떠나면 또한 별도의 인간관이 전제가 될 것이다.

"육법전서에 '사랑'은 없다"는 말을 누가 한 말인지 잊었지만, 과거 학생시절에 들은 일이 있다. 이상과 같이 보면 민법, 특히 재산법이 전제로 하고 있는 인간상은 - 아쉽게도 타인에 대한 애정이 넘친 인간상이 아니라 - "이기심을 갖는 인

---

23) 전게주(21), 302면 이하. 大河內一男監譯, 國富論Ⅱ, 中央公論社, 1976, 119면.

간"상이라고 생각된다. 그 의미에서는 민법, 재산법이 전제로 하고 있는 세계관, 사회관은 게마인샤프트적인 것이 아니라 게젤샤프트적인 것이라고 말할 수 있을 것이다(진짜 육법전서 안에 '사랑'이라는 말이 존재하는지의 여부를 조사하지 않았고 특히 그리 하려고도 하지 않았지만, 이번에 확인하여 본 바 헌법 전문의 "평화를 사랑한다"를 별개로 하여도 '연애감정', '자타의 경애', 아동의 '애호', 아동의 '애정'이 있는 분위기 안에서의 성장, '동물의 애호' 등 존재하지 않는 것이 아니다[스토커행위규제법2조, 교육기본법2조〈또한 1조도 참조〉, 아동복지법1조2항, 아동의 권리에 관한 조약 전문, 동물의 애호 및 관리에 관한 법률 · 명령명 및 다수의 조문]. 물론 여기에 어느 정도 의미가 있는지는 별개의 문제이다).

단, 약간 시점을 바꾸면 "육법전서에 '사랑'은 없다"는 앞에서의 표현은 아마도 전단에서 말한 것과 같은 내용이 아니라 세상의 많은 사람이 갖는 법은 차갑다는 것, 정을 이해하지 못하는 것이라는 법의 무기적인 이미지의 투영이었다고 생각한다. 학생시절에 이 말을 들었을 때 "법원 인간과 사회의 투영이니까 인간사회에 있는 것은 모두 법의 세계에 있는데, 단, 법은 유기적인 감정도 분쟁과 규제라는 측면에서 파악할 뿐이야"라고 나는 답하고 같이 있던 사회학을 한 친구만이 아니라 법률을 배우고 있는 친구들도 승복할 수 없다는 얼굴을 하였던 것을 기억하고 있다. 아마 사회학을 하고 있는 친구는 사랑이나 감정이 분쟁이나 규제라는 측면에서 파악하는 점을 승복하지 않았을 것이고, 법학부의 친구는 3단논법적인 좁은 '법의 해석' 이미지를 안고 있었기 때문일 것이다. 그러나 이것은 학생시절의 경험에 그치는 것이 아니다. 내가 한편으로 민법학자로서의 간판을 내걸면서, 이 "소유 · 계약 · 사회"라는 법사회학 · 법인류학연구를 하는 것에 스승, 선배, 동료, 후배에 한하지 않고 부정적인 반응을 보이는 민법학자는 적지 않았고 오히려 반 이상이었다고 말해도 좋다. 법이 사회의 자식이고 인간의 마음의 투영체로서 존재한다는 법의 기저에 있는 구조를 잊는다면, 그것은 무기적 의미에서의 "육법전서에 '사랑'은 없다"는 평가를 낳는 것과 같은 일종의 좁은 빈약한 법률학으로 되어 갈 것으로 생각된다. 이러한 문제의식 하에 전개하여 온 일련의 연구가, 일단 나름대로 형태를 취한 것에 아직 성과로서 는 제1보이라는 것을 자각하면서, 다소 안도감을 느끼고 있다. 머리말에 적은 것을 반복하지만, 오래 기간 동안 이 공동연구를 위해 무리를 거듭하며 도와준 이 책의 공동집필자 동료들에게 심심한 사의를 표하면서 이 장을 마치기로 하겠다.

[加藤雅信]

제 3 장

법 이미지의 국제비교

- 동양 대 서양에서 미일중 3극으로 -

제1 _ 서

소위 냉전 종결 후 세계 레벨의 글로벌화는 속도를 올리고 주목을 받고 있다. 현재의 글로벌화를 이해하고 장래 예상하기 위해서는 우선 그것은 미국표준으로의 통일이라는 형태를 취하는 것인지 어떤지 검토되어야 할 큰 문제이다. 힘에 의하지 않고 무엇인가 공통된 룰에 따라 활동한다고 하면 세계 레벨에서의 법의 통일이라는 것이 당연히 나오게 될 것이다. 그런데 각국에서 법이 의미하는 것이 문화적으로 달랐다면 법을 통일하여도 트러블이 다발할 것이다. 분쟁처리 방법의 문화차도 또한 추가적인 분쟁의 원인이 될 것이다. 이것은 표면적인 법의 통일이 아니라 문화 레벨에 미친 룰이 필요하다는 것을 의미한다. 그렇기 때문인지 앞으로의 세계에는 문화적 충돌이 일어날 것이라든지 미국 표준으로의 통일에 의해 세계의 다양한 문화는 파괴되고 획일화된다는 논의를 부르고 있다.

이 장에서는 법에 강하게 관계되는 부분의 문화를 법문화라고 부르고, 그 국제비교를 하고자 한다. 미국 표준 통일이 어떻게 될지라는 문제의식에서 보아 법문화가 미국과 크게 다르다고 예상되고, 또한 세계표준 만들기에 영향을 주게 될 국가로서 일본과 중국을 비교하고자 한다. 유럽은 세계 레벨의 사법기관을 창설하여 미국이 함부로 하지 못하게 한다는 전략이고, 미국은 가능한 한 2국간 관계를 사용하여 마음대로 하고 싶어 한다는 문제는 놓아두기로 한다. 일본과 중국과 미국의 거리를 측정함으로써 아시아 또는 동양문화권 등이라는 것이 21세기 이후 현실미가 있는지 어떤지 검토하고 싶다. 실제의 거래에서 중국과 일본의 차이가 큰 것을 느끼고 있는 일본인도 적지 않다고 예상하는데, 인상론이 아니라 의식조사에 의해 얻어진 데이터를 바탕으로 논하고자 한다.

우리들 법의식국제조사비교연구회는 중국(1995년), 일본(2000년), 미국(2001년) 3개국에서 법의식에 관한 전국조사를 실시하였다. 여기서의 분석은 모두 이 조사에 의해 얻어진 데이터를 근거로 한다. 법사회학을 중심으로 법문화나 법의식에 대한 연구축적이 있지만, 그러한 것에 대해서는 본격적인 보고서 쪽에서 다루기로 하겠다.[24]

제2 _ 스테레오 타입의 검증

우리의 조사는 우선 스테레오 타입 견해에 진실미가 있는지 어떤지를 판정하려고 질문지를 작성하였다. 첫째로 중일은 중국의 고사에 나오는 도원경으로 대표되는 법에 의하지 않는 사회를 이상형으로 하고, 미국은 서양사회의 전통에 의해 법에 의한 통치를 이상으로 한다는 것이다. 두번째로 계약 등 법에 의하는 사회(미국)과 의하지 않는 사회(중일), 나아가 준법정신이 높은지 어떤지 이러한 것을 비교하였다. 순차로 검토하겠다.

□ 도원경 이미지의 유무

도원경 즉 "법에 의하지 않아도 조화로운 사회"를 이상사회 모델로 하여 유지하고 있는지에 관하여, 먼저 직접적으로 "A의 의견 : 법이 없어도 정상적으로 움직이는 사회가 이상적이다"와 "B의 의견 : 법이 없으면 사회는 정상적으로 움직일 수

---

24) 川島武宜, 日本人の法意識, 岩波書店, 1967; 大木雅雄, 日本人の法概念-西洋的法観念との比較, 東京大學出版會, 1983; 日本法社會學會編, 法意識の研究(法社會學35号), 有斐閣, 1983; 同, 續·法意識の研究(法社會學36号), 有斐閣, 1984; 同, 法意識の現状をめぐって(法社會學37号), 有斐閣, 1985; 日本法哲學會編, 東西法文化(法哲學年報1986), 有斐閣, 1987; 日本文化會議編, 日本人の法意識, 至誠堂, 1973 등 많은 성과가 있다.

없다" 중 어느 쪽에 찬성하는지 물었다(질문(3)(가)). 회답은 "A에 찬성", "어느 쪽이라고 하면 A에 찬성", "어느 쪽이라고 말할 수 없다", "어느 쪽이라고 하면 B에 찬성", "B에 찬성"의 5가지 중 택일로 하게 하였다. 또한 이 장에서 다루는 질문은 특히 언급하지 않는 한 이러한 5가지 택일의 형식을 취하고 있다. 질문지는 다음 페이지 〈표1〉이다. 그리고 완전한 질문표는 법의식국제비교연구회 홈페이지에서 다운로드할 수 있다.

결과는 미중 모두 과반수가 "B에 찬성"이라고 답하고 있고, "어느 쪽이라고 하면 B에 찬성"을 합하면 중국 85.4%, 미국 74.1%로 양국에서는 압도적 다수가 도원경 이미지를 부정하고 있다. 이에 대해 일본은 "A에 찬성", "어느 쪽이라고 하면 A에 찬성"을 합하면 42.0%가 도원경 이미지를 긍정하고 있다. 그러나 부정하고 있는 것도 합계 48.7%로 두 가지 상반된 분포를 보이고 있고, 일본에서는 긍정, 부정 각각 반반으로 나누어진 형태로 되어 있다(〈도1〉). 평균치를 비교하면 일본, 미국, 중국의 순으로 도원경 이미지를 지지한다. 중일은 물론 미일, 미중 간에서도 의미있는 차이가 있다.[25] 이 결과 일본의 약반수가 도원경 이미지를 유지하고 독자성을 보이고 있는 한편, 원조인 중국에서는 미국 이상으로 도원경 이미지에 대해 부정적이라는 것이 판명된다.

25) 통계치에는 오차가 있다. 때문에 2가지 집단의 차이가 오차의 범위에 있으면 차이가 있다고 말할 수 없다. 오차의 범위를 넘는 충분한 차이가 있는 경우에 그것을 의미가 있는 차라고 한다.

<표1> 질문표(질문(3))

질문 (3)

다음의 (가)에서 (마)까지의 질문에 대하여 A와 B의 2가지 의견이 있습니다. 당신은 어느 쪽에 찬성하십니까?

(가) 법과 사회의 관계에 대하여

(A의 의견) 법이 없어도 정상적으로 움직이는 사회가 이상적이다.

(B의 의견) 법이 없으면 사회는 정상적으로 움직이지 않는다.

1 A에 찬성	2 어느 쪽이라고 하면 A에 찬성	3 어느 쪽이라고 말할 수 없다	4 어느 쪽이라고 하면 B에 찬성	5 B에 찬성

(나) 법의 적용에 대하여

(A의 의견) 법은 예외 없이 모두 동일하게 적용되어야 한다.

(B의 의견) 법은 경우에 따라 적용되어야 한다.

1 A에 찬성	2 어느 쪽이라고 하면 A에 찬성	3 어느 쪽이라고 말할 수 없다	4 어느 쪽이라고 하면 B에 찬성	5 B에 찬성

(다) 지금의 사회에서 법이 없어진 경우에 대하여

(A의 의견) 법이 없어도 기본적으로는 지금의 사회질서는 유지된다.

(B의 의견) 법이 없으면 사회는 혼란해지고 무질서가 된다.

1 A에 찬성	2 어느 쪽이라고 하면 A에 찬성	3 어느 쪽이라고 말할 수 없다	4 어느 쪽이라고 하면 B에 찬성	5 B에 찬성

(라) 법과 도덕과 사회의 관계에 대하여

(A의 의견) 개인(정치가를 포함한다)이 도덕적이라면 법이 없어도 국가도 사회도 좋아진다.

(B의 의견) 그것은 꿈같은 이야기이다.

1 A에 찬성	2 어느 쪽이라고 하면 A에 찬성	3 어느 쪽이라고 말할 수 없다	4 어느 쪽이라고 하면 B에 찬성	5 B에 찬성

(마) 법과 현실에 관계에 대하여

(A의 의견) 법과 사회의 현실에 괴리가 있으면 현실에 맞게 법을 개정하야야 한다.

(B의 의견) 법과 사회의 현실에 괴리가 있으면 법에 맞게 현실을 고쳐야 한다.

1 A에 찬성	2 어느 쪽이라고 하면 A에 찬성	3 어느 쪽이라고 말할 수 없다	4 어느 쪽이라고 하면 B에 찬성	5 B에 찬성

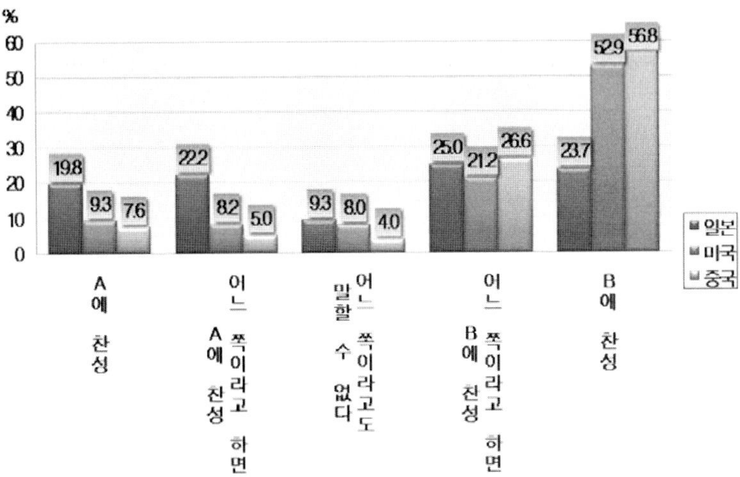

<도1> 질문(3) (가)의 회답

단, 이 질문은 이상은 둘째치고 엄격한 사실인식이 있으면 B를 선택하는 것이 된다. 이에 사실인식에 관하여만 질문하기 위해 법이 없어지면 사회는 무질서가 되는지, 기본적으로는 질서는 유지되는지를 질문하였다(질문(3)(다)). 미국과 중국은 압도적으로 무질서가 된다고 답하였고, 양국 간에 의미있는 차이는 없었다. 일본도 무질서가 된다는 것이 다수이지만 "어느 쪽이라고 하면"이라는 선택지를 고른 자도 상당수 있고, 미중 양국에 대해 의미있게 무질서상태를 예상하는 정도가 낮았다. 여기에서부터 미중 양국과 함께 이상형의 문제가 아닌 사실인식이 엄격하기 때문에 도원경 이미지를 부정하고 있을 가능성이 있다.

다음으로 도원경 이미지의 하나의 존재로서 덕치의 이미지에 대해 물어 보았다. "A의 의견 : 개인(정치가를 포함한다)이 도덕적이면 법이 없어도 국가도 사회도 좋아진다", "B의 의견 : 그것은 꿈같은 이야기이다"의 선택을 요구하자, 중국은 명확하게 B로 기울었지만 미일은 원만히 B 편중이 되었다(질문(3)(라)). 평균치를 비교하면 미일 간에서만 의미있는 차이가 없었다. 이것은 정치적 전통으로 수긍할 수 있다. 역으로 본다면 일본에서는 정치가가 도덕적이라는 것 자체의 가정이 있을 수 없는 것으로 생각된 것이 아닌가 라는 해석이 된다(〈도2〉).

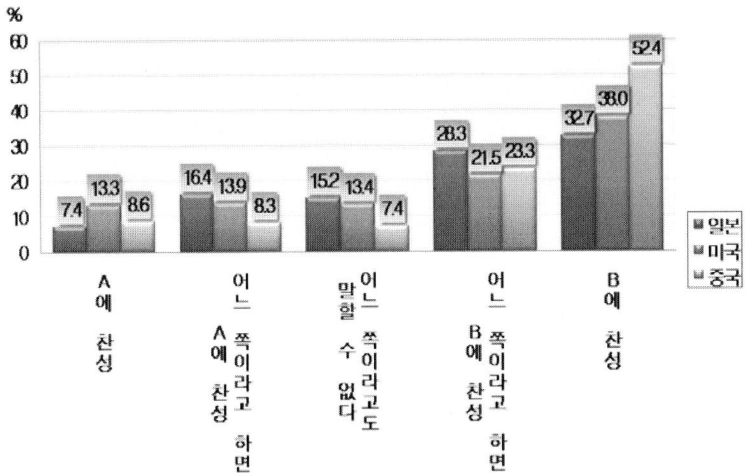

<도2> 질문(3) (라)의 회답

마지믹으로 믹연히 법으로 부르지 않고 4가지 법분야미디 그 불가결성에 대해 물어 보았다(질문(1)). 우선 가족생활, 거래활동, 범죄방지, 국가통치의 4분야, 모두에서 중국이 가장 강하게 불가결성을 긍정하였다. 여기서도 현재의 중국에는 법이 없는 사회 이미지는 없다는 것이 명확해졌다. 미일에 대하여는 가족생활에 관하여만 일본 쪽이 법의 불가결성을 긍정할 정도로 낮다(부정까지는 가지 않는다). 이혼한 적이 없는 양친과 아이로부터 가족형태가 여전히 '당연한 일본'과 그것이 소수파인 미국이라는 미일 가족의 상황을 비교하면 납득할 수 있는 결과일 것이다. 그 밖에 거래활동, 범죄방지, 국가통치의 3분야에 대해서는 미일 모두 중국보다는 떨어지지만 법의 불가결성을 강하게 긍정하고 양국 사이에 의미 있는 차이는 없었다.

위의 내용을 정리하면 중국에는 법이 없는 사회를 이상으로 하는 경향은 전혀 없고, 도원경의 부정이 눈에 뛰게 강하다. 이것은 이상형의 문제이기보다도 엄격한 현상인식 탓일지도 모른다. 아무튼 법에 의한 통치=서양(미국), 도원경=동양(중일)이라는 도식은 전적으로 성립되지 않는다. 그러나 3국간에서 미일은 가장 친근성을 보이지만, 일본에는 이상으로서의 도원경 이미지를 유지하는 자가 반수 가까이 있고, 또한 가족생활의 영역에서는 법은 필요 없다는 자가 상당수 존재한다. 이 부분만 평가하면 일본에 도원경 이미지의 잔재를 확인할 수 있다. 미국에 대해서는 어떤 의미에서 예상대로 도원경 이미지는 없었지만, 덕치에 대해 정치가에게 도덕성을 구하는 별개의 전통의 존재가 인정된다.

□ 계약사회

미일중 3국에서 법에 의지하는 것이 어느 정도 당연한지를 검토하여 보겠다.

"거래한 상대와 분쟁이 발생하였기 때문에 교섭을 하려고 하자 상대방으로부터 '법적으로 해결하겠다'는 말을 들었을" 때 어떻게 느끼는지 물어 보았다(질문(5)).

우선 '합리적이다'라고 느꼈는지에 대해서는 3개국 모두 합리적이라고 생각하는 쪽이 명확히 다수였다. 그 정도는 중국,

미국, 일본의 순이었다. 각국 사이에서 모두 의미 있는 차이였는데 큰 차이는 아니었다. 다음으로 '인정이 없다'고 느꼈는지에 대해서는 일본만이 '그렇게 생각한다'는 쪽으로 기울었다. 미중 2국은 어느 쪽이라고도 할 수 없는 것이 중심이고 아주 근소하게 '그렇게 생각하지 않는다' 쪽으로 기울었다. 중미 모두 회답이 산재되었다. 또한 미중 사이에만 의미 있는 차이가 없었다. 마지막으로 '불쾌하다'고 느꼈는지 어떤지에 대해서는 이것도 일본만 '그렇게 생각한다'로 기울고 미국은 반대로 '그렇게 생각하지 않는다'로 기울었다. 중국은 아주 근소하게 '그렇게 생각하지 않는다' 쪽으로 기울었다. 따라서 일본, 중국, 미국 순으로 불쾌하다고 느낀다는 회답이었다. 단, 분포가 흥미롭다(〈도3〉). 일본에서 불쾌하다고 느끼지 않는 '그렇게 생각하지 않는다', '어느 쪽이라고 하면 그렇게 생각하지 않는다'의 합계로도 21.0% 밖에 안되고, 중국 40.3%, 미국 52.7%와 큰 차이라는 것이 첫 번째 특징이다. 또한 가장 불쾌하다고 느끼지 않는 미국에서도 불쾌하다고 느끼는 자가 상당수 있고 회답이 2극화 되어 있는 것도 흥미롭다.

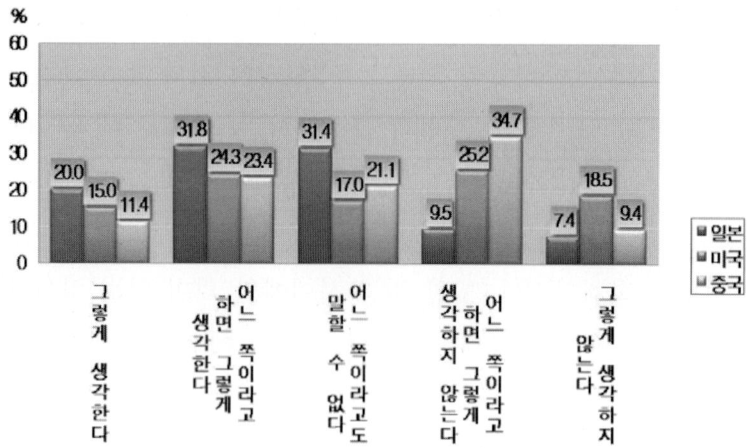

<도3> 질문(5) (나)의 회답

다음으로 어느 정도 법이 사회생활의 중심을 이루는 것인지 물어 본 결과를 보도록 하겠다(질문(6)). "사람들이 사회생활을 해 나감에 있어 어떻게 살아가는 것이 좋다고 생각합니까"라고 전제로 한 다음, 먼저 "상식에 따라 살아가면 좋은"지 어떤지 물었다. 결과 일중의 순으로 명확하게 '그렇게 생각한다' 쪽으로 기울었지만, 미국은 극히 근소하게 '그렇게 생각한다'로 기울었을 뿐 큰 차이는 없었다. 3개국 간 모두 의미 있는 차이가 있었다. 특히 일본에서 '그렇게 생각하지 않는다', '어느 쪽이라고 하면 그렇게 생각하지 않는다' 합하여도 4.4%에 불과하고(체크 미스 등의 오차의 범위), 압도적으로 '상식에 따라 살아간다'가 지지를 받고 있다(〈도4〉). 다름으로 "법에 따라 살아가면 좋은"지 물었다. 결과 극단적이지는 않지만 중국이 가

장 '그렇게 생각한다'로 기울었다. 미일간에서만 의미 있는 차이가 없고 약간 '그렇게 생각한다' 쪽으로 기울었다. 그러나 분포를 보면 일본은 정규분포형이지만 미국은 2극분화로 되어 있다(〈도5〉). 즉 미국에는 "법에 따라 살아가면 좋다"고 생각하는 사람도 상당수 존재하고 그것으로는 나쁘다고 명확히 생각하는 자도 또한 상당수 존재한다. 법 이상으로 무엇을 상정하고 있는지에 대해서는 첫째로 종교가 생각된다. 다른 설문에서의 회답을 보면 사회계층이 높고 공화당지지 즉 정치적으로 보수이고 종교활동의 열심인 자에게 "법에 따라 살아가면 좋다"고는 생각하지 않는 경향이 보였다. 마지막으로 "법에 관련되는 일은 가능한 피하는 것이 좋은"지 어떤지 물었다. 결과 미국이 '그렇게 생각한다' 쪽에 크게 기울고, 중국은 극히 근소하게 '그렇게 생각하지 않는다' 쪽으로 기울었으며, 일본은 역으로 '그렇게 생각하지 않는다' 쪽으로 조금 기울었다. 3개국 간 모두에게 의미 있는 차이가 있었다. 분포를 보면 미국은 널리 퍼져 있고 2극분화로 되어 있다(〈도6〉).

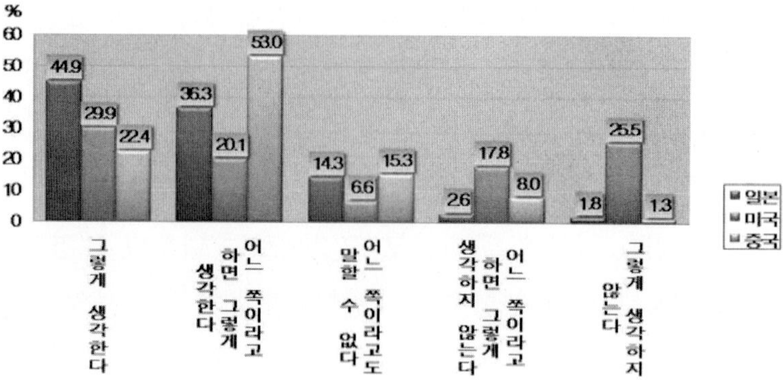

<도4> 질문(6) (가)의 회답

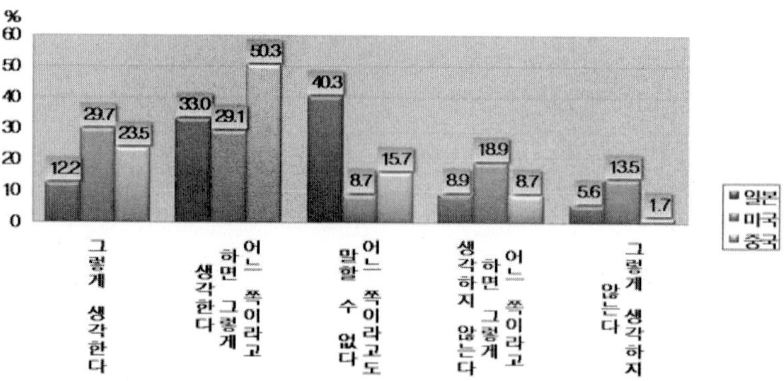

<도5> 질문(6) (나)의 회답

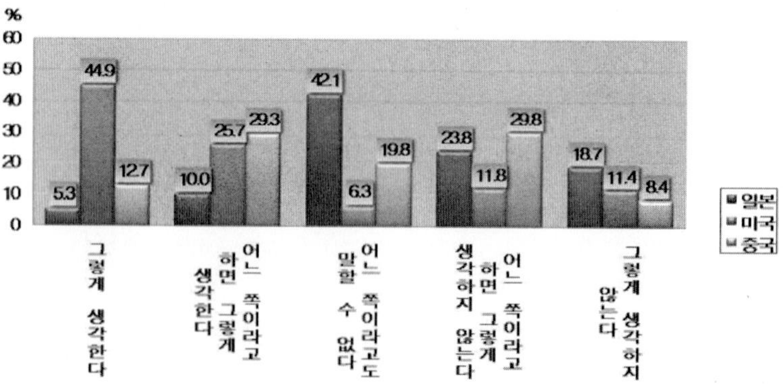

<도6> 질문(6) (다)의 회답

소결한다면, 일본은 무엇보다도 상식에 따르는 것이 가장 중요하고 법에 따르고 있으면 그것으로 좋은 것도 아니고 법에 관련되는 일이 그렇게 나쁜 일도 아닌, 즉 법의 그림자는 엷다. 미국은 상식에는 그다지 의지하지 않고 그 의미에서는 법중시이지만, 법만으로는 부족하다는 사람들도 있다. 나아가 법에 구체적으로 관련되는 일은 매우 부정적으로 파악하고 있다. 중국은 가장 법에 따라 살아가면 좋다고 답한 한편, 상식에 따르는 것도 유력하였다.

법의 영역을 좁혀서 구체적 상황에서의 법에 대한 태도나 사고방식을 비교하여 보겠다.

먼저 "친한 친구에게 1개월치의 급여에 해당하는 금액을 빌려줄 때 자용증서를 받는"시 어면시를 물있다. 결과 가징 차용증서를 받는 것이 일본이고 '받는' 쪽으로 기울었다. 미국은 거의 '어느 쪽이라고 할 수 없다', 중국은 '받지 않는다' 쪽으로 기울었다. 3국 사이에 모두 의미 있는 차이가 있었다. 단, 분포를 보면 미국의 회답은 완전히 분산되었다. 다음으로 "고액 기계를 구입하였다. 보증기간이 도과한 직후에 기계에 고장이 발생하여 수리를 하게 되었는데 매도인이 통상 대로 수리비를 청구하였다. 당신은 그것을 당연하다고 생각하는가. 아니면 융통성이 없다고 생각하는가"라고 물었다. 결과 미일 모두 '어느 쪽이라고 말할 수 없다'로 2국 간에 의미 있는 차이는 없다. 단, 매우 회답이 분산되었다. 중국만 '당연하다'는 쪽으로 기울었다.[26] 마지막으로 '계약서에 대하여' "A 의견 : 계약서를 작성할 때에도 가능한 간단히 하고 계약서의 표현도 가능한 추후 융통성 있게 하는 것이 좋다" "B 의견 : 계약서라는 것은 추후 해석 등으로 다투지 않도록 하기 위해 가능한 세세하고 구체적으로 정해 놓는 것이 좋다"의 어느 쪽에 찬성하는지 물었다(질문(14)). 결과 중국이 압도적으로 '계약은 명확히' 쪽으로 기울고, 일본도 약간의 차이로 '계약은 명확히' 쪽으로 기울지만, 그 정도는 매우 낮다. 또한 3국간 모두에게 의미 있는 차이가 나왔다. 분포를 보면 미국만이 융통성 있게 하는 것에 찬성하는 사람이 상당수 있는 것이 주목된다(〈도7〉).

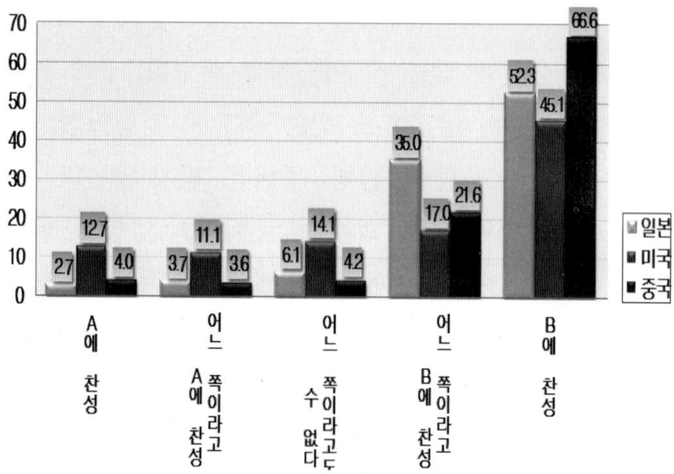

<도7> 질문(14)의 회답

26) 중국만 '당연하다', '어느 쪽이라고 말할 수 없다', '융통성이 없다'의 3가지 선택으로 되어 있다.

별개의 것이지만, '법의 적용에 대하여', "A 의견 : 법은 예외 없이 모두 동일하게 적용하여야 한다" "B 의견 : 법은 경우에 따라서 적용하여야 한다"의 어느 쪽에 찬성하는지 물었는데(질문(3)(나)), 중국은 압도적으로 '예외 없이 적용'으로 기울고, 미국은 반대로 명확히 '경우에 따른 적용'으로 기울었다. 일본은 거의 중간인 '어느 쪽이라고 말할 수 없다'로 되었다.

친구에게 금전을 대여한 케이스에 관해 질문(16)(마)에서 "재판을 제기한다"가 바람직한지 어떤지 묻고 있다. 여기서도 미국이 친구에 대해 재판을 제기하는 것에 가장 부정적이다. 다른 사례(질문(17)(마) 불량품판매와 질문(18)(마) 교통사고)에서는 미국이 가장 재판을 제기하는 것이 바람직하다고 한 것과 대비하여 흥미롭다.

소결한다면, 미국이 친구에 대해서는 법적 수단을 피하는 경향을 보인다. 비즈니스와 프라이베이트는 별개라는 미국인 타입은 실제로 존재하는 것 같다. 또한 일본인이 차용증서를 받는 것이 많은 것은 일본 쪽이 법적 수단을 좋아하기보다 확실성을 기한다는 것이고 반드시 나중에 소송에서 사용하려는 것은 아니라고 해석하여야 할 것이다. 친구라는 것은 장기적이고 광범위한 사이이므로 별개의 건으로 무엇인가 부탁할 일도 있기 때문일지도 모르는(은혜를 베푼다), 또는 다시 빌리러 왔을 때 거절하기 위한 수단으로 한다는 관계라고 보아야 할 것이다. 중국이 차용증서를 받지 않는 것은 차용증서의 유용한 사용방법이 적기 때문이라고 생각된다. 아무튼 3국간에서 친구가 의미하는 바가 크게 다른 점에 충분한 유의가 필요하다. 보증기간이 지난 경우의 수리비에 대해서는 어느 나라에서도 판단이 갈렸다고 보아야 할 것이다. 이 원인은 어떠한 규모나 종류(개인상점인지 슈퍼마켓인지)의 가게를 상정하여 회답하였는지 차이가 있기 때문이라고 추측한다. 계약의 타입에 대해서는 가장 엄밀하게 정하고 싶다는 것이 중국이고 일본이 그 다음이다. 중일의 비교로서 미국인은 경험상 계약서의 한계를 알고 있기 때문이라고 이해할 수 있을지도 모른다. 법적용에 대해서는 예외 없이 적용하는 중국과 경우에 따르는 미국이 강한 대조를 보인다.

법에 어느 정도 의존하는지에 대해 정리하겠다. 미국인 법을 신봉하고 있고 법이 절대적인 영향력을 갖는다는 것은 여러 각도에서 부정된다. 먼저 친구에 대해 법적 조치를 취하고 싶지 않고 법에 관련되는 것은 피해야 한다고 한다. 나아가 계약에 대해서도 명확히 정하여 엄격하게 적용하는 것이 아닌 융통성 있게 하고, 법적용은 경우에 따라서 라고 한다. 단, 법적 해결을 인정이 없다든지 불쾌라고는 파악하지 않는다. 오히려 법의 한계를 인식하고 있고, 그 이상을 목표로 하는 경향인 사람이 상당수 있다. 회답이 분산되고 때로 2극화 분화하고 있다. 일본은 법의 영향은 적고 상식에 가장 신뢰감을 갖고 있다. 법적 수단을 취하는 것에는 합리성은 어느 정도 인정하여도 인정이 없고 불쾌하다고 느낀다. 중국은 법적 수단을 사용하는 것에 인정이 없다고도 불쾌하다고도 느끼지 않고, 가장 합리적이라고 생각해버리고 있다. 나아가 계약도 명확히 정하는 것이 좋고 법은 예외 없이 적용되는 것이 좋으며 법에 따르면 좋다. 즉 법을 극히 포지티브하게 파악하여 사용하려는 태도이다. 단, 상식도 또한 평가되고 있다. 거기에 친구 상대라고는 하나 차용증서를 받지 않는 것이 보통인 것 같다.

□ 준법정신

준법정신에 관련된 비교를 해 보도록 하겠다.

"법대로 살면 손해 보는 일이 있으므로 그러한 경우에는 반드시 법을 지킬 필요가 없다"는 의견에 '찬성'인지 '반대'인지 물었다(질문(7)(가)). 결과 미국과 중국은 '반대' 즉 법을 지키는 쪽에 명확히 기울었다. 2국간에 의미 있는 차이는 없다. 그런데 일본만은 아주 근소하게 '반대' 즉 법을 지키는 쪽에 기울었을 뿐 미중 양국에 대해 의미 있는 차이가 있었다. 분포를 보면 미국은 확실히 법을 지키는 것이 46.1%나 있는 것이 특징, 중국은 '어느 쪽이라고 하면 법을 지킨다'에 집중, 일본은 '어느 쪽이라고 할 수 없다'가 최대다수였다(〈도8〉).

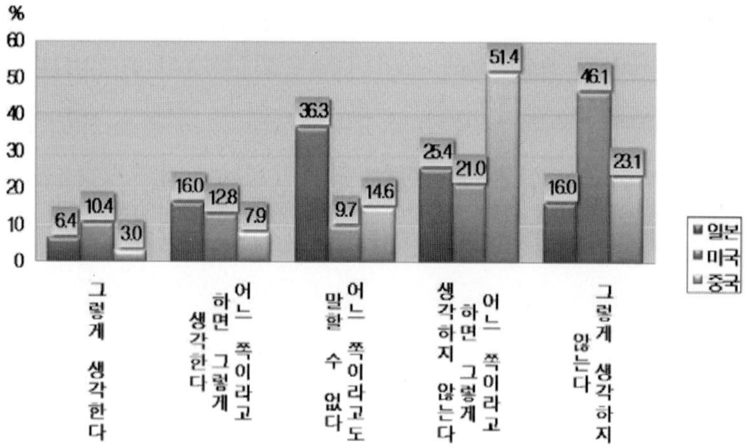

<도8> 질문(7) (가)의 회답

"법을 어겨도 잡히지 않는다고 생각될 때 법을 지키는 것은 때로 바보 같은 일이다"라는 의견에 '찬성'인지 '반대'인지 물었다(질문(7)(나)). 결과 가장 '반대' 즉 법을 지키는 것은 미국, 중국도 그에 이어지고 명확히 이 의견에 '그렇게 생각하지 않는다' 쪽으로 기울었다. 이에 대해 일본은 약간 '그렇게 생각하지 않는다' 쪽으로 기울었을 뿐이었다. 3국간 모두에게 의미 있는 차이가 있었다. 분포를 보면 앞에서와 같이 미국에서는 59.5%가 '그렇게 생각하지 않는다'고 답하고, 중국에서는 55.6%가 '어느 쪽이라고 하면 그렇게 생각하지 않는다'로 집중, 일본은 '어느 쪽이라고 말할 수 없다'가 최대다수였다(〈도9〉).

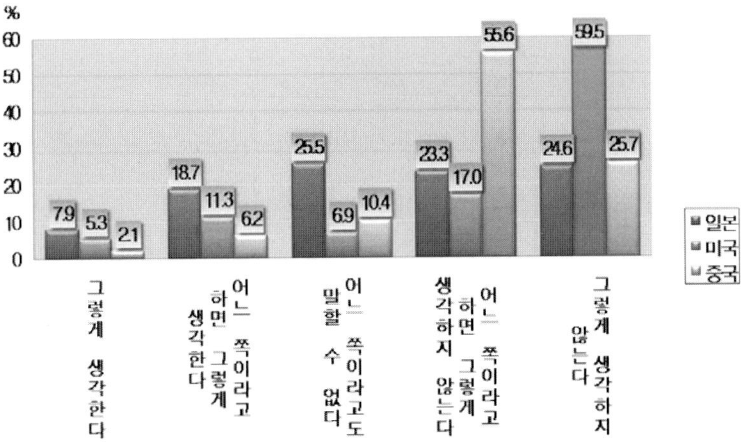

<도9> 질문(7) (나)의 회답

"당신 자신의 살아가는 방법으로서 다음의 어느 쪽의 타입을 선택하고 싶은가요" "A 타입 : 때로는 법을 지키지 않는 것이 잘 살아갈 수 있다" "B 타입 : 다소 손해를 보더라도 법을 지키며 살아간다"는 질문을 하였다(질문(8)). 결과 중국이 가장 B 타입이고 A 타입의 지지는 거의 없었다. 미국도 그에 이어지고 명확히 B 타입에 의하고 법을 지키며 살아간다. 일본도 일단은 B 타입이지만 조금만이다. 3국간 모두 의미 있는 차이가 있었다. 분포를 보면 중국에서는 'B 타입'이 47.6%로 집중, 미국은 '어느 쪽이라고 말할 수 없다'가 43.7%로 집중, 미중 모두 'A 타입' '어느 쪽이라고 하면 A 타입' 모두 거의 존재하지 않고 일본만 A 타입 지지자가 있었다(〈도10〉). 후술하지만, 일본에서는 연령차가 심하고 젊을수록 A 타입이었다.

미중에는 그러한 경향은 인정되지 않았다.

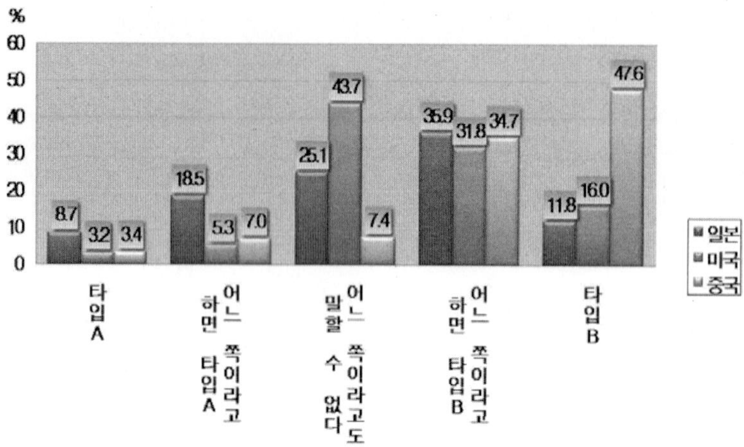

<도10> 질문(8)의 회답

정리하면, 먼저 중국은 3설문 모두 '법을 지킨다' 경향이 매우 강하다. 상황에 관계없이 어쨌든 법을 지키는 것으로 되어 있다고 해석할 수 있다. 이에 대해 일본은 어느 설문에 대해서도 법을 지키려고 하지 않는 자가 적지 않게 존재한다. 소위 "정직한 사람이 바보가 된다"는 상황에 자신이 빠지고 싶지 않다는 것이다. 미국은 질문(7)(가)(나)에서는 '법을 지킨다'는 경향이 압도적으로 우세하지만, 질문(8)만큼은 '어느 쪽이라고 말할 수 없다'가 다수로 되어 있다. 질문(8)은 법을 지키면 손해를 본다는 것이 전제가 되어 있는데, 미국의 상식으로는 그러한 상황 자체가 있어서는 안 된다는 것이다. 아마도 일

본인과 같이 쉽게 "정직한 사람이 바보가 된다"는 상황을 상정하기 어렵기 때문에 "손해를 보면서도 법을 지킨다"고 회답할 수 없었다고 해석할 수 있다. 이 해석을 전제로 하면 미국도 또한 준법도는 매우 높다. 역으로 말하면, 일본의 준법도가 상대적으로 낮은 것이 부각되어 있다.

제3 _ 미일중의 특징

이미 보았듯이 미일중의 3국은 서양 대 동양이라는 카테고리로는 도저히 묶을 수 없고 각각 서로 크게 다르다. 검증한 스테레오 타입과 같은 견해는 기껏해야 부분적으로 적합할 뿐이다. 물론 스테레오 타입과 같은 견해가 바르지 않고 3국이 많은 점에서 다른 것은 어떤 의미에서 당연하다. 이번에는 건설적으로 이들 3국 각각을 가장 특징짓는 것은 무엇인지를 해석해 보겠다.

□ 법 이미지

법에 대한 이미지에 관한 회답을 검토하고 전체의 정리에 들어가도록 하겠다.

"당신은 '법'이라는 말을 들으면 제일 먼저 어떠한 인상을 갖습니까. 하나만 ○표를 하세요"라고 묻고, 선택지 '자유를 지킨다' '공평하다' '민주적이다' '탄압적이다' '불공평하다' '권위주의적이다' '기타'에서 고르게 하였다(질문(4)). 결과 미국은 '자유를 지킨다'에 42.4%가 집중, 중국은 '공평하다'에 47.7%가 집중, 일본은 회답이 '자유를 지킨다' '공평하다' '민주적이다'로 산재되어 있었다. 또한 일본은 부정적 이미지의 회답이 돌출되게 많고 27.9%였다. 가장 부정적인 이미지가 적은 것은 미국이었다. 미국에게 '기타'가 많은 것은 정의라는 말을 찾은 결과로 생각된다(〈도11〉). 이상 3국이 크게 다르다.

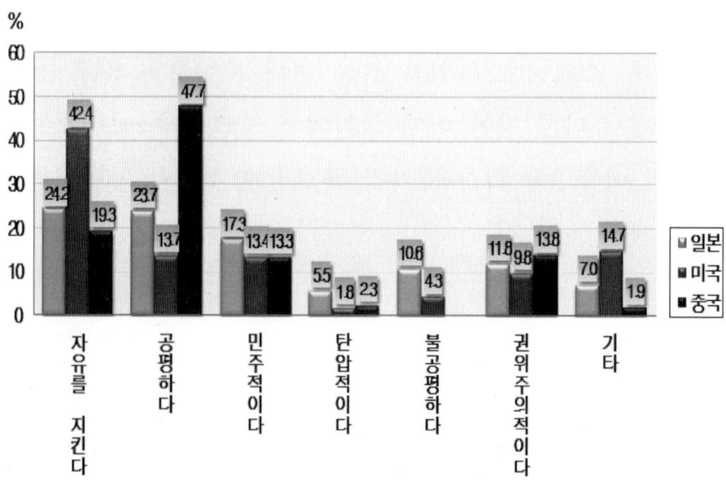

<도11> 질문(4)의 회답

<표2> 질문표(질문(2))

질문 (2)

다음의 (가)에서 (라)까지의 질문은 법에 이미지에 대하여 말한 것입니다. 당신은 A와 B 의견 중 어느 쪽에 찬성하십니까?

(가)

(A의 의견) 내가 법을 지키는 것은 국가에 의해 강제되기 때문이다.

(B의 의견) 내가 법을 지키는 것은 법의 엄밀한 규정방법(명확한 규정)과 법률가의 논리에는 상대가 되지 못하기 때문이다.

1 A에 찬성	2 어느 쪽이라고 하면 A에 찬성	3 어느 쪽이라고 말할 수 없다	4 어느 쪽이라고 하면 B에 찬성	5 B에 찬성

(나)

(A의 의견) 내가 법을 지키는 것은 국가에 의해 강제되기 때문이다.

(B의 의견) 내가 법을 지키는 것은 법의 내용이 옳기 때문이다.

1 A에 찬성	2 어느 쪽이라고 하면 A에 찬성	3 어느 쪽이라고 말할 수 없다	4 어느 쪽이라고 하면 B에 찬성	5 B에 찬성

(다)

(A의 의견) 내가 법을 지키는 것은 법의 엄밀한 규정방법(명확한 규정)과 법률가의 논리에는 상대가 되지 못하기 때문이다.

(B의 의견) 내가 법을 지키는 것은 법의 내용이 옳기 때문이다.

1 A에 찬성	2 어느 쪽이라고 하면 A에 찬성	3 어느 쪽이라고 말할 수 없다	4 어느 쪽이라고 하면 B에 찬성	5 B에 찬성

(라)

(A의 의견) 법은 국가가 국민을 통치하는 도구이다.

(B의 의견) 법의 목적은 국민이 국가의 침해로부터 자신의 권리를 지키는 것이다.

1 A에 찬성	2 어느 쪽이라고 하면 A에 찬성	3 어느 쪽이라고 말할 수 없다	4 어느 쪽이라고 하면 B에 찬성	5 B에 찬성

다음으로 법의 이미지에 대하여 양자택일로 폭력적 계기, 이성적 계기, 논리적 계기, 도구적 계기, 권리옹호적 계기 중 어느 쪽이 우위인지를 물었다(질문(2)).

먼저 "A의 의견 : 내가 법을 지키는 것은 국가에 의해 강제되기 때문이다" "B의 의견 : 내가 법을 지키는 것은 법의 엄밀한 규정방법(명확한 규정)과 법률가의 논리에는 상대가 되지 못하기 때문이다"으로부터 선택하게 하였다(가). 결과 중국만이 폭력적 계기 쪽에 크게 기울었다. 미일은 조금 폭력적 계기 쪽으로 기울고 미일 간에 의미 있는 차이는 없었다. 다음으로 "A의 의견 : 위의 A의 의견과 같음" "B의 의견 : 내가 법을 지키는 것은 법의 내용이 옳기 때문이다"로부터 선택하게 하였다(나). 결과 일본만이 거의 '어느 쪽이라고 말할 수 없다'이고, 미중은 중미의 순으로 "법의 내용은 옳다" 쪽으로 크게 기울었다. 의미 있는 차이는 모든 국가 사이에서 인정되었다. 마지막으로 "A의 의견 : 법은 국가가 국민을 통치하는 도구이다" "B의 의견 : 법의 목적은 국민이 국가의 침해로부터 자신의 권리를 지키는 것이다"로부터 선택하게 하였다. 결과 미국만이 권리옹호 쪽으로 크게 기울고 중일은 아주 근소하게만 권리옹호 쪽으로 기울었다. 중일 간에서만 의미 있는 차이가 없었다. 단, 분포를 보면 중국은 2극분해, 일본은 정규분포형이었다(<도12>). 소결한다면 법은 강제라고 하는 중국, 법의 내용이 바르다는 것이 계기로서 빈약한 일본, 권리옹호적 계기가 강한 미국이 된다.

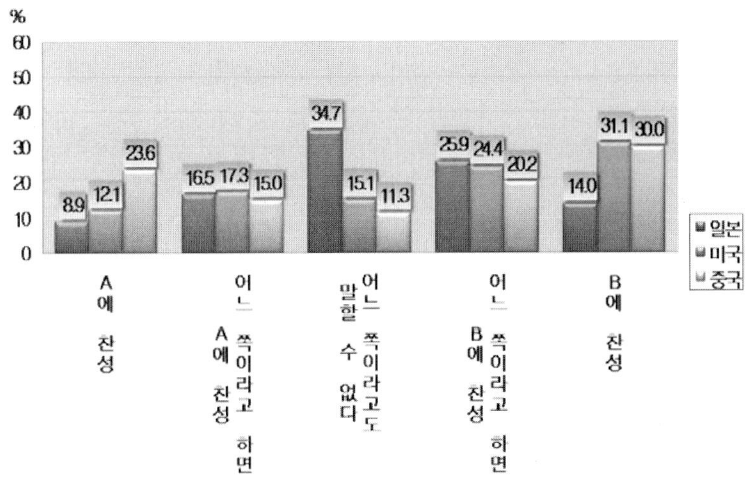

<도12> 질문(2) (라)의 회답

□ 일본의 특징 : 법의 바름이 희박

이상의 분석으로부터 일본의 특징을 정리한다. 여러 가지 특징은 법의 내용의 바름이 부족하다는 이미지에서 나온다고 해석할 수 있다. 일본인의 정의감각과 법이 괴리되어 있는 이미지로 되어 있다고 바꿔 말해도 좋을 것이다. 그렇기 때문에 법적 해결은 인정이 없고 불쾌하게 느끼며 상식에 따른 삶이 긍정되고 준법정신은 낮다. 법에 대하여 탄압적, 불공평 등의 부정적 이미지마저 얼마간 존재한다. 단, 법과 명확한 대립관계가 있는 것도 아니고 법적 해결은 합리적이며 법에 관련되는 일이 그렇게 나쁜 것도 아니다. 단지 법에 따르면 좋다는 것도 아니다. 대립하지 않지만, 경원(敬遠)하여 사용하지 않는다는 것이라고 할 수 있다. 이것은 도원경 이미지가 약반수의 일본인에게 유지되어 있는 것과도 관련되어 있을 것이다.

일본 국내에서의 차이에 관하여는 일반론으로서 직업, 성별, 수입, 지역 등 차이가 적다고 알려져 있다. 특히 수입은 연공서열 때문에 젊은 엘리트가 낮은 월급이라서 차이가 나오지 않는다. 그 때문에 과거에는 학력이 의견 차이의 첫 번째 요인이었다. 지금은 대학진학률이 5할이 되고 이것도 차이가 나지 않는다. 그 안에서 이번에 연령차가 몇 가지 질문에서 매우 크게 나타났다. 특히 "손해를 보아도 법을 지키지 않고 잘 살아간다"(질문(8))은 연령에 보란 듯이 반비례하고 있다(〈도13〉). 명확히는 어느 쪽에도 찬성하기 어렵다는 것을 고려하면, 젊은 층과 노인 층의 의견차이는 이 이상 있을 수 없을 정도로 크다. 정반대의견이라고 해도 좋을 것이다. 또한 이 직선적 경사는 어느 세대의 사람도 자기보다 젊은 세대에 대해 탄식할 수 있다는 것을 보이고 있고, 극히 실감에 입각한 결과이다. 단, 젊을수록 본심을 타인에게 거리낌 없이 답할 수 있다는 가능성이 있다.[27)]

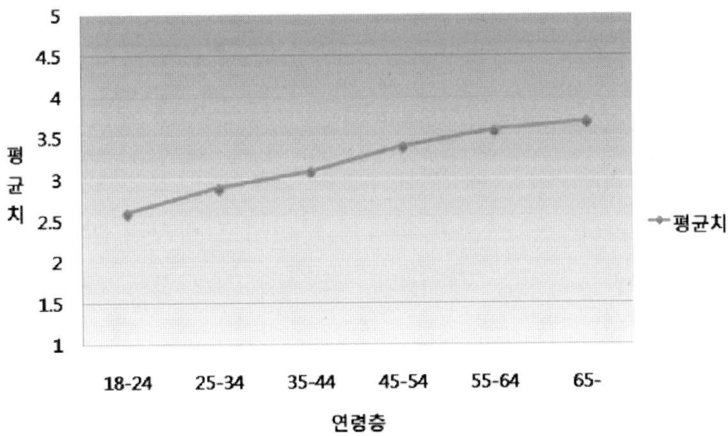

<도13> 질문(8)의 회답

(주)

질문(8) "당신은 자신의 삶의 방법으로서 다음의 어느 타입을 고르고 싶은가요"

(타입A) 때로는 법을 지키지 않지만 잘 살아간다.

(타입B) 다소 손해를 보아도 법을 지키며 살아간다.

1 타입A 2 어느 쪽이라고 하면 타입A 3 어느 쪽이라고 말할 수 없다 4 어느 쪽이라고 하면 타입B 5 타입B

각각의 선택지의 번호를 수치로서 카운트 하고 평균치를 산출하였다. 극단적인 회답이 없을 것 같은데 실로 큰 차이가 나왔다.

□ 미국의 특징 : 질리지 않는 정의추구

법은 자유를 지키기 때문에, 권리옹호 때문이고 법을 지키는 것은 내용이 바르기 때문이며 준법정신도 높다. 나아가 법

---

27) 河合幹雄, 日本人の法意識に世代差, 讀賣新聞2002.7.10. 夕刊 参조.

을 부정적으로 보는 것은 극히 적고 법에 따르는 것만으로는 불충분하다고도 말한다. 계약 등에서도 융통성을 갖게 하는 것은 질리지 않는 정의의 추구라는 것이 근저에 있는 것처럼 생각된다. 예외 없는 적용이 아니라 경우에 따른 적용도 같은 이유일 것이다. 단, 미국은 회답이 분산되고 하나의 합해진 미국인상을 만들어서는 안 된다. 국내적으로는 정당지지, 종교, 연수, 인종 등에 의해 차이가 인정되었다. 일본과 같은 균일성의 높이는 없다.

□ 중국의 특징 : 예외 없는 강제

중국에서의 공평성의 이미지는 융통보다도 일률적인 적용, 강제의 계기가 강한 것은 법은 일률적이고 공평하게 강제되는 것으로 정리된다. 도원경의 이미지는 전혀 없고 법에 대한 이미지는 긍정적이며 준법정신도 높다. 단, 현실에서 법을 지키고 있는지는 별개의 이야기이다. 차용증서를 친구로부터 절대로 받지 않는 등을 고려하면 행동면에서는 법에 의해 중국사회가 움직이고 있다고도 말할 수 없을 것 같다. 유력자가 자의적인 행동을 하는 것을 고치는 것으로서 법이 기대를 받고 있는 상황인지도 모르겠다. 엄격한 현실인식 때문에 도원경 이미지가 나오지 않는다고 이해한다면 이와 같은 해석도 가능하다.

또한 법에 기대하고 법에 따라면 좋다고 말하면서도, 상식에 따르면 좋다는 부분이 주목할 만하다. 법의 내용이 옳기 때문에 법을 지킨다는 것에서도 중국에서는 일본과 같이 법과 상식에 괴리가 없는 것이 된다.

국내의 차이에 관해서는 민족, 지역, 연령, 직업, 모든 부분에서 의견의 차이가 나타난다. 당연하지만 일본과 비교하면 매우 다양하다. 하나의 중국인 이미지를 단순히 상정하지 않도록 주의할 필요가 있다.

제4 _ 결어

중일을 아시아나 동양이라는 것으로 묶어 버리는 것은 무리인 점, 미중일 각각에 법문화가 크게 다른 점이 확인되었다. 단, 다르다는 것만이 아니라 수치적으로 나타난 차이의 크기가 놀라웠다. 실천적으로는 세계표준이나 통합을 말하기보다 대미, 대중 각각에 대한 접근방법을 습득하여 가는 것이 현실적이라고 생각되는 결과이다.

법문화론으로서 흥미를 불러일으키는 것은 일본에서의 '법의 내용의 옳음'이 빈약한 것이다. 실질적으로 옳은 것이야말로 법의 생명선이라고 생각하는데, 일본토착의 '정의감각'과 외래의 사법시스템이나 법과는 융합하지 않고 이중구조를 이루고 있다고 생각되어지고 있다. 그런데 역시 자신들의 역사에 근거를 두지 않는 서양기원의 법을 도입하고 있는 중국에 그러한 이중구조는 보이지 않는다. 이것은 크게 생각하게 하는 점이다. 먼저 중국이 진짜 이중구조를 회피할 수 있는 것이지 보다 검증할 필요가 있는데, 일본에 대해서도 이중구조를 자연적인 것으로 보지 않고 그것이 여전히 유지되고 있다는 의미를 물을 필요가 있다. 앞으로의 과제로 하고 싶다.

[河合幹雄]

제 4 장

분쟁에 대한 태도의 미일중 3개국 비교

제1 _ 서 : 일본인은 특별히 재판을 싫어하는가?

재판 내지 소송은 명치 이전에는 공사(公事. 쿠지)로 불리고 있었다. 재판을 싫어하는 전형이라 불리는 일본인이라고 하여도 공사는 전통적으로는 서민에게 있어 무연한 존재가 아니었다. 예를 들면 慶紀逸이 묶은 "武玉川"(1750~76년 간)에도 "공사에 져서 딸이 가버렸다"는 시문이 들어가 있다.[28] 또한 에

28) 그러한 시문을 가리키는 '川柳'라는 명칭은 柄井川柳의 이름에 기인하는 것이고, "武玉川"보다 상당히 늦게 사용된 말이다. 아울러 본문에서 인용한 川柳는 "俳流柳多留"의 제30편에도 들어 있다.

도서민은 "이길 수 없다"는 의미로 "非公事야"라고 표현하고 있었던 것 같다.[29] 공사에 관련된 말은 "廣辭苑"(제5판)에서 보아도 '공사상대'(소송의 상대), '공사사태'(재판사태), '공사사(師)'(변호사, 대언인), '공사소'(법원), '공사공(工)'(쿠지다쿠미. 이익을 얻기 위해 소송을 제기하는 것), '공사외양(外様)'(소송사태), '공사일'(소송재판이 있는 날), '공사숙(宿)'(에도시대 에도 등에 지방으로부터 소송을 위해 올라온 자가 묵는 숙소) 등 적지 않다. 전통적으로 일본에서 서민에게 있어서 재판이 전적으로 별세계의 일이 결코 아님은 적어도 추측할 수 있을 것이다. 아울러 良寬和尙 본가도 소송에 져서 몰락하고 있다.[30]

반면 일반적으로는 소송을 좋아하는 점에서 일본과는 대극에 있는 미국에도 재판을 싫어하는 문화는 뿌리깊게 존재한다. 예를 들면 뛰어난 변호사이기도 한 아브라함 링컨대통령도 "재판을 일으켜서는 안된다. 재판을 하는 자만큼 나쁜 인간은 거의 없다"고 말하고 있다.[31] 유명한 법관인 라니드 핸드도 "나는 병환과 죽음 이외의 그 무엇보다도 재판이 무섭다고 말하지 않을 수 없다"고 말하고 있다.[32] "법과 경제학"의 저명한 교과서에서도 "내가 시리본 마을에서 유일한 변호

---

29) 駒田信二, 江戸小咄, 岩波書店, 1985, 1771면 참조.

30) 水上勉, 良寛のすべて, 河出書房新社, 2002년, 참조.

31) Abraham Lincoln, Note for a Law Lecture, in Collected Works of Abraham Lincoln, vol.2, p.81(1953).

32) Learned Hand, The Deficiencies of Trials to Reach the Heart of the Matter, in Lectures on Legal Topics, vol.3, 89(1926).

사였을 때는 전혀 먹고 살 수 없었지만 또 한 명 변호사가 마을에 온 덕분에 지금은 맛있는 것을 실컷 먹을 수 있게 되었고, 조만간 새로운 집을 지을 것"이라고 "하이에나 변호사(ambulance chaser)"를 조롱하는 조크를 소개하고 있다.[33] 이와 같이 법, 소송, 변호사에 대한 신랄한 조롱이나 조크는 미국에는 매우 많다.[34] 사회학조사에 의하면 미국의 비즈니스맨은 "문제가 발생하면 상대에게 전화를 걸어 대화로 해결한다. 상대와 또 거래를 하고 싶다고 생각하면 계약조항을 법적으로 읽거나 하지 않는다. 비즈니스에는 품위라는 것이 필요하고, 비즈니스를 계속하려고 한다면 바로 변호사한테 달려가거나 하지 않는다"고 생각하고 있고, 재판이나 변호사를 회피하는 경향을 찾을 수 있다.[35]

그런데 현대 일본의 법조인구는 구미제국과 비교하여 적고,[36] 민사소송건수도 역시 적은 것이 사실이다. 중국의 경우,

---

33) ロバート・D・クーター&トーマス・S・ユーレン(太田勝造・譯), 新版・法と経濟學, 商事法務研究會, 1997년, 416면.

34) 예를 들면 David Shrager & Elizabeth Frost(eds), The Quatable Lawyer, New England Publishing Associates, 1986, Fred R. Shapiro, The Oxford Dictionary of American Legal Quotations, Oxford University Press, 1993 등.

35) Stewart Macaulay, Non-contractual Relations in Business : A Preliminary Study, American Sociological Review, vol.28, p.55(1963).

36) 예를 들면, Kahei Rokumoto & Shozo Ota, Issues of the Lawyer Population, Case Western Reserve Journal of International Law, vol.25, no.2, pp315-332(1993)이나 Shozo Ota, Lawyers in Japan : An Economic Analysis, in Annie J. de Roo & Robert W. Jagtenberg(eds.), Yearbook

개혁개방 이후 특히 최근 크게 정책변환이 생겨 법조인구의 급증이 진행되고 있기 때문에 유보하지만, 전통적으로는 법조인구가 적고 민사소송사건수가 적은 것 등은 일본과 유사하였다고 말할 수 있을 것이다. 이에 대해 미국의 경우에는 소송선호(litigious)로 표현되듯이 세계의 다른 제국에서 유례를 찾을 수 없을 정도의 법조인구와 민사소송사건수를 갖고 있다.37)

이러한 소송이용에서의 차이에 주목하고 그것을 설명하기 위해 여러 가지 이론이 제시되어 있다. 예를 들면 일본과 중국은 유교문화권에 있으므로 법의 지배나 법치국사상이 있는 구미와는 다르다는 설명이 있다.38) 또는 중국인의 성격을 '무감동적', '다혈적', '신경질적'이라고 규정하고, 거기에서 도출되는 '조화적 공존'에 의해 중국인의 소송회피, 조정선호의 경향을 설명하며 일본인의 성격을 '정동(情動)성', '비행동성'으로

: Law & Legal Practice in East Asia, vol.3, 1997/1998, Kluwer Law International, pp. 177-198(1998) 참조. 또한 "司法制度改革審議會意見書 : 21世紀の日本を支える司法制度"(2001.6.12.)도 그 'Ⅲ 司法制度を支える法曹の在り方'에서 "우리나라의 법조인구는 선진제국과의 비교에서 그 총수에서도 또한 사법시험, 사법연수를 거쳐 탄생하는 새로운 진입자 수에서도 극히 적고 우리나라 사회의 법적 수요에 실제로 충분히 대응할 수 없는 상황에 있다"고 논하고 있다.

37) Cf., Marc Galanter, Reading the Landscape of Disputes : What We Know and Don't Know(And Think We Know) About Our Allegedly Contentious And Litigious Society, Ucla Law Review, vol.31, p.40 (1982).

38) 大木雅夫, 日本人の法觀念 : 西洋的法觀念との比較, 東京大學出版會, 1983, 제1장이 이러한 견해(Zwegert & Koetz, Einfuehrung in Die Rechtsver - Gleichung, Bd.1, 1971)를 소개하고 있다.

규정하고 거기에서 도출되는 '논리적 감각의 결여'에 의해 일본인의 재판회피의 경향을 설명하는 이론도 있다.[39] 다른 한편 이러한 이론에 대해서는 大木雅夫가 상세한 역사의 검토에 의해 중국에서 "조정제도가 광범위하게 행해지는 것을 유교만으로 돌리는 것은 오류"이고, "오히려 객관적 합리적 제사정 특히 정상적으로 발전하지 못한 재판제도의 면에서 찾아야 할 것"이라는 비판을 설득적으로 하고 있다.[40] 일본에 대해서도 상세한 역사의 검토에 의해 "일본적 법의식의 표현으로서 즐겨 그 예로 드는 약간의 법제도도 모두 그때그때의 객관적인 구체적 상황에서 만들어진 것이라고 생각하지 아니할 수 없는" 것이고, "정치적 · 경제적 · 사회적 제상황이 그러한 독특한 법제도를 만들어낸 것이고, 특히 그러한 제상황에 대응할 재판조직의 미성숙이 일본법의 발전이나 일본에서의 법관념의 형성에 중대한 영향력을 미쳤다"고 말할 수 있으며, "유교도덕이나 소위 봉건적 내지 전근대적 법의식에 연결하려는 것은 너무나도 관념론적인 관점이다"라고 말한다.[41]

일본에 대해서는 川島武宜의 이론이 가장 잘 알려져 있고, 또한 일반 국민에게는 납득하기 쉬운 것으로 되어 있다. 즉 일본에서 소송이 적은 것에 대해 川島는 다음과 같이 설명한다. "우리나라에서는 서양이라면 당연한 경우에 소송을 제기하는

39) 大木, 전게(주38)이 이러한 견해(野田良之)를 소개하고 있다.
40) 大木, 전게(주38), 138, 147면.
41) 大木, 전게(주38), 220면.

자는 '이상한 사람', '싸움을 좋아하는 자'… 등의 말로 낙인찍힌다. 소송을 기피하는 태도는 깊게 우리들의 마음속에 붙어있는 것이다.[42)]" 이와 같이 일본인이 소송을 기피하는 것을 川島는 다음과 같이 설명한다. 즉 도쿠가와시대와 같이 '공동체'적인 소집단에 의해 성립하고 있는 사회에서는 분쟁당사자보다도 높은 사회적 지위를 갖는 '중재인'에게 다툼을 '맡기는' 형태의 분쟁해결인 '조정적 중재' 내지 '중재적 조정'은 사람들의 "사회의식에 가장 적합한 분쟁해결방법이었다고 할 수 있다. 이에 대해 당사자 사이에서 '흑백'을 다투고 법관이 그 '흑백을 가리는' 방법(소송)은 그러한 사회의식에 적합하지 않은 것이었다"는 이유 때문이라고 한다.[43)]

川島는 또한 일본인은 전통적으로는 소송보다도 조정을 애호하고 있었다고 한다. 즉 제1차 세계대전 후의 일련의 조정법 제정에 의해 "수많은 숫자의 조정이 법원에 신청되었는데 소송의 증가는 거의 없었다… 이것은 … 일본인의 법의식에 적합하는 조정이 크게 애호 받은 것임에 비해 소송은 기피되었다는 것을 시사한다고 생각된다"고 말한다.[44)] 아울러 일본인이 전통적으로 선호하였다고 하는 '조정'은 "'흑백'을 다투거나 흑백을 가리지 않고 '화의 정신'으로 조정위원의 조정조건에

42) 川島武宜, 日本人の法意識, 岩波書店, 1967년, 141-142면("川島武宜著作集4"所收).

43) 川島, 전게(주42), 163면.

44) 川島, 전게(주42), 132면.

복종시키는 三人吉三的인 중재적 조정"이고 명치유신 이후에도 이 '중재적 조정의 정신'으로 민사조정이 이루어졌다고 한다.[45)]

川島에 의하면 일본의 전통적인 분쟁해결방식은 분쟁당사자보다도 사회적 지위가 높은 유력자를 '중재인'으로 하여 다툼을 '맡기고' 그 '재단'에 의해 분쟁을 '밀봉한다'는 '중재적 조정'이다.[46)]

川島는 이와 같이 일본에서의 민사분쟁 해결방식의 특징을 '법의식'(내지 '법문화')에 의해 설명하는데, 이에 대해서는 여러 가지 비판이 있다. 존 헤일리는 일본의 민사소송사건수는 2차대전 전이 인구비로 보아 많았으므로 전통적인 법의식으로 설명하는 것은 곤란하다고 지적한다. 그리고 법원의 부담과잉에 의한 소송지연이나 변호사부족에 의한 액세스 저해 등의 재판시스템의 기능부전이 주된 원인이라는 가설을 주장하고, 민사소송 신수건수의 경년 데이터를 통계분석하는 것으로 검증하고 있다.[47)] 또한 징벌적 손해배상의 결여나 법률부조의 빈약,

45) 川島, 전게(주42), 178면.

46) 川島, 전게(주42), 155-162면.

47) John O. Haley, The Myth of the Teluctant Litigant and the Role of the Judiciary in Japan, Journal of Japanese Studies, vol.4, p359(1978) [ジョン・O・ヘイリー(加藤新太郎・譯)裁判嫌いの神話, 判例時報902호, 907호(1978)]. 아울러 川島는 기업, 정부, 지방공공단체 등도 소송회피적이라는 점 등을 이유로 변호사비용 등의 재판에 드는 비용이나 시간은 소송이 일본에서 적다는 설명으로서 불충분하다고 한다. 川島, 전게(주42), 137-139면.

권리보호보험(변호사비용보험)의 결여 등의 제도적 요인도 일본에서 민사소송이 적다는 것을 설명하는 요인이 된다고 말해진다.[48]

마크 램세이어는 합리적 선택이론에 기한 이론가설과 교통사고를 둘러싼 보험적 처리와 민사소송처리의 데이터를 분석하고, 일본에서 민사소송이 적은 것은 보험제도 등 주변의 제도까지 고려하면 사람들이 합리적 행동을 하고 있기 때문이고, 법문화나 법의식에 의한 설명은 불요하다고 한다.[49]

그 밖에 川島의 '법의식' 개념에는 六本佳平이 분석하듯이 '법문화'로 부를 수 있는 것과 같은 '관념상으로서의 법'에 대한 '법관념'과 '현실의 법'에 대한 '법지식', '법의견', '법태도'가 구별되지 않고 사용되고 논의상 약간의 혼란을 초래하고 있는 것에도 주의할 필요가 있다.[50]

이 재판제도의 이용의 문제에 대한 관련 실증적 연구로서는 일본문화회의의 1971년과 1976년의 2회에 걸친 연구가 있

48) 渡部保夫 · 宮澤節生 · 木佐茂男 · 吉野正三郎 · 佐藤鐵男, テキストブック現代司法, 日本評論社, 1992, 189면.

49) マーク · ラムザイヤー, 法と経済學 : 日本法の経済分析, 弘文堂, 1990년, 제2장, J. Mark Ramseyer & Minoru Nakazato, The Rational Litigant : Settlement Amounts and Verdict Rates in Japan, Journal of Legal Studies, vol.18, p127(1989).

50) 六本佳平, 法社會學, 有斐閣, 1986년, 193-196면. '법지식'이란 현실의 법에 대해 자각적으로 인식하고 있는 것을 의미하고, '법의견'이란 현실의 법에 대해 그것이 어떻게 존재하여야 하는지의 의견을 가리키며, '법태도'란 현실의 법에 대한 선악, 찬부, 존중과 경시 등의 태도를 의미한다.

다.[51] "당신은 자신의 권리가 침해되었다고 느꼈을 때 법원에 제소하는 것을 생각합니까"라는 질문에 대해 '1 바로 생각한다'고 답한 자는 1971년 조사에서 22.8%, 1976년 조사에서 11.1%, '2 때론 생각하는 일도 있다'고 답한 자는 1971년 조사에서 24.0%, 1976년 조사에서 23.7%, '3 특별한 일이 없는 한 생각하지 않는다'고 답한 자는 1971년 조사에서 49.9%, 1976년 조사에서 60.6%로 많은 사람이 특별한 일이 없는 한 재판을 걸지 않을 생각이라는 결과이다. 게다가 이러한 재판회피자는 1971년부터 1976년으로 증가하고 있다. "소송에 대해 여러 가지 의견이 있지만 당신은 다음과 같은 의견에 찬성입니까, 반대입니까. 〈소송은 돈도 들고 시간도 걸리고 설사 소송에 이겨도 손해를 보는 쪽이 많나〉라는 실문에 대해 '1 그렇게 생각한다'고 답한 자는 1971년 조사에서 58.8%, 1976년 조사에서 59.6%, '2 그렇게 생각하지 않는다'고 답한 자는 1971년 조사에서 27.1%, 1976년 조사에서 21.6%로 비용이나 시간을 사법 엑세스에 대한 저해요인으로 생각하는 사람이 대다수이다. 나아가 "소송이나 조정 등에 대해 당신은 다음의 어떤 의견에 가깝습니까"라는 질문에 대해 '1 〈소송〉을 하는 쪽이 좋다고 생각하면 계속 소송을 하여야 한다'를 고른 자는 1971년 조사에서 8.6%, 1976년 조사에서 8.1%, '2 〈소송〉을 한다는 것은 그다지 바람직하지 않지만 〈조정〉이나 법원에서의 〈공적

51) 日本法文化會議編, 日本人の法意識, 至誠堂, 1971년, 日本文化會議編, 現代日本人の法意識, 第一法規, 1982년.

인 대화〉 정도라면 많이 해도 좋다'를 고른 자는 1971년 조사에서 39.7%, 1976년 조사에서 42.7%, '3 가능한 그러한 것을 하지 않고 〈사적인 대화〉로 해결하도록 노력하여야 한다'를 고른 자는 1971년 조사에서 46.6%, 1976년 조사에서 41.3%이고, 川島가 말하듯이 사람들은 재판을 회피하는 경향 및 조정이나 사적인 대화를 선호하는 경향을 엿볼 수 있다.

이상과 같이 이론에서 실증에 걸쳐 연구되어 온 법의식의 문제에 대해 사실에 기한 최신의 해답을 구하려고 하는 이 연구는 이 문제를 ①일본인은 재판보다도 조정을 바람직하다고 생각하는가? ②일본인은 변호사에 대한 상담보다도 조정을 바람직하다고 생각하는가? ③일본인은 재판을 바람직하지 않다고 생각하는가? ④일본인이나 중국인보다도 미국인은 재판을 바람직하다고 생각하는가? ⑤미일 사이에서 법의식은 어떻게 다른가? 라는 5가지 과제로 나누어 실증적으로 탐구하였다.

즉 구체적인 분쟁행동에 대한 사람들의 평가를 미일중에서 묻고 상호 비교하는 수법을 채용하였다. 구체적으로는 분쟁사례로서 친구 간 금전대차 트러블(질문16), 전기기구의 불량에 의한 트러블(질문17), 및 교통사고의 배상을 둘러싼 트러블(질문18)을 설정하고, 각각의 분쟁사례에서의 당사자의 각종 분쟁행동을 어떻게 생각하는지를 질문하였다. 분쟁행동으로서는 (가) 포기한다, (나) 유력한 사람에게 상담, (다) 법률 전문가에게 상담, (라) 변호사회의 조정제도 그 밖의 이용 및 (마) 법원에 제소한다, 5가지를 들었다. 회답자에게는 '1 바람직하다'에서 '3 어느 쪽이라고 말할 수 없다'를 거쳐 '5 바람직하지 않다'에 이르는 5단계의 척도에서 회답하도록 하였다.

아울러 이 책의 연구에서는 달리 법에 관한 일반적인 이미지도 묻고 있고 미일중에서의 차이의 유무와 그 제기방법이 구체적인 분쟁사안에서의 구체적 분쟁행동에 대한 평가를 물은 이 장의 질문에 대한 회답과 다른 패턴을 보이는지 여부도 연구대상으로 되어 있다.

제2 _ 분쟁행동에 대한 평가는 미일중에서 차이가 있는가? : 분석결과

이 연구에서 이용한 구체적인 민사분쟁사례는 다음의 3가지이다.

(질문16) 친구 간 금전대차사건

"어떤 사람이 친구에게 1개월치 급여에 해당하는 금액을 빌려주었는데, 변제기한이 와도 친구는 그 돈을 갚으려고 하지 않는다. 친구에게 교섭하여도 친구는 그 돈을 갚지 않는다. 그 경우에 그 사람이 다음의 행동을 취하는 것을 어떻게 생각합니까"

(질문17) 전기점 수리사건

"어떤 사람이 전기상으로부터 1개월치 급여에 해당하는 가격의 전기기구를 샀는데, 그것은 불량품이었다. 전기상에게 신품과의 교환을 요구하여도 전기상은 응하지 않거 매매를 해제하고 대금의 반환을 요구하여도 전기상은 응하려고 하지 않는다. 그 경우에 그 사람이 다음의 행동을 취하는 것을 어떻게 생각합니까"

(질문18) 교통사고사건

"어떤 사람이 교통사고를 당하여 1개월 입원가료가 필요한 상해를 입었는데, 특히 후유증은 남지 않았습니다. 피해자가 치료비와 입원 중의 수입의 배상을 요구하며 교섭하여도 가해자는 배상금을 지급하지 않습니다. 그 경우 그 사람이 다음의 행동을 취하는 것을 어떻게 생각합니까."

이러한 사례는 한정된 질문지 중에서 가능한 광범위한 법영역의 유형이고, 게다가 일반인 회답자가 일상적으로 경험할 수 있는 분쟁이며, 나아가 미일중의 3국에서 동일하게 생활에서 찾을 수 있는 사안으로서 유형을 선택하고, 구체적인 예를 작성한 것이다. 바람직한지 바람직하지 않은지의 평가를 물은 분쟁행동은,

(가) 상대가 지급하지 않으면 그것으로 포기하고 특별한 행동을 취하지 않는 것

(나) 공통의 지인인 유력인사에게 상담하는 것
(다) 법률의 전문가에게 상담하는 것
(라) 변호사회의 조정제도 그 밖의 것을 이용하는 것
(마) 법원에 제소하는 것

이라는 5개이다. 분쟁회피, 유력자, 법률전문가(변호사), 조정, 재판이 이용이라는 5개 유형의 행동이다. 아울러 미일중의 회답은 모든 경우에 등분산(等分散)의 가정을 충족시키지 않기 때문에 등분산의 가정을 전제하지 않은 분산분석수법을 채용하여 분석하고 있다.

□ 체념

상기 질문16의 친구 간 금전대차사건, 질문17의 전기점 수리사건 및 질문18의 교통사고사건의 각각에서 상대가 지급하지 않는다면 그것으로 체념하고 특별한 행동을 취하지 않는 것이라는 말하자면 포기(avoidance)를 바람직하다고 생각하는지, 바람직하지 않다고 생각하는지의 질문에 대한 회답은 〈도1〉, 〈도2〉 및 〈도3〉에서 보듯이 어느 질문도 유사한 회답분포 패턴이고 또한 미일중 매우 유사하다.

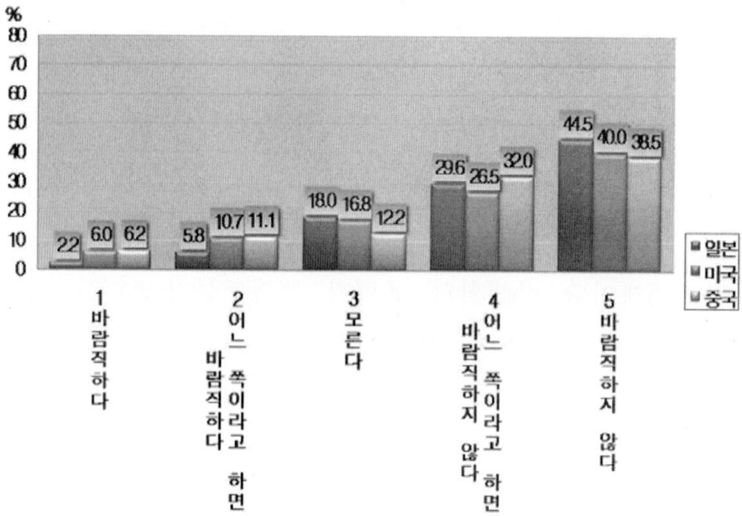

<도1> 친구 간 금전대차사건에서 '포기'(질문 16-가)

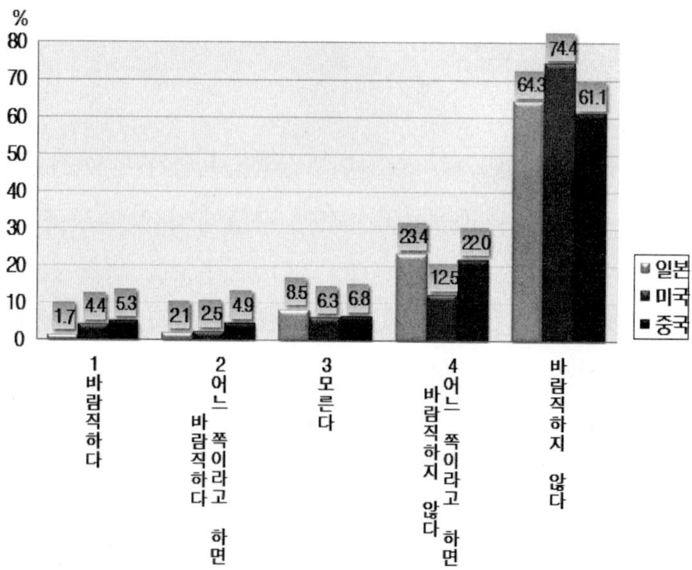

<도2> 전기점 수리사건에서 '포기'(질문 17-가)

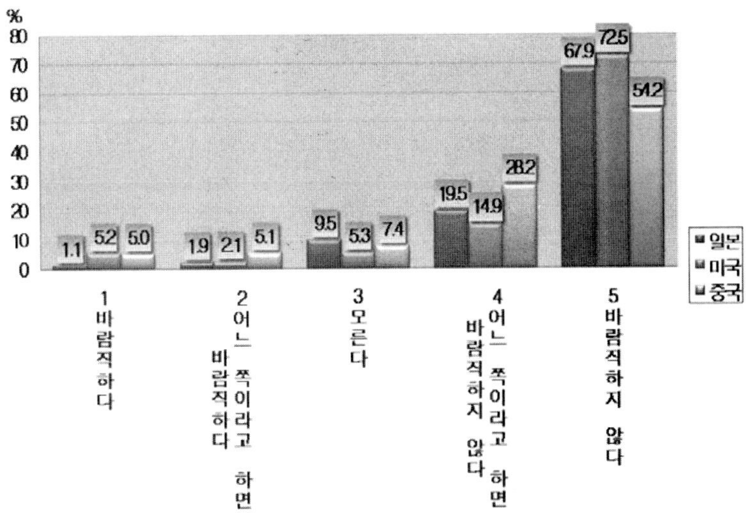

<도3> 교통사고사건에서 '포기'(질문 18-가)

회답을 1(바람직하다)에서 3(모르겠다)을 거쳐 5(바람직하지 않다)까지의 연속척도로서 분산분석[52]을 하여 3개국을 비교한 경우, 질문16 친구 간 금전대차사건에서는 평균치 3.84의 미국과 평균치 3.86의 중국이 등질 서브그룹을 형성하고, 평균치 4.08의 일본과 구별되었다($\alpha=0.05$).[53] 즉 일본인 쪽이 '체념'을

52) 분산분석이란, 질적인 독립변수의 복수의 값마다 종속변수의 평균치를 비교하여 통계적으로 차이가 있다고 말할 수 있는지 말할 수 없는지를 검정하는 분석수법이다. 상세는 예를 들어 芝祐順=南風原朝和, 行動科學における統計解析法, 東京大學出版會, 1990 이나 山内光哉, 心理·教育のための統計法, サイエンス社, 1987 등 참조.

미국인이나 중국인보다도 바람직하지 않다고 생각하고 있는 것이 된다. 그리고 미국인과 중국인의 사이에서는 차이가 없다. 단, 모두 '어느 쪽이라고 말할 수 없다'의 중간치 3.0보다도 유의하게 크고((α=0.05), 또한 3개국 사이의 차이는 그다지 크지 않으므로 3개국 모두 '체념'을 바람직하지 않다고 생각하고 있는 점에서 유사하다고 정리할 수 있다.

질문17 전기점 수리사건에서는 평균치 4.50의 미국과 평균치 4.46인 일본이 등질 서브 그룹을 형성하고(α=0.05), 평균치가 4.29인 중국과 구별되었다. 즉 미국인과 일본인이 '체념'을 중국인보다도 바람직하지 않다고 생각하고 있는 것이 된다. 그리고 미국인과 일본인 사이에서는 차이가 없다. 단, 모두 '어느 쪽이라고 말할 수 없다'의 중간치 3.0보다도 유의하게 크고(α=0.05), 게다가 4.0을 크게 초과하고 있다. 그리고 3개국 사이의 차이는 그다지 크지 않기 때문에 3개국 모두 '체념'을 바람직하지 않다고 생각하고 있는 점에서 유사하다고 정리할 수 있을 것이다.

질문18의 교통사고사건에서는 평균치 4.51의 일본과 평균치 4.47의 미국이 등질 서브 그룹을 형성하고(α=0.05), 평균치 4.21의 중국과 구별되었다. 즉 일본인과 미국인이 '체념'을 중

53) α는 유의(有意)수준을 의미한다. 진짜는 평균치의 차이가 없는데 차이가 있는 것과 같은 데이터가 수집되어 버리는 확률이 유의수준 α 이하라면, 평균치의 차이는 진짜 존재한다고 결론내릴 수 있다. 통계학에서 유의수준은 0.05로 설정하는 것이 통상이다.

국인보다도 바람직하지 않다고 생각하고 있는 것이 된다. 그리고 일본인과 미국인 사이에서는 차이가 없다. 단, 모두 '어느 쪽이라고 말할 수 없다'의 중간치 3.0보다도 유의하게 크고 (α=0.05), 게다가 4.0을 크게 초과하고 있다. 그리고 3개국의 차이는 그다지 크지 않기 때문에 3국 모두 '체념'을 바람직하지 않다고 생각하고 있는 점에서 유사하다고 정리할 수 있을 것이다.

이상과 같이 친구 간 금전대차트러블, 전기점 수리트러블, 교통사고와 법영역으로서 대차계약, 소비자거래, 불법행위로 다양하고 분쟁당사자 간의 관계로서도 친구, 점주와 고객, 타인으로 다양한 제관계의 모든 경우에서도 '체념'은 미일중 3개국에서 일치하여 바람직하지 않다고 평가되고 있다.

□ 공통의 지인인 유력자에 대한 상담

일본의 전통적인 분쟁해결방식인 '중재적 조정' 내지 '조정적 중재'에서는 분쟁당사자보다도 사회적 지위가 위에 있는 유력자에게 분쟁을 '맡겨' 그 판단에 의해 '미봉하는' 것이었다. 이러한 분쟁해결방식이 지금도 긍정적으로 평가되고 이용되고 있지만 공통의 지인인 유력한 사람에 대한 상담이 먼저 있을 것으로 기대된다. 이에 공통의 지인이 유력자에 대한 상담이라는 행동에 관한 평가를 물었다. 그 회답분포는 〈도4〉,

〈도5〉 및 〈도6〉이고 3가지 질문 모두 매우 유사한 회답패턴으로 되어 있다. 즉 중국만 '어느 쪽이라고 말한다면 바람직하다'로 회답한 비율이 크다. 이 점 이외에서는 3개국에서 패턴은 상당히 유사하다고 말할 수 있다.

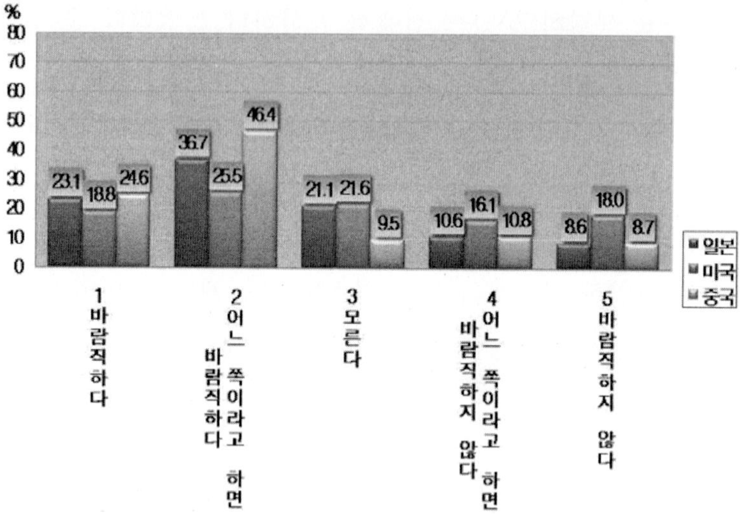

<도4> 친구 간 금전대차사건에서 '지인인 유력자에게 상담'(질문 16-나)

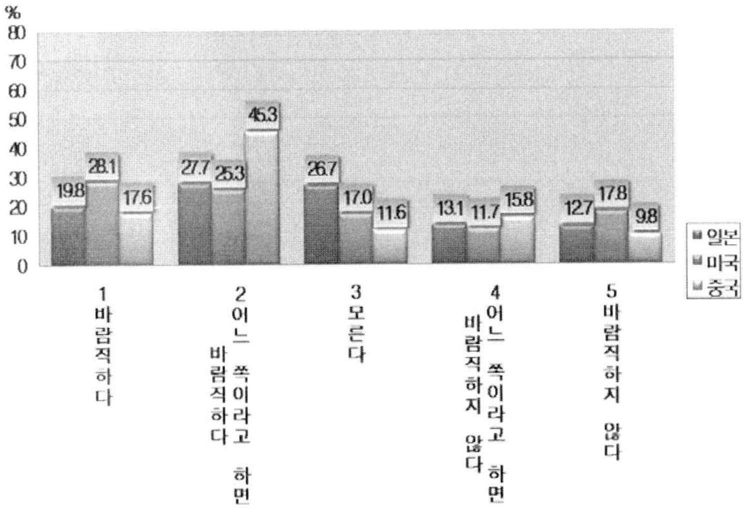

<도5> 전기점 수리사건에서 '지인인 유력자에게 상담'(질문 17-나)

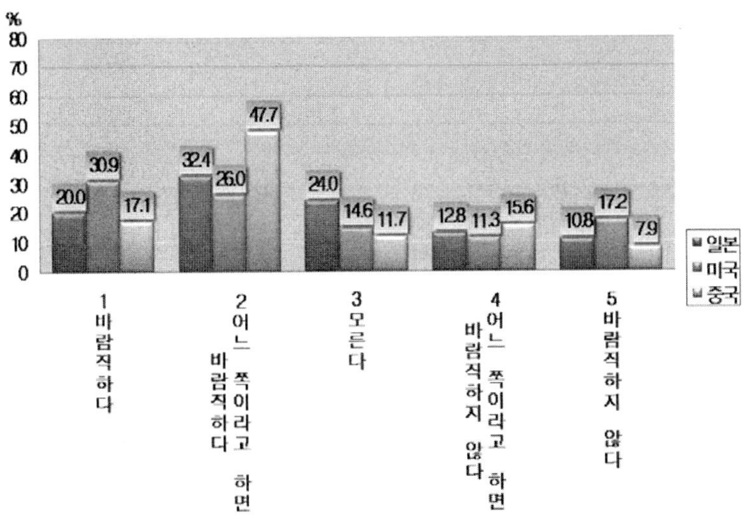

<도6> 교통사고사건에서 '지인인 유력자에게 상담'(질문 18-나)

회답을 1에서 5의 연속척도로서 분산분석으로 하여 3개국을 비교한 경우, 질문16 친구 간 금전대차사건에서는 평균치 2.32의 중국과 평균치 2.45의 일본과 평균치 2.89의 미국이 각각 구별되었다(α=0.05). 즉 중국인이 "공통의 지인인 유력자에게 상담"을 가장 바람직하다고 생각하고, 다음으로 일본인이 바람직하다고 생각하며 바람직하다고 생각하는 정도가 가장 작은 것이 미국인이라는 것이 된다. 아울러 모두 '어느 쪽이라고 말할 수 없다'의 중간치 3.0보다도 유의하게 작기 때문에(α=0.05) 3개국 모두 "공통의 지인인 유력자에게 상담"을 어느 쪽이라고 하면 바람직하다고 생각하고 있다고 말할 수 있다. 또한 일본이 중국과 미국의 중간에 위치하는 점이 주목된다.

질문17의 전기점 수리사건에서는 평균치 2.55의 중국과 평균치2.71의 일본이 구별되었지만, 평균치 2.66의 미국은 일본과도 중국과도 구별되지 않았다(α=0.05). 중국인이 "공통의 지인인 유력자에게 상담"을 가장 바람직하다고 생각하고, 일본인은 바람직하다고 생각하는 정도가 가장 작다. 중국인과 미국인, 일본인과 미국인 사이에서는 차이가 없다. 아울러 모두 '어느 쪽이라고 말할 수 없다'의 중간치 3.0보다도 유의하게 작고(α=0.05), 또한 3개국 사이의 차이는 그다지 크지 않기 때문에 3개국 모두 "공통의 지인인 유력자에게 상담"을 어느 쪽이라고 하면 바람직하다고 생각하는 점에서 유사하다고 정리할 수 있을 것이다.

질문18 교통사고사건에서는 평균치 2.49의 중국과 평균치

2.62의 일본이 구별되었지만, 평균치 2.58의 미국은 중국과도 일본과도 구별되지 않았다($\alpha=0.05$). 즉 중국인이 "공통의 지인인 유력자에게 상담"을 가장 바람직하다고 생각하고 일본인은 바람직하다고 생각하는 정도가 가장 작다. 중국인과 미국인, 일본인과 미국인 사이에서는 차이가 없다. 아울러 모두 '어느 쪽이라고 말할 수 없다'의 중간치 3.0보다도 유의하게 작고($\alpha=0.05$), 또한 3개국 사이의 차이는 그다지 크지 않기 때문에 3개국 모두 "공통의 지인인 유력자에게 상담"을 어느 쪽이라고 하면 바람직하다고 생각하는 점에서 유사하다고 정리할 수 있을 것이다.

이상과 같이 친구 간 금전대차트러블(계약), 전기점 수리사긴트러블(소비사), 교통사고(불법행위) 모두의 경우에도 "공통의 지인인 유력자에게 상담"은 미일중 3개국에서 어느 쪽이라고 한다면 바람직하다고 평가받고 있다. 이 결과는 '유력자에게 상담'의 점을 중시하면, 중국에서의 조해(調解)의 전통이나 일본에서의 중재적 조정의 전통과 모순되지 않는 결과라고 해석할 수 있다. 그러나 미국인도 "공통의 지인인 유력자에게 상담"을 어느 쪽이라고 하면 바람직하다고 생각하고 있고, 게다가 일본인과 중국인의 중간에 미국인이 위치하는 경향이 질문17과 질문18에서 보여지기 때문에 유교 등의 아시아적인 전통과 연결할 수 없을 것이다. 미국에서의 ADR운동, 특히 NJC (Neighborhood Justice Center) 등의 근린ADR운동에 비추어보면,[54] 오히려 '공통의 지인'에게 상담하는 측면을 중시할지도 모른다. 그 경우 분쟁이나 트러블에 직면하였을 때에 "공통의 지인인 유력자에게 상담"을 어느 쪽이라고 하면 바람직하다는 경향은 인간사회에 공통적인 경향이라고 해석할지도 모른다.[55] 이러한 점은 앞으로 해야 할 연구과제가 될 것이다.

□ 법률전문가에 대한 상담

일본에서는 법률전문가(변호사)도 포함하여 법제도가 국민으로부터 먼 존재라고 말해진다. 반면 '법률가는 나쁜 이웃'이라는 말이나 법률가를 조롱·매도하는 수많은 조크 등에서 알 수 있듯이 구미에서도 법률가는 반드시 호의를 얻고 있는 것이 아니다. 이에 분쟁행동의 하나로서 법률의 전문가에게 상담을 바람직하다고 생각하는지 바람직하지 않다고 생각하는지를 질문하였다. 그 회답분포는 〈도7〉, 〈도8〉 및 〈도9〉이고 3개 질문모두 말하자면 유사한 회답패턴으로 되어 있는 것처럼 보이는데, 상세히 보면 약간 상이점이 질문 간 그리고 국가 간에서 나와 있다(후술 참조).

---

54) 太田勝造, 民事紛争解決手續論 : 交渉·和解·調停·裁判の理論分析, 信山社, 1990, 제1장 참조.

55) '유력자에게 상담'을 유교나 아시아의 전통에 고유한 것이라고 이해할 이유는 없을지도 모른다. 인간사회의 보편적 원리를 유교가 단지 강조하고 있을 뿐일 가능성이 있다.

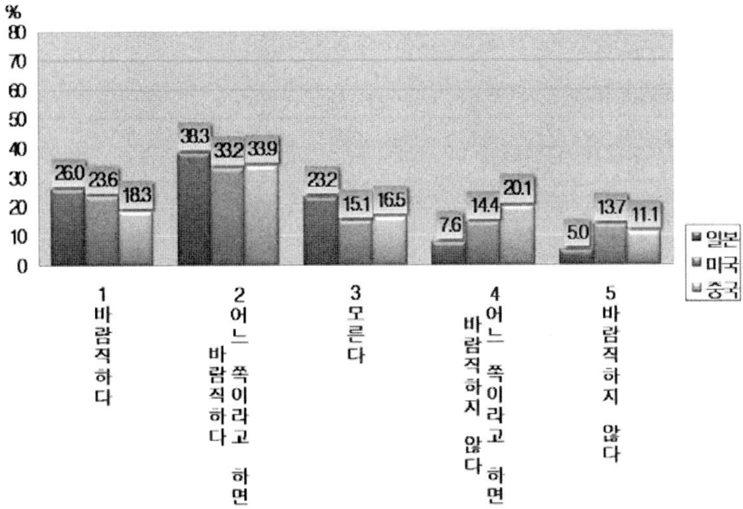

<도7> 친구 간 금전대차사건에서 '법률전문가에게 상담'(질문 16-다)

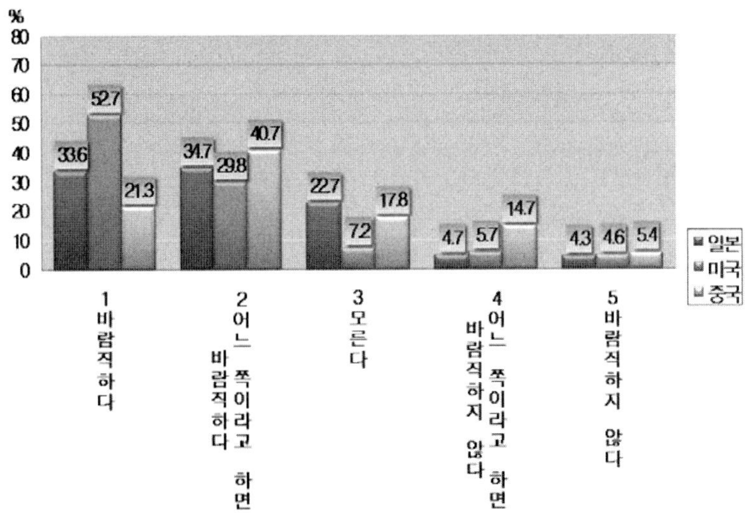

<도8> 전기점수리사건에서 '법률전문가에게 상담'(질문 17-다)

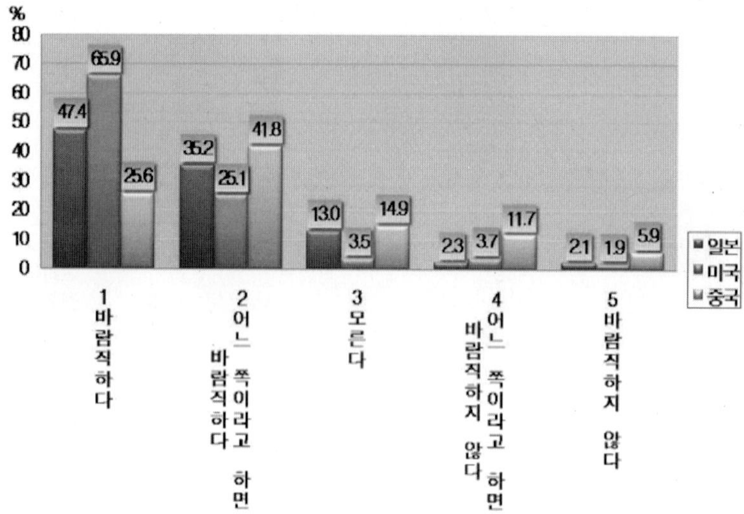

<도9> 교통사고사건에서 '법률전문가에게 상담'(질문 18-다)

회답을 1에서 5의 연속척도로서 분산분포를 하여 3개국을 비교한 경우, 질문16 친구 간 금전대차사건에서는 평균치 2.23의 일본이 평균치 2.61의 미국 및 평균치 2.72의 중국의 등질 서브그룹과 구별되었다(α=0.05). 즉 일본인이 미국인이나 중국인보다 '법률전문가에게 상담'을 바람직하다고 생각하는 경향이 보여졌다. 그리고 미국인과 중국인 사이에서는 차이가 없다. 아울러 모두 '어느 쪽이라고 말할 수 없다'의 중간치 3.0보다도 유의하게 작기 때문에(α=0.05), 3개국 모두 '법률전문가에게 상담'을 어느 쪽이라고 말한다면 바람직하다고 생각하고 있다고 말할 수 있다.

질문17 전기점 수리사건에서는 평균치 1.80의 미국과 평균치 2.12의 일본과 평균치 2.42의 중국이 각각 구별되었다(α=0.05). 즉 미국인이 '법률전문가에게 상담'을 가장 바람직하다고 생각하고, 다음으로 일본인이 바람직하다고 생각하며 바람직하다고 생각하는 정도가 가장 작은 것이 중국인이라는 것이 된다. 아울러 모두 '어느 쪽이라고 말할 수 없다'의 중간치 3.0보다 유의하게 작기 때문에(α=0.05), 3개국 모두 '법률전문가에게 상담'을 어느 쪽이라고 말한다면 바람직하다고 내지 바람직하다고 생각하고 있다.

질문18 교통사고사건에서는 평균치 1.51의 미국과 평균치 1.77의 일본과 평균치 2.31의 중국이 각각 구별되었다(α=0.05). 즉 미국인이 '법률전문가에게 상담'을 가장 바람직하다고 생각하고 다음으로 일본인이 바람직하다고 생각하며, 바람직하다고 생각하는 정도가 가장 작은 것이 중국인이라는 것이 된다. 아울러 모두 '어느 쪽이라고 말할 수 없다'의 중간치 3.0보다 유의하게 작기 때문에(α=0.05), 3개국 모두 '법률전문가에게 상담'을 어느 쪽이라고 말한다면 바람직하다고 내지 바람직하다고 생각하고 있다.

이상과 같이 친구 간 금전대차 트러블(계약), 전기점 수리 트러블(소비자), 교통사고(불법행위) 모두의 경우에 '법률전문가에게 상담'은 미일중 3개국에서 어느 쪽이라고 하면 바람직하다고 평가되고 있다. 일본인이 법률가를 기피하는 경향이 있는 것이 아니고, 미국인이 법률가에게 상담을 특히 바람직하다고 하는 경향이 있는 것도 아니다.

3개국 사이 및 질문 사이의 약간의 차이를 보기로 한다. 우선 질문 16의 친구 간 금전대차사건에서의 회답에서는 질문 17(전기점 수리사건)과 질문 18(교통사고사건)의 2개 질문에서의 회답보다도 바람직하지 않다고 생각하는 경향이 3개국 공통으로 보여진다. 단, 중국인은 3개국 모두 어느 쪽이라고 하면 바람직하다고 생각하는 경향이 있다(각각의 평균치 2.72, 2.42, 2.31로 가깝다). 그에 대해 일본인은 질문 16 및 질문 17보다도 질문 18에서 바람직하다고 생각하는 경향이 강하다(질문 16과 질문 17 각각의 평균치 2.27, 2.12에 대해 질문 18의 평균치는 1.77). 미국인은 질문 16이 다른 2개의 질문에 대한 회답보다도 바람직하다고 생각하는 경향이 작다(질문 16의 평균치 2.61은 질문 17 및 질문 18의 평균치 각각 1.80, 1.51보다 크다). 친구 간 금전대차, 전기점 수리, 교통사고의 3개 유형에서의 '법률전문가에게 상담'에 대해 중국에서는 거의 같은 경향의 반응, 일본에서는 교통사고만 다른 2개와 다른 반응, 미국에서는 친구 간 금전대차에서만 다른 2개와 다른 반응이 보여진다고 말할 수 있을 것이다. 일본에서는 자동차손해배상보험의 보급, 미국에서는 친구관계의 점에서 차이가 발생하고 있는 것인지도 모른다.

□ 조정제도의 이용

여기서는 조정의 이용에 대한 평가를 묻는 것을 목적으로 하여 일본에서의 법원의 민사조정과 혼동하지 않도록 '변호사회의 조정제도 그 밖의 이용'의 형태로 질문하였다. 법원의 민사조정의 경우 일본에서는 국민이 통상의 민사재판과 구별하고 있는지 여부에 의문의 여지가 없지 않기 때문이다. 아울러 중국에서는 '調解'에 대하여 질문하고 있다. 미국에서는 법원 부속 조정이나 중재가 이용되고 있는 한편으로 재판외분쟁해결제도(ADR)도 보급되어 있기 때문에 법원 외의 조정으로서 질문하였다.

일본의 분쟁해결방식으로서는 재판보다도 조정이 선호되었다고 주장되는 일이 있기 때문에 이 점을 확인하는 것이 목적의 하나이다. 조정제도의 이용을 바람직하다고 생각하는지 바람직하지 않다고 생각하는지에 대한 회답분포는 〈도10〉, 〈도11〉 및 〈도12〉이고, 3개 질문 각각 다른 회답패턴으로 되어 있다. 즉 질문 16 친구 간 금전대차사건에서는 일본인의 '모르겠다'라는 회답이 현저하게 큰 점과 일본과 중국의 회답패턴이 그 이외에서는 유사한 점을 지적할 수 있다. 질문 17 전기점수리사건에서는 3개국에서 매우 유사한 회답패턴이 보이고 '바람직하다'라는 회답자가 매우 많은 점을 지적할 수 있다. 질문 18 교통사고사건에서는 일본과 미국의 회답패턴이 약간 유사한 점을 지적할 수 있다.

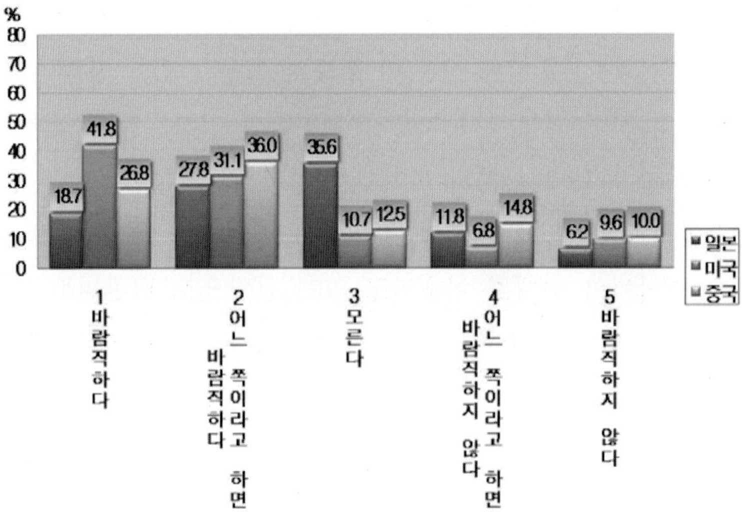

<도10> 친구 간 금전대차사건에서 '조정제도의 이용'(질문 16-라)

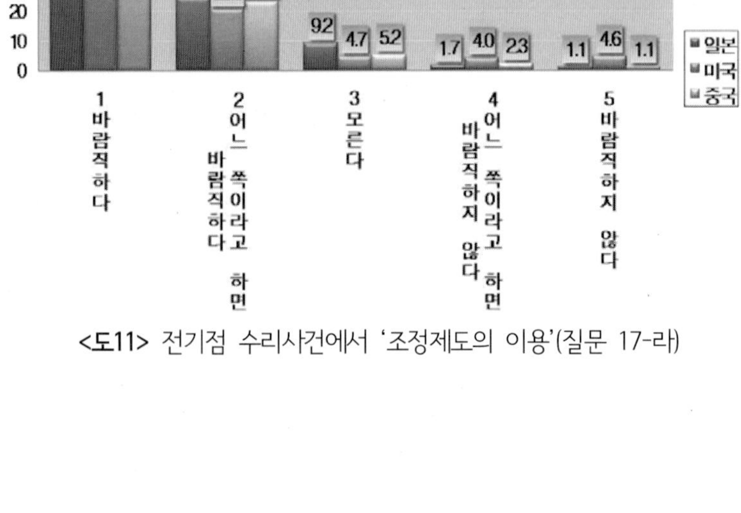

<도11> 전기점 수리사건에서 '조정제도의 이용'(질문 17-라)

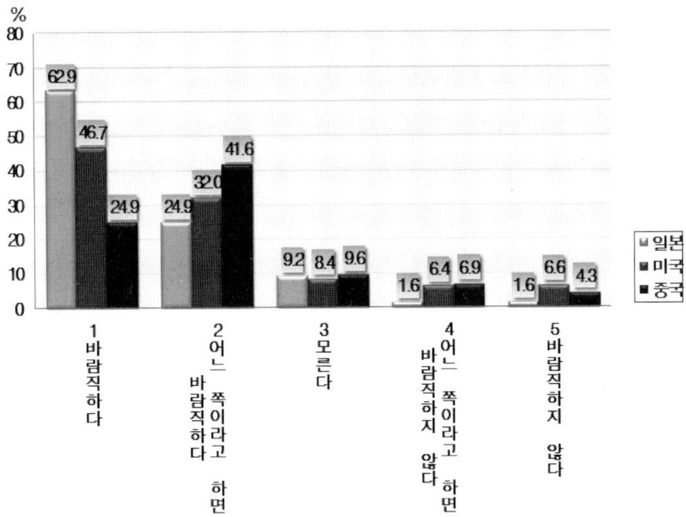

<도12> 교통사고사건에서 '조정제도의 이용'(질문 18-라)

회답을 1에서 5까지 연속척도로서 분산분석을 하여 3개국을 비교한 경우, 질문 16 친구 간 금전대차사건에서는 평균치 2.11의 미국, 평균치 2.45의 중국 및 평균치 2.59의 일본이 각각 구별되었다($\alpha=0.05$). 즉 미국인이 '조정제도의 이용'을 가장 바람직하다고 생각하고, 다음으로 중국인이 바람직하다고 생각하며 바람직하다고 생각하는 경향이 가장 작은 것이 일본인이라는 것이 된다. 아울러 모두 '어느 쪽이라고 말할 수 없다'의 중간치 3.0보다도 유의하게 작기 때문에($\alpha=0.05$), 또한 3개국 사이의 차이는 그다지 크지 않기 때문에 3개국 모두 '조정제도의 이용'을 어느 쪽이라고 하면 바람직하다고 생각하고 있는 점에서 유사하다고 정리할 수 있을 것이다.

질문 17의 전기점 수리사건에서는 평균치 1.46의 중국이 평균치 1.52의 일본 및 평균치 1.61의 미국의 등질 서브그룹과 비교되었다(α=0.05). 즉 중국인 쪽이 일본인이나 미국인보다도 '조정제도의 이용'을 바람직하다고 생각하고 있는 것이 된다. 그리고 중국인과 일본인의 사이에서는 차이가 없다. 아울러 모두 '어느 쪽이라고 말할 수 없다'의 중간치 3.0보다도 유의하게 또한 매우 작기 때문에(α=0.05), 3개국 모두 '조정제도의 이용'을 바람직하다고 생각하고 있다.

질문 18 교통사고사건에서는 평균치 1.54의 일본이 평균치 1.94의 미국 및 평균치 1.99의 중국의 등질 서브그룹과 비교되었다(α=0.05). 즉 일본인 쪽이 미국인이나 중국인보다고 '조정제도의 이용'을 바람직하다고 생각하고 있는 것이 된다. 그리고 미국인과 중국인 사이에서는 차이가 없다. 아울러 모두 '어느 쪽이라고 말할 수 없다'의 중간치 3.0보다도 유의하게 또한 매우 작기 때문에(α=0.05), 3개국 모두 '조정제도의 이용'을 바람직하다고 생각하고 있다.

이상과 같이 미일중의 3개국에서 친구 간 금전대차 트러블(계약)에서의 '조정제도의 이용'은 어느 쪽이라고 하면 바람직하다는 것이 되고, 전기점 수리 트러블(소비자) 및 교통사고(불법행위)에서는 '조정제도의 이용'이 바람직하다고 되어 있다. 역으로 말하면 '조정제도의 이용'을 바람직하다고 하는 경향은 특수일본적이지도 특수아시아적이지도 않고 3개국에 공통된 경향임을 할 수 있다.

□ 법원에 제소하는 것

여기서는 '법원에 제소하는 것' 즉, 제소에 대한 평가를 묻고 있다. 일본에서는 재판회피의 경향이 지적되고 찬부 논의를 일으키고 있다. 한편 미국에서는 '소송선호사회(litigious society)'라는 논의가 있다. '법원에 제소하는 것'을 바람직하다고 생각하는지 바람직하지 않다고 생각하는지에 대한 회답분포는 〈도13〉, 〈도14〉 및 〈도15〉이다. 현저한 것은 3개 질문 모두 일본이 '모르겠다'라고 답한 자가 매우 많은 점이다. 3개 질문 모두, 특히 질문 17과 질문 18에서 중국인과 미국인의 회답패턴이 유사한 것도 지적할 수 있을 것이다.

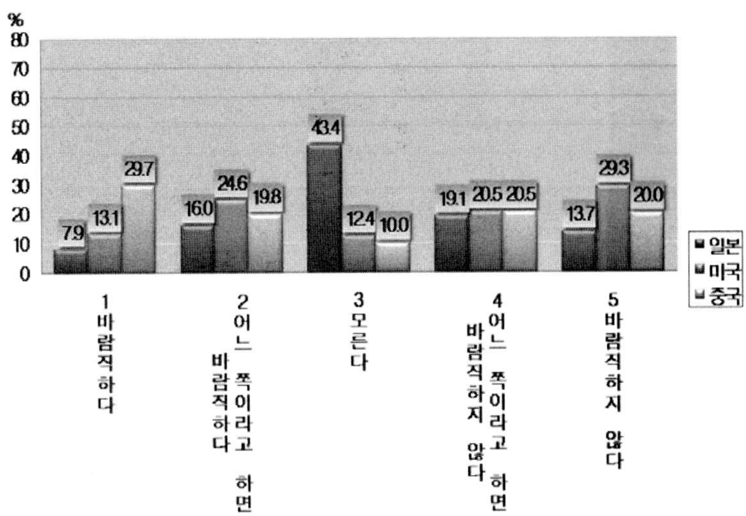

<도13> 친구 간 금전대차사건에서 '법원에 제소'(질문 16-마)

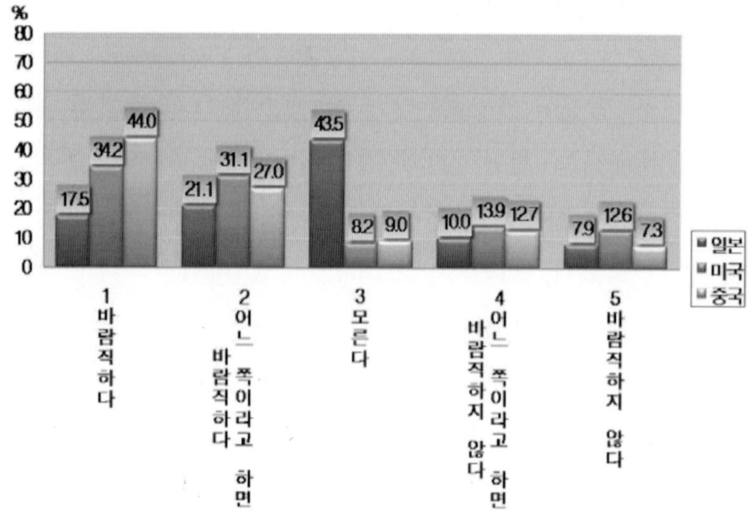

<도14> 전기점 수리사건에서 '법원에 제소'(질문 17-마)

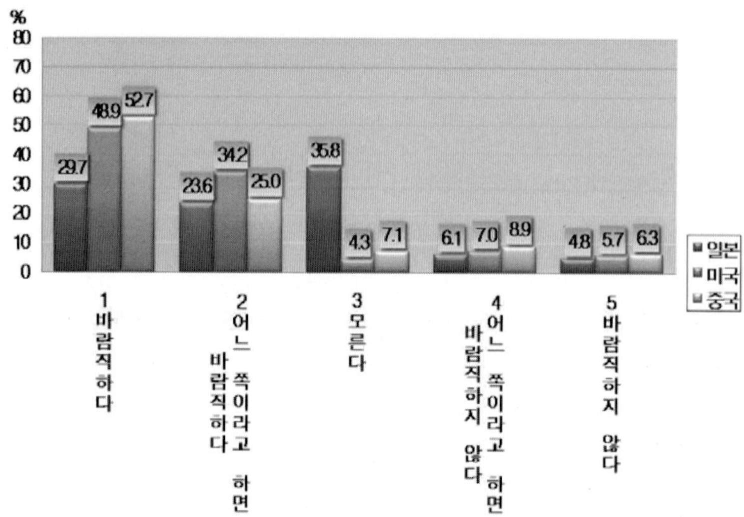

<도15> 교통사고사건에서 '법원에 제소'(질문 18-마)

회답을 1에서 5의 연속척도로서 분산분석을 하고 3개국을 비교한 경우, 질문16 친구 간 금전대차사건에서는 평균치 2.81의 중국이 평균치 3.15의 일본과 평균치 3.28의 미국의 등질 서브그룹과 비교되었다(α=0.05). 즉 중국인이 '법원에 제소하는 것'을 어느 쪽이라고 말하면 바람직하다고 생각하고, 일본인과 미국인은 '어느 쪽이라고 말하면 바람직하지 않다'는 정도로 생각하는 것이 된다. 아울러 '어느 쪽이라고 할 수 말할 수 없다'의 중간치가 3.0보다도 중국은 유의하게 작고 일본과 미국은 유의하게 크다(α=0.05). 일본인의 '재판기피'를 검증하는 결과로도 볼 수 있지만, 통계적으로 유의하다고 하여도 '모르겠다'에 대응하는 3.0과의 차이는 0.15로 근소할 뿐인 점, 그리고 '소송선호'로서 일본과 대극이라고 하는 미국인이 일본인 이상으로 '법원에 제소하는 것'을 바람직하지 않다고 생각하는 점, 나아가 중국인은 역으로 오히려 바람직하다고 생각하고 있는 점 등에 비추어 보면 일본의 특수성이나 아시아의 특질에 언급하는 전통적인 이론과는 정합적이지 않은 결과로 보는 쪽이 순리에 맞을 것이다.

질문 17 전기점 수리사건에서는 평균치 2.12의 중국과 평균치 2.40의 미국과 평균치 2.70의 일본이 각각 구별되었다(α=0.05). 즉 중국인이 '법원에 제소하는 것'을 가장 바람직하다고 생각하고, 다음으로 미국인이 바람직하다고 생각하며 바람직하다고 생각하는 정도가 가장 작은 것이 일본인이라는 것이 된다. 아울러 모두 '어느 쪽이라고 말할 수 없다'의 중간치 3.0보다도 유의하게 작기 때문에($\alpha=0.05$), 3개국 모두 '법원에 제소하는 것'을 어느 쪽이라고 하면 바람직하다고 생각하고 있다.

질문 18 교통사고사건에서는 평균치 1.87의 미국과 평균치 1.91의 중국이 등질 서브그룹을 형성하고, 평균치 2.33의 일본이 구별되었다($\alpha=0.05$). 즉 미국인과 중국인 쪽이 일본인보다도 '법원에 제소하는 것'을 바람직하다고 생각하고 있는 것이 된다. 그리고 미국인과 중국인 사이에서는 차이가 없다. 아울러 모두 '어느 쪽이라고 말할 수 없다'의 중간치 3.0보다도 유의하게 작다($\alpha=0.05$). '법원에 제소하는 것'을 일본인은 어느 쪽이라고 말한다면 바람직하다고 생각하고, 미국인과 중국인은 바람직하다고 생각하고 있는 것이 된다.

이상과 같이 질문 16 친구 간 금전대차사건에서의 미국인과 일본인의 경우 이외에서는 미일중의 3개국에서 '법원에 제소하는 것'은 어느 쪽이라고 말하면 바람직하다 내지 바람직하다고 되어 있다. 이렇게 보면 일본인은 소송기피적이라는 주장은 사실에 입각한 것이 아니라고 말하지 않을 수 없다고 생각한다. '모르겠다'라고 회답하는 자가 매우 많은 점에서 말할 수 있는 것은 일본인에게 있어서 재판이 '먼 존재'이고 잘 모른다고 겨우 말할 수 있을 뿐이라는 것이 아닐까 한다. 또한 친구 간 금전대차사건에서는 '법원에 제소하는 것'을 미국인이 가장 바람직하지 않다고 생각하고 있고, 미국인은 소송선호적이라는 주장도 반드시 사실에 입각한 것이 아니라고 말하지 않을 수 없음을 알 수 있다. 오히려 질문 16이 다른 사례와 다르다고 한다면, '친구'를 법원에 제소하는 것에 대해 미국인도 일본인도 바람직하지 않다고 생각하는 경향이 있고, 중국인에게는 그것이 없다고 해석할 수 있을 것이라고 생각된다.

□ 법률가, 조정, 재판

일본인이나 중국인은 재판보다 조정을 선호하고 미국인은 재판선호라는 전형적인 평가는 어떠할까. 이 점을 다시 한 번 데이터로 정리해 두겠다.

우선 조정과 재판 사이의 바람직함의 평가에 어떠한 차이가 있는지 보도록 하겠다. 그것은 다음의 〈도16〉의 조정과 재판에 표시되어 있다. (라)는 '조정제도의 이용'에 관한 질문이고, (마)는 '법원에 제소하는 것'에 관한 질문이며 수치는 작을수록 바람직하다고 생각하고 있는 것이 된다(3.0이 '모르겠다'에 대응한다).

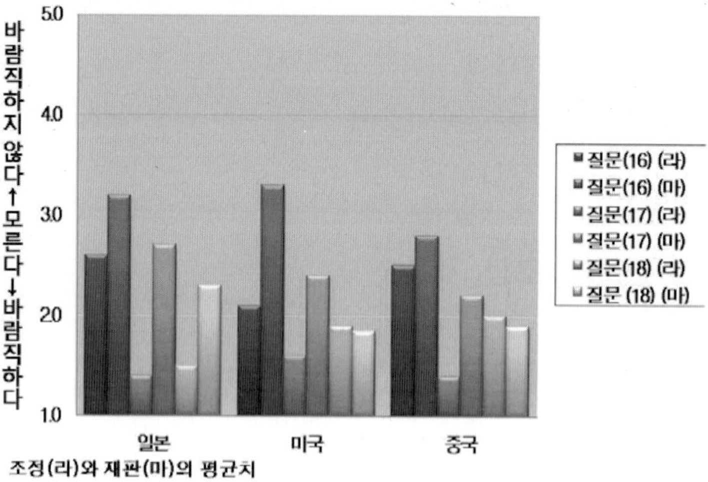

<도16> 조정과 재판

'조정제도의 이용'보다도 '재판에 제소하는 것' 쪽을 바람직하다고 하는 회답은 질문18 교통사고사건에서의 중국인과 질문18 교통사고사건에서의 미국인만이고(단, 미국인의 질문 18의 〈라〉와 〈마〉와는 유의한 차이가 없다), 그 밖은 모두 3개국에서 '조정제도의 이용' 쪽을 '재판에 제소하는 것'보다도 바람직하다고 답하고 있다. 특히 일본인은 일관되게 '조정제도의 이용' 쪽을 '재판에 제소하는 것'보다도 바람직하다고 하고 있다. 종래 일본인은 조정 쪽을 재판보다도 바람직하다고 한다고 말해졌는데, 이것은 일면에서는 이 조사의 데이터로 검증되어 있다고 말할 수 있지만, 반면으로 조정 쪽을 재판보다 바람직하다고 하는 것은 특히 일본인에게 특수한 경향이 아니고 중국

인이나 미국인에게도 보여지는 경향이며, '일본인의 특징'이라고 부를 수 없다.

'법률의 전문가에게 상담'과 '조정제도의 이용'의 관계에 대해서는 다음의 〈도17〉의 법률전문가와 조정이 보여주고 있다. (다)는 '법률전문가에게 상담'에 대한 질문이고, (라)는 '조정제도의 이용'에 대한 질문이다.

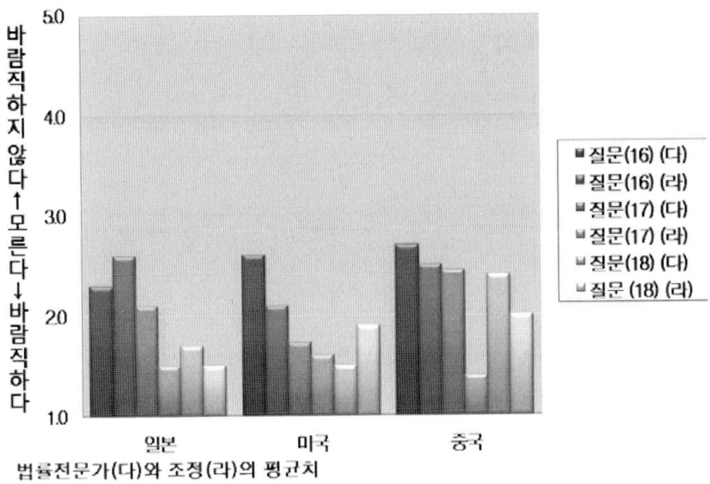

<도17> 법률전문가와 조정

'조정제도의 이용'보다도 '법률전문가에게 상담' 쪽이 바람직하다고 하는 것은 질문 16 친구 간 금전대차사건의 일본인과 질문 18 교통사고사건에서의 미국인만이고, 그 밖은 모두 '법률전문가에게 상담'보다도 '조정제도의 이용' 쪽이 바람직

하다고 회답하고 있다. '법률전문가에게 상담'보다도 먼저 '조정제도의 이용'을 시도하는 것이 바람직하다는 발상은 미일중에서 일반적인 것이라고 할 수 있지만, 이것도 특수 일본적이지도 특수 아시적이지도 않다고 말하지 않을 수 없을 것이다.

제3 _ 구체적 분쟁행동에 대한 법의식의 미일중 패턴 - 정리

상기 제2의 결과를 이 장 모두의 과제설정에 대응하는 형태로 정리해 보겠다.

우선 ①일본인은 재판보다도 조정을 바람직하다고 생각하는가?에 대해서는 확실히 일본인은 질문 16 친구 간 금전대차사건, 질문 17 전기점 수리사건, 질문 18 교통사고사건 모두에서 일관되게 '조정제도의 이용' 쪽을 '재판에 제소하는 것'보다고 바람직하다고 생각하고 있다. 그러나 '조정제도의 이용' 쪽을 '재판에 제소하는 것'보다도 바람직하다고 생각하는 경향은 중국이나 미국에서도 보이고 특수 일본적이지도 특수 아시아적이지도 않다.

②일본인은 변호사와의 상담보다도 조정을 바람직하다고 생각하는가?에 대해서도 '법률전문가에게 상담'보다도 먼저

'조정제도의 이용'을 시도하는 쪽이 바람직하다는 발상은 미일중에 일반적인 것이라고 하나, 이것도 특수 일본적이지도 특수 아시아적이지도 않다고 말하지 않을 수 없을 것이다. 게다가 질문 16 친구 간 금전대차사건에서는 일본인은 역으로 '조정제도의 이용'보다도 '법률전문가에게 상담' 쪽이 바람직하다고 생각하고 있다.

③일본인은 재판이용을 바람직하지 않다고 생각하는가?에 대해서는, 질문 16 친구 간 금전대차사건에서의 미국인과 일본인의 경우 이외에서는 미일중의 3개국에서 '법원에 제소하는 것'은 어느 쪽이라고 말한다면 바람직하다 내지 바람직하다고 되어 있다. 이와 같이 본다면 일본인은 '재판에 제소하는 것'을 반드시 바람직하지 않다고 생각하고 있는 것이 아님을 알 수 있다. '모르겠다'고 회답하는 자가 매우 많은 것은 일본인에게 있어서 재판이 '먼 존재'이고 잘 모르겠다고 겨우 말할 수 있을 뿐이라는 것이 될 것이다.

④일본인이나 중국인보다도 미국인은 재판을 바람직하다고 생각하는가?에 대해서는, 질문 16 친구 간 금전대차사건에서는 '법원에 제소하는 것'을 미국인이 가장 바람직하지 않다고 생각하고 있고, 미국인은 소송선호하는 주장도 반드시 사실에 맞는 것이 아니다. 오히려 중국인 쪽이 일관되게 '재판에 제소하는 것'을 바람직하다고 답하고 있고('모르겠다'에 대응하는 3.0보다도 평균치가 작다), 재판에 제소하는 것을 3개국 중에서 가장 호의적으로 받아들이고 있다.

⑤미일중 사이에서 법의식은 어떻게 다른가에 대해서 검토하기 위해 일단 평균치 차이의 대소를 무시하고 통계적으로 유의한지의 여부만으로 '바람직함' 정도의 3개국 순서를 비교하여 본다. 그렇게 하면 중국 · 미국이 등질 서브그룹을 형성하고 일본과 구별되는 경우(질문 16-가, 질문 16-다, 질문 18-라, 질문 18-마), 일본 · 미국이 등질 서브그룹을 형성하고 중국과 구별되는 경우(질문 17-가, 질문 18-가, 질문 17-라, 질문 16-마), 3개국이 각각 구별되는 경우(질문 16-나, 질문 17-다, 질문 18-다, 질문 16-라, 질문 17-마) 및 일본과 중국이 구별되고 미국은 양국과 구별되지 않는 경우(질문 17-나, 질문 18-나)의 조합이 나온다. 즉 '동양 대 서양'이라거나 '근대화의 정도' 등의 단순한 축으로 3개국을 구별하는 것은 불가능하다. 오히려 각자 다르다고 해야 할지도 모른다. 단, 통계적으로는 유의한 차이가 발생하여도 평균치의 값은 3개국 사이에서 유사한 경우가 많고, 또한 회답분포도 많은 경우에 3개국 사이에서 매우 유사한 경우가 많기 때문에 본건 조사의 회답을 보는 한, 미일중의 법의식은 3개국 사이의 상이점보다도 오히려 유사성 쪽이 눈에 띤다고 말해야 할 것이다.

이상과 같이 법에 대한 일반적인 이미지로서의 법의식에 대해서는 둘째치고, 이 장에서와 같이 구체적인 분쟁사안에서의 구체적 분쟁행동에 대한 평가를 물은 법의식의 경우, 미일중 사이에서는 그다지 큰 차이는 볼 수 없다는 결론이 된다. 그리고 미세한 차이까지 주목한다면, 미국인 쪽이 전형적인 경우에서의 일본인적인 회답패턴을 보여주는 경우도 있다. 그리고 중국인 쪽이 전형적인 경우에서의 미국인적인 회답패턴을 표시하는 경향이 보인다.

[太田勝造 · 岡田幸宏]

제 5 장

계약을 지키는 마음

제1 _ 분쟁과정에서의 계약준수의식

계약준수의식이 계약내용의 이행에 따라 정면에서 시험되는 장면의 하나가 장기계약의 예이다. 장기계약은 그 계약기간이 길고 거기에 계약자를 둘러싼 사정이 변화할 개연성이 높으며 그 점에서 "계약이기 때문에 지켜야 한다"인지 "계약보다도 실리를 우선해야 한다"인지 라는 가치관의 대립이 발생하기 쉽다고 생각한다. 계약규범이 의식으로 올라오는 것은 전형적으로는 그 분쟁시이다. 법사회학에서의 분쟁이론모델에 위스콘신 모델로 불리는 분쟁전개모델이 있다.[56] 이 모델에

56) 위스콘신 모델에 대해서는, Felstiner, W.L.F, et al.,(1981) "The Emergence and Transformation of Dispute", Law & Society Review, vol.15, Vos. 3-4, pp.631-54. 소개와 이 모델에 기한 조사에 대하여, 和田安弘, 法と紛爭の社會學, 世界思想社, 1994.

따르면 먼저 '침해 · 피해의 인지'가 되고 '귀책'(=이것은 ○○○씨 때문이다), '청구'(=○○○씨에게 손해/손실을 보상받는다), '상대방 청구의 거부'(=그런 건 지불하지 못한다고 들었다), '재청구'(=그건 이상하다, 역시 받아야 한다)라는 프로세스를 거쳐 비로소 분쟁상태로 불리는 정황이 나타나면 분쟁과정은 모델화된다. '피해를 인지'하지 않으면 애당초 분쟁 등이 발생할 수 없다는 것이 이 모델에서 분쟁과정을 기술하는 이점의 하나인데, 그 후에도 '귀책'이 없으면 분쟁상대 자체가 존재하지 않고 최초의 '청구' 단계에서 청구된 측이 응해버리면(계약해제, 손해배상이나 손실보전 등) 일단 분쟁상태는 정리되고 그 이상 분쟁은 전개하지 않는 것이다.

그 분쟁과정에서 다투어지고 있는 것은 계약에 관한 이해만이 아니다. 자신의 주장을 정당화하는 계약규범의 내용 자체가 다투어지고 있다. 아무튼 어느 정도 이러한 계약규범에 준거하여야 하는가의 판단, 그리고 그것을 준수하여야 하는가의 판단은 이러한 분쟁의 전개과정에 크게 영향을 받는다는 것은 충분히 생각할 수 있는 것이다. 그렇다면 계약을 지키는 마음=계약준수의식은 분쟁과정에 의해 변화하는 것이다.

계약을 둘러싼 무엇인가의 트러블에 직면하고 계약준수에 장해가 발생하여도 계약이니까 어떻게 해서든 지켜야 한다는 판단이나, 계약내용에 어긋나도 자기이익을 주장하여야 한다는 판단, 나아가 그러한 판단이나 태도에 대한 평가를 규정하는 요소는 두말할 필요 없이 다채롭다. 상대와의 인간관계나 그 계약에 걸려 있는 이익의 크기, 트러블의 과정에서 발생하게 될 '자존심'이나 '긍지'에 대한 고집 등이다. 케이스 바이 케이스로 이러한 태도나 평가가 다른 것이 상식에도 맞는 타당한 사고방식일 것이다.

이 장에서는 법의식국제비교연구회가 한 22개국/지역의 학생을 대상으로 한 계약의식조사 데이터를 바탕으로 계약을 지키는 마음에 대하여 생각하여 보려는 것이다. 이 조사에서는 분쟁사례를 국제적인 장기계약에 의한 상거래에 한정하여 다국간 비교를 하고 있고, 이 장에서는 어디까지나 그 한정 하에서 분쟁전개과정에 응하여 계약을 지키는 마음이 변화하고 있다는 점에 국한하여 검토한다. 이 장에서 이용하는 데이터는 22개국/지역 계약의식조사 중 법학생 샘플이다. 따라서 법학부생 샘플이 없는 이집트의 데이터는 이 장의 분석에는 포함되어 있지 않다.

이 시나리오 형식으로 이루어진 학생대상의 조사와 개요는 이 책 제2장에서도 다루고 있는데, 여기서 스토리의 전개와 주질문의 관계를 도시해 놓겠다(〈도1〉). 국제시장가격의 폭락이라는 사정을 배경으로 하여 매수인인 계약내용을 준수하지 않을 뿐만 아니라 그 후 수령거부라는 실력행사에 이른 분쟁과정에서 이 조사회답자의 당사자에 대한 평가가 어떻게 움직였는지를 추적하는 것으로 분쟁과정의 움직임과 계약준수의식의 관계를 찾아 본다. 이것은 추상적 레벨에서 '계약은 사정여하에 관계없이 지켜야 한다고 생각합니까'라는 것과 같이 질문하는 것이 아니라, 어느 정도 구체적인 문맥으로 계약준수태도를 당사자에 대한 평가라는 질문을 통하여 계측하려고 한 것이다.

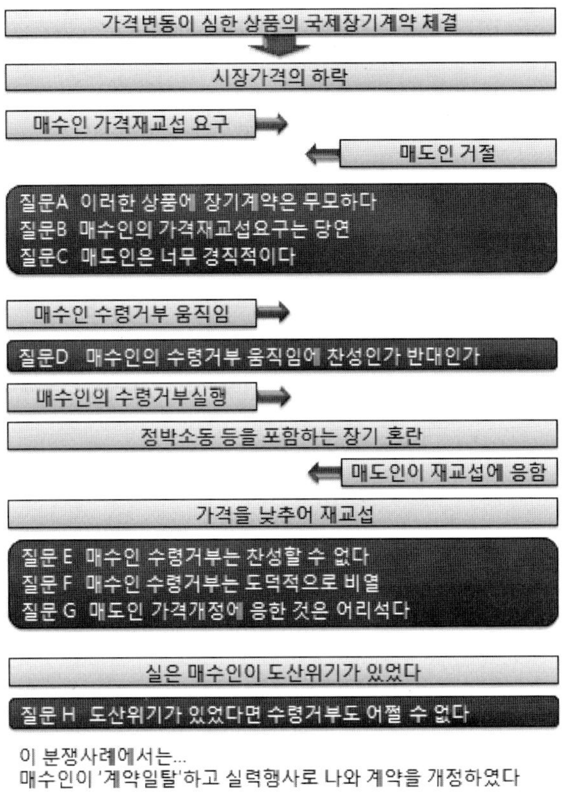

<도1> 조사표 스토리전개와 주질문

제2 _ 계약의 틀과 실력행사

주질문 중에서 매수인에 대한 평가를 분쟁의 전개로 추적해 보겠다. 질문B는 '계약개정=가격인상 신청의 거부', 질문D는 '수령거부의 태도를 보인 것', 질문E는 '수령거부=실력행사를 한 것'에 대한 매수인당사자에 대한 평가를 묻는 것이었다. 질문F는 질문E와 동일하게 '수령거부=실력행사'에 대한 매수당사자에 대한 평가인데, 그것이 '비열'한지의 여부라는 도덕적 측면에 초점을 맞춘 질문방법을 택하고 있다.

이에 먼저 질문B, D, E에서 분쟁의 전개과정에 의한 매수인 평가의 변화를 개관하고, 나아가 실력행사에 대한 평가가 도덕적인 평가(질문F)와 어떻게 다른지를 다음으로 관찰한다.

〈도2〉는 질문B, D, E의 회답평균치를 조사국/지역 별로 일람할 수 있도록 표현한 그래프이다. 먼저 질문B와 D에 착안하면, 어느 조사국/지역에서도 예외 없이 계약준수를 지향하는 방향으로 회답이 변화하고 있는 것을 잘 알 수 있다. 게다가 척도의 중앙치인 3.0을 끼고 이동하고 있는 것은 주목할만한 점이다. 계약개정교섭에서 수령거부라는 실력행사 수단을 끌어내는 것에 대해 어느 나라에서도 계약룰 위반이고 시인할 수 없다고 생각하고 있다고 보아도 좋을 것이다. 계약의 틀 내에서의 가격개정교섭에 대한 시인과 '계약일탈에 대한 위협'에 대한 부정적 평가는 조사국/지역에서 거의 공통되어 있는 것이다. 질문B와 질문D의 차이의 절대치는 최소 인도의 0.33에서 최대 멕시코의 1.33 사이에 분포되어 있다.

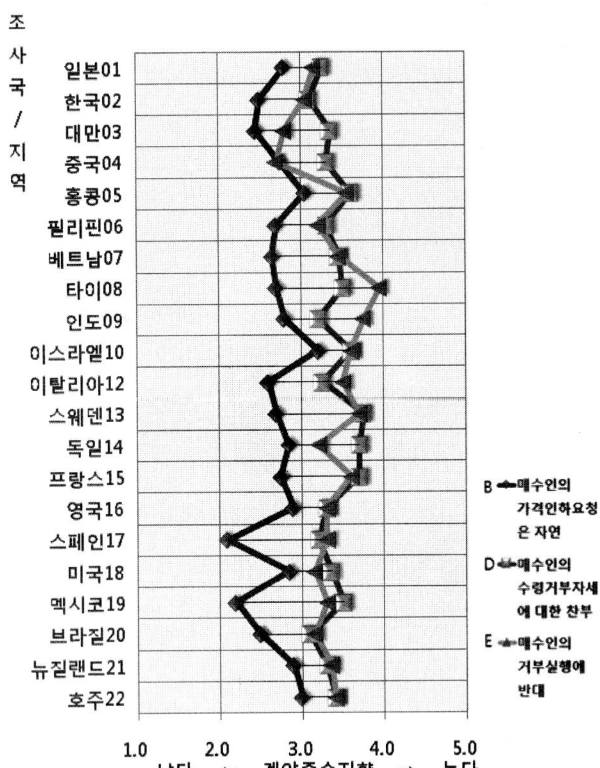

<<u>도2</u>> 법학생 : 조사국/지역별질문 BDE의 회답평균치

그러나 '수령거부의 태도'를 보인 단계(질문D)와 '수령거부실행 후'(질문E)를 비교하여 보면 조사국/지역에 의해 차이가 보이는 것을 알 수 있다.

일본, 한국, 홍콩, 필리핀, 베트남, 스웨덴, 프랑스, 영국, 미국, 멕시코, 호주는 질문E 쪽이 회답평균치가 낮지만, 그 차이는 그다지 크지 않다(모두 차이의 절대치가 0.2를 넘지 않는다).[57] 이스라엘, 이태리, 스페인, 브라질, 뉴질랜드는 질문E 쪽이 회답평균치가 높지만, 역시 그 차이는 그다지 크지 않다. 이들 나라/지역에서는 수령거부하겠다는 것을 표명한 단계에서 계약을 지켜야 한다는 방향으로 평가가 움직이고, 그 태도는 실력행사를 실시한 단계 이후에도 유지되어 있다고 말할 수 있다.

이에 대해 대만, 중국, 독일에서는 실력행사 실행 후의 매수인에 대한 평가가 계약준수지향이 약한 방향으로 움직이고 있다. 역으로 태국과 인도에서는 실력행사 실행 후에 매수인에 대한 평가가 계약준수지향이 강한 쪽으로 움직이고 있다. 전자의 경우에는 실력행사로 호소하지 않으면 안된다는 점을 매수인에게 동정적으로 평가하고 있는 것일지도 모르고, 후자의

---

57) 척도의 값이 1.0에서 5.0으로 그 범위(렌지)가 4.0이기 때문에 그 5%인 0.20을 여기서는 기준으로 사용하였다. 번잡함을 피하기 위해 또한 샘플수가 크기 때문에 평균치 차이의 검정은 그 절대치가 작아도 유의하게 되기 때문에 이 장에서는 평균치 차이의 검정은 제시하지 않았다. 이 조사 데이터의 각종 검정을 포함한 상세는 藤本亮(法意識國際比較研究會), 2 2 ヵ國/地域靈藥意識基本報告書, 名古屋大學法政論集196호, 2003을 참조.

경우에는 위협을 가한 것만으로도 용서하기 힘든데 실제로 수령거부하는 것은 더욱더 용서할 수 없다는 태도가 표시되어 있다고 생각할 수 있을 것이다. 이것은 계약이라는 틀을 중심으로 한 당사자 간의 관계성이 어떻게 파악되었는지에 의해 차이가 나온 것이라고 파악할 수 있는 흥미로운 논점이다.

단, 스토리의 전개를 보면 이 실력행사 실행 후의 매수인에 대한 평가의 질문은 가격을 낮추어 재계약한 후에 질문이 놓여 있다. 재교섭을 거쳐 매도인도 가격인하에 합의한 후의 단계에서의 질문인 점이 영향을 주고 있을 가능성이 있다. 즉 매수인이 계약일탈을 하여도 결국 매도인도 포함하여 다시 '계약의 틀'내에서의 교섭을 한 후에 말하자면 계약질서가 회복된 후에 회고적으로 수령거부의 상황을 평가하고 있는 것이 된다. 이 점에 대하여 실력행사 직후도 포함하여 좀 더 자세하게 매수인에 대한 평가의 움직임을 밝혀낼 과제가 남아 있음을 기록해 두겠다.

제3 _ 법적 판단과 도덕적 판단

다음으로 수령거부 실행에 반대하는지 어떤지(질문E)와 매수인은 비열하다(질문F)에 대한 평가를 비교하여 보자. 모든 조사국/지역에 대해 매수인은 비열하다는 질문F에 대한 회답평균치는 질문E의 실력행사에 대한 평가보다도 낮다. 대만과 필리핀과 멕시코에서 그 차이가 작은 점이 눈에 띠지만, 그 밖의 나라에서는 차이의 절대치가 0.3 부분에서 0.7 부분으로 분포되어 있다(〈도3〉).

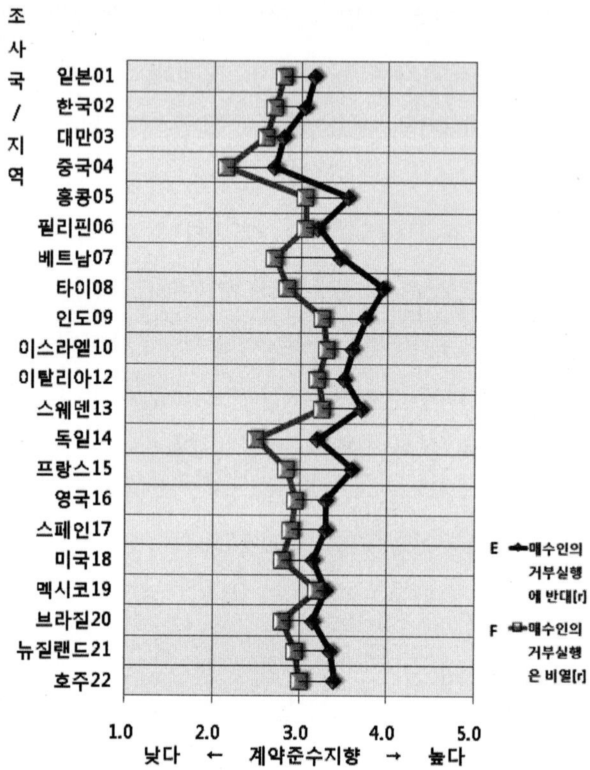

<도3> 법학생 : 조사국/지역별질문 EF의 회답평균치

'비열하다'라는 상당히 심한 수사를 사용하고 있는 것에서도 영향을 받고 있을 가능성이 있고, 대비할 질문E의 표현이 반드시 법적인 관점에서의 질문이라는 것이 명료하지 않았을지도 모른다. 그러나 계약질서를 일탈한 행위 자체에 대한 평가와 그러한 주체에 대한 도의적 평가와는 이 조사의 한도에서 명확히 분별되어 있는 경향을 찾을 수 있다. 계약규범에 대하여 사람들이 어느 정도 합리적으로 도덕적 규범과는 구별하고 있다고 말할 수 있을 것이다.

제4 _ 도산위기에 직면한 수령거부의 평가

그러면 스토리에서는 매수인에게 있어서 국제시장가격의 폭락에 의한 손실이 예상될 뿐만 아니라 실은 그에 따라 도산위기에 직면해 있었다는 정보를 개시하여 재도 회고적으로 수령거부라는 실력행사에 관한 매수인에 대한 평가를 묻는 질문이 계속된다(〈도4〉).

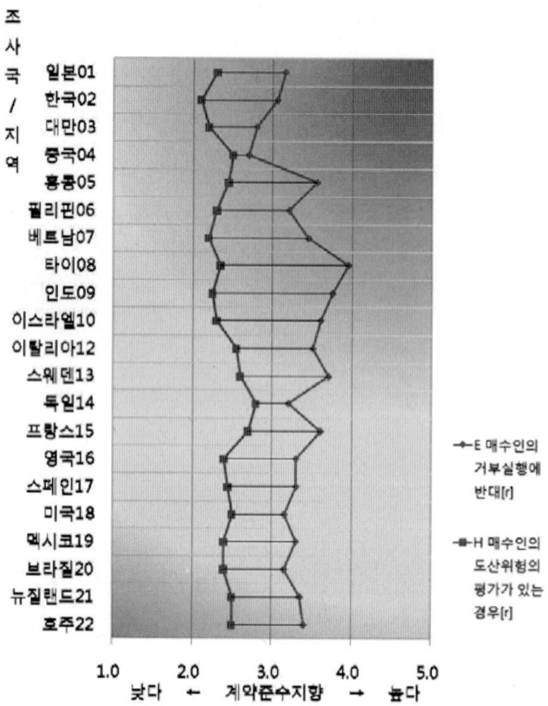

<도4> 법학생 : 조사국/지역별질문 EH의 회답평균치

여기서 보듯이 매수인이 도산위기에 봉착한 것을 사후에 개시한 후의 질문H에서는 중국을 제외하고 회답은 계약을 준수하여야 한다는 경향이 약한 방향으로 움직이고 있다. 게다가 중국과 대만을 제외하고 척도의 중심 값인 3.0을 끼고 값이 변하고 있는 점에서 이 경향은 현저하다고 말할 수 있다. 도산할 처지였다면 수령거부도 어쩔 수 없다고 하는 동정적인 태도가 나타나 있다고 생각된다. 도산위기라는 중대한 사정에는 사람

들의 의식에서도 계약일탈이나 실력행사를 긍정하는 효과가 있다고 말할 수 있을 것이다. 사정 여하에 관계 없이 계약을 어떻게 해서든 지켜야 한다는 태도는 보이지 않는 것이다.

중국과 대만에서 이 평가의 움직임이 상대적으로 작은 또는 척도의 중심 값을 넘은 변화를 보이지 않는 것은 흥미롭다. 또한 앞서 본 실력행사의 태도와 실력행사 실행 후와의 사이에서도 중국과 대만은 다른 나라/지역과 다른 경향을 보이고 있었다(후자에 대해서는 독일도 같은 경향을 보이고 있었다). 여기서는 법이나 계약에 관한 사회에서의 위치가 이러한 나라/지역에서는 다를 가능성이 있음을 언급하는데 그치기로 한다.

제5 _ 매도인에 대한 평가의 움직임

매수인으로부터 매도인으로 눈을 돌려 실력행사 전후의 매도인에 대한 평가의 움직임을 보도록 하겠다. 〈도5〉는 이 차이를 그래프로 한 것이다. 수치가 높은 쪽이 계약준수에 친화적인 지향성을 보여주고 있다. 즉 질문C에서는 당초 매수인 측으로부터의 가격교섭을 거부한 매도인의 태도는 '경직적이라고 생각하지 않는다'쪽의 수치가 높다. 질문G는 값을 역전하였기 때문에 최종적으로 가격교섭에 응한 것이 '바보같다고 생각한다' 쪽의 값이 높다. 양 질문의 차이는 최소인 베트남의

-0.27에서 최대인 독일의 1.08 사이에 분포되어 있다. 이 양 질문을 비교하였을 때에 대부분의 나라에서 질문C 쪽의 값이 높은 것이 특징적이다.

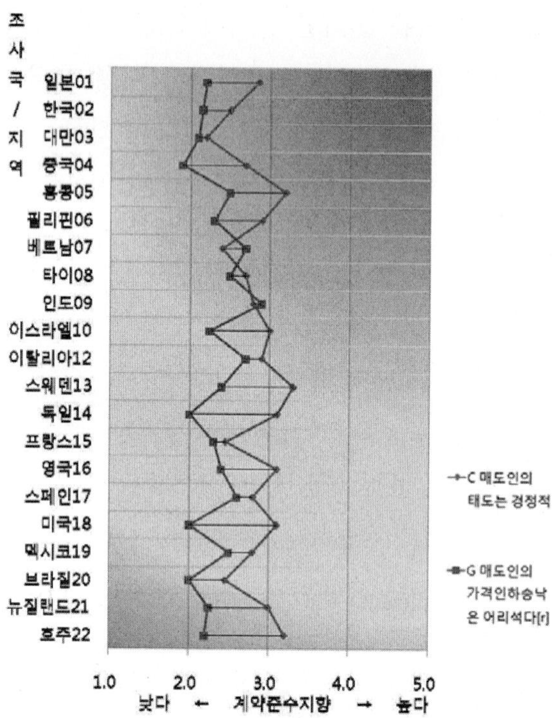

<도5> 법학생 : 조사국/지역별질문 CG의 회답평균치

질문G 쪽이 높은 값을 보이고 있는 것은 베트남과 인도만이다. 인도는 차이가 거의 없으므로 베트남만이 확실히 질문G의 단계에서의 매수인평가 쪽이 계약준수에 상대적으로 지향한 태도를 보이고 있다고 말할 수 있다.

남은 조사국/지역에서는 질문C 쪽의 값이 높고 차이의 절대치가 1.0을 넘는 것이 독일과 미국, 0.5를 넘는 것이 일본, 중국, 홍콩, 필리핀, 이스라엘, 스웨덴, 영국, 뉴질랜드, 호주이고, 0.2를 넘는 것이 태국, 멕시코이다. 그 밖의 대만, 이탈리아, 프랑스, 스페인에서는 차이가 그다지 크지 않다.

이와 같이 매도인의 평가라는 점에서는 당초 계약교섭의 틀안에서의 가격인하 교섭에 응하지 않는 단계에서의 평가이고, 매수인 측의 수령거부라는 실력행사를 포함하는 일련의 분쟁을 거친 가격인하 응낙 후의 평가 쪽이 매도인은 계약을 지켜야 한다는 계약준수에 대한 지향이 약해지고 있다고 생각된다.

양 질문의 회답이 척도의 중심 값을 끼고 움직이고 있는 조사국/지역은 홍콩, 이스라엘, 스웨덴, 독일, 영국, 미국이지만, 값이 높은 질문C의 평균 값은 스웨덴의 3.2가 최고이다. 따라서 매도인의 평가라는 이 양 질문에서는 전체적으로 계약준수 지향이 약한 회답경향이 나타나 있다. 그 점에서 생각하면, 이 질문은 계약의 틀을 벗어나려는 매수인의 실력행사의 영향보다도 오히려 상황변화를 받고 계약내용의 재교섭에는 적어도 응해야 한다는 가치관이 양 질문을 통하여 이 회답경향에는 나타나 있다고 말할 수 있을 것이다. 그래도 대부분의 조사국

/지역에서 일련의 트러블 후의 쪽이 계약준수지향이 상대적으로 낮다는 것은 그 분쟁과정이 어느 정도는 매도인의 평가에도 영향을 주고 있음을 생각하게 하는 것이다. 결국에는 가격인하에 응한다면 처음부터 응하면 좋지 않은가라고 느끼는 것은 많은 사람이 공유하는 것이고, 그러한 가치관이 조사국/지역에 공통으로 보여지고 있다고 생각하는 것도 가능하다.

단, 질문C는 '경직적'이라는 말을 사용하여 계약에 대한 매도인의 태도에 관하여 묻고 있는 것에 대해, 질문G는 '바보같다'는 약간 직접적인 말을 사용하고 있기 때문에 조사국/지역에 따라서는 영향에 대소의 차이가 있었을지도 모른다. 따라서 어느 쪽이라고 하면 후자는 약간 매도인에 대한 감정적인 반응을 끌어낸 가능성이 있다. 또한 질문G는 가격개정에 응한 후 즉 분쟁과정이 일단 종결을 보고 계약질서의 틀 내에 양당사자가 돌아온 단계이기 때문에 그 점에서는 양 질문 모두 토대를 공통으로 하고 있다. 베트남이나 인도 나아가 차이가 작은 조사국/지역에서는 이러한 점이 영향을 한 것인지도 모른다. 앞으로 분쟁 한가운데서의 매도인에 대한 평가의 움직임을 계측할 수 있는 조사를 바탕으로 보다 더 고찰하여야 할 과제일 것이다.

제6 _ 계약을 지키는 마음의 동태적 파악

계약내용 중 가격에 관해 재교섭을 신청하여도 그것은 계약질서의 범위 내라고 본다. 그러나 수령거부를 교섭 내에서 제시하면 찰나에 그 평가가 '계약을 지켜라'는 방향으로 크게 움직이고 있다. 이 경향은 조사국/지역에 관계없이 현저하였다. 실제로 수령거부를 하면 계약질서로 돌아가야 한다는 태도가 보다 강하게 나오는 경향을 보이는 나라/지역이 소수 보이는데, 전체적으로는 그 '계약을 지켜라'는 태도는 유지되어 있다.

도산의 위기를 개시하면 '지켜야 한다'는 태도는 약해지고 사정에 따라서는 계약을 지키지 않고 실력행사로 나가는 것마저 시인하는 경향이 약간 보이는 것이다. 이것은 우리들의 상식적인 이해와도 합치한다고 말할 수 있다.

또한 수령거부를 한 매수인에 대한 도의적 평가를 물은 경우, 경향으로서 회답이 약간 계약을 지키지 않아도 좋다는 방향으로 움직이고 있었다. 우리들이 계약을 둘러싼 상황을 적어도 어느 정도는 도덕적인 문맥과는 다른 합리적인 법적 문맥으로 생각하고 있는 방증이 될 것이다.

또한 중국과 대만이 다른 나라/지역과 다른 회답경향을 보이는 경우가 많았고, 이 점에서 일본을 포함하는 동아시아의 사회가 균일적인, 구미와 대조적인 계약의식을 갖고 있다고는 말할 수 없다. 사회나 문화 사이에서 법이나 계약에 대한 태도나 사고방식이 다른 것도 역시 확실하고, 다국 간 문화비교의 의의는 결코 작지 않다고 생각된다. 매도인에 대한 평가의 움직임도 포함하여 일본은 오히려 다른 구미제국과 유사한 경향을 보이고 있는 경우가 많았던 것이다. 일본사회를 보여주는 경우가 많았던 것이다. 일본사회의 특징을 법의식 · 계약의식으로부터 명확히 하려는 경우, 보다 다면적인 문맥으로 그 이동을 끌어내는 것이 필요하다.

이와 같이 계약을 지켜야 한다고 하는 의식은 반드시 고정적인 것은 아니다. 뒤돌아보면 우리들의 일상생활 상의 의식이나 태도도 반드시 고정화 된 것은 아니고 상대방이 어떻게 나오는가 등에 의해 크게 좌우되고 있다. 거기에서 생각하면, 사회적인 제도로서의 계약에 대한 의식도 또한 동태적으로 파악해 가는 것이 중요하다. 이 점에서 말한다면 "구미사회의 사람들과 비교하여 일본인은 계약을 지키지 않는다", "아니 일본 이외의 동아시아제국에서는 계약을 지킨다는 발생 자체가 결락되어 있으므로 주의하여야 한다"는 등의 소위 정태적인 문제구성만으로는 보이지 않는 문화나 사회의 차이도 또한 확실히 보인다는 것을 강조하며 논의를 끝내도록 하겠다.

[藤本亮]

제 6 장

권위주의적 개성과 법의식

제1 _ 서

'법의식국제비교조사'에서는 조사항목 중에 미국(나찌스 정권을 피해 이주)의 사회학자 아도르노 T.W.가 1950년에 발표한 개성(personality)척도 'F 스케일' 중에서 "'힘'에 대한 지향도"를 측정하는 5항목이 포함되어 있다. 이것은 '법'이 실사회에서 유효성을 가질 수 있는 것은 궁극적으로는 국가권력에 의한 강제가 작용하고 있기 때문이라는 것을 생각하면, 개인의 권력적인 것에 대한 태도는 '법(또는 계약)'을 존중하고, 그것을 지키려고 생각하는 태도와 관계된다고 생각되기 때문이다.

권위에 대해 무조건으로 복종하고, 동조하는 경향을 가진 인격을 '권위주의적 인격'이라고 하는데 아도르노를 중심으로

한 그룹이 태도 스케일이나 개성 스케일을 작성하고, 비로소 실증적인 연구에 손을 대었다. 이 중에서 'F스케일'은 제2차 세계대전 후의 미국사회에서도 "파시즘이 강력한 또는 큰 사회운동이 된 경우에 그것을 간단히 받아들일 것 같은 사고방식을 가진 사람을 용이하게 찾아내었던" 것을 받아 '국민 파시즘 지향을 계측하기 위해 설계한 종합적 다면적인 설문군'[58]이다. F스케일 득점이 높은 사람일수록 인습주의, 권위에 대한 복종, 권위주의적 경향이 강하고, 사고나 감정이라는 내적 가치보다도 외적 가치에 지배되기 쉽다고 되어 있다. 스케일에 관한 전문적인 분석의 결과, 그 평가는 이미 인정되어 있는 스케일이다.

단, '법의식국제비교조사'에서는 이 F스케일의 모든 질문항목을 사용한 것이 아니고, "'힘'에 대한 지향도" 5항목만을 사용하고 있기 때문에 여기서 측정하고 있는 개념은 'F스케일' 그 자체와 일치하는 것이 아니라 신중히 해석할 필요가 있음을 특히 강조해 두고 싶다.

또한 이러한 측정척도에서는 일반적으로 단일항목에 대한 개인의 회답을 문제로 하는 것이 아니라 스케일에 포함되는 항목의 득점을 합계하여 스케일 득점으로서 취급되는데, 여기서는 미국, 일본, 중국의 3개국 사이에서 단일항목에 대한 회답경향의 차이를 처음에 본 다음, '스케일'로서의 결합에 대해

58) 藤本亮, 契約遵守意識と權力志向, ジュリスト1096号, 64-68면, 1996.

서 검토한다.

나아가 '법의 국가에 의한 강제력', '국가기관의 공정도'에 관한 질문항목과 크로스 시켜 분석 · 검토한다.

제2 _ 질문항목

일본조사에서 사용된 질문항목은 다음과 같다. 즉,

(1) 의지가 강하면 어떠한 약점도 곤란도 극복할 수 있다.

(2) 젊은이에게 가장 필요한 것은 엄격한 규율, 확고한 결의 그리고 가족과 국가를 위해 일하고 또한 싸우려는 마음이다.

(3) 자기들의 명예에 대한 모욕은 항상 벌 받아야 한다.

(4) 우리나라가 가장 필요로 하는 것은 법이나 정책 이상으로 다수 리더, 그것도 사람들이 신뢰할 수 있는 용감하고 피로를 모르는 헌신적인 리더이다.

(5) 인간은 명확하게 강한 자, 약한 자의 2가지로 나누어진다.

이들 각 항목에 대해 '1 찬성 2 어느 쪽이라고 하면 찬성 3 어느 쪽이라고 말할 수 없다 4 어느 쪽이라고 하면 반대 5 반대' 중에서 골라 회답하게 하고 있다.

미국조사에서 이용된 영어판의 항목은 장 마지막에 제시하였다.

제3 _ 미국 · 일본 · 중국 사이의 항목별 회답경향의 비교

□ 항목1 '의지가 강하면 어떠한 약점도 곤란도 극복할 수 있다.'

일본에서는 '2 어느 쪽이라고 하면 찬성'이 37.0%, '3 어느 쪽이라고 말할 수 없다'가 36.3%였는데, 중국은 '2 어느 쪽이라고 하면 찬성'이 51.2%, 미국은 '1 찬성'이 55.4%를 차지하고 있다. 일본에서는 명확하게 찬성하는 경향이 보이지 않는데 비해, 중국과 미국에서는 명확하게 찬성하는 경향이 보인다. 단, 그 한편으로 '5 반대'라고 하는 회답자의 비율은 일본이 2.7%, 중국이 2.5%임에 비해 미국은 4.6%에 이르고 있는 것은 주목된다(〈표1〉, 〈도1〉). 최대로 단순화하여 말한다면 미국에서는 "어떠한 곤란도 약점도 극복할 수 있다"로 생각하는 경향이 강하고, 중국에서는 "전부는 아니지만 어느 정도 극복할 수 있다"고 생각하는 경향이 강하다. 일본은 "극복할 수 없다"고는 말하지 않지만 극복할 수 있는 정도는 사람에 따라 격차가 크다고 말할 수 있다.

<표1> 일본 · 중국 · 미국에서의 회답상황 (질문항목1)

	일본	(%)	중국	(%)	미국	(%)
1 찬성	192	18.3	1509	30.4	544	55.4
2 어느 쪽이라고 하면 찬성	389	37.0	2541	51.2	232	23.2
3 어느 쪽이라고 말할 수 없다	381	36.3	401	8.1	106	10.6
4 어느 쪽이라고 하면 반대	54	5.1	387	7.8	59	5.9
5 반대	28	2.7	123	2.5	46	4.6
합계	1044	99.4	4961	100.0	987	98.7
평균	2.37		2.01		1.83	
표준편차	0.93		0.96		1.14	

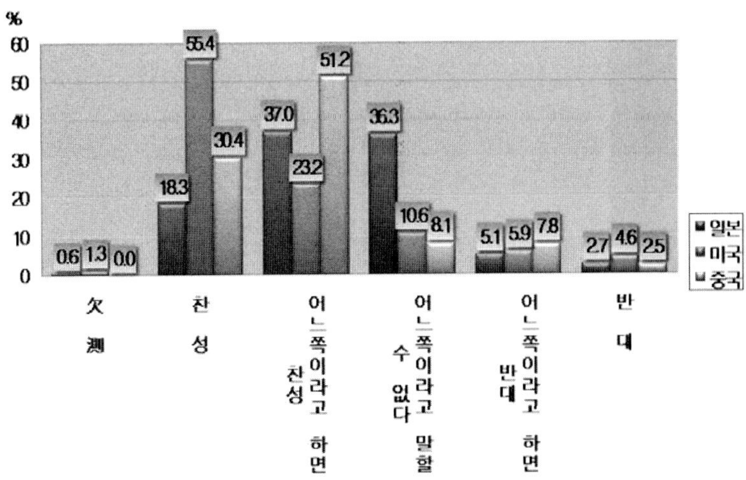

<도1> 질문항목1의 회답상황

□ 항목2 "젊은이에게 가장 필요한 것은 엄격한 규율, 확고한 결의 그리고 가족과 국가를 위해 일하고 또한 싸우려는 마음이다."

이 질문항목에 대한 회답은 다시 일본과 중국 · 미국과의 차이가 명확히 나타나 있다. 즉 일본에서는 '3 어느 쪽이라고 말할 수 없다'가 41.0%로 압도적으로 많은데 비해, 중국은 '1 찬성'이 43.7%, '2 어느 쪽이라고 말하면 찬성'이 47.8%로 합계 91.5%를 차지하고, 미국은 '1 찬성'이 53.0%를 차지하고 있지만 '2 어느 쪽이라고 하면 찬성'이 23.2%, '3 어느 쪽이라고 말할 수 없다'가 10.6%로 중국 정도의 편중은 보이지 않는다. '4 어느 쪽이라고 하면 반대'와 '5 반대'를 합하면 일본에서는 19.8%로, 중국의 3.3%, 미국의 9.0%와 비교하여 압도적으로 많다(〈표2〉, 〈도2〉).

이 질문항목은 '규율', '결의', '가족과 국가', '일한다', '싸운다'로 다의성을 갖고 있기 때문에 이 중의 일부에 '찬성' 또는 '반대'라고 생각한 경우에 '3 어느 쪽이라고 말할 수 없다'로 답하지 않을 수 없는 면이 있다. 예를 들면 '가족을 위해 일한다'에 대해서는 찬성이지만, '나라를 위해 싸운다'에 대해서는 특별히 아무 생각도 없다는 경우에는 '3 어느 쪽이라고 말할 수 없다'에 회답한다고 생각된다. 현재의 일본의 실정을 표현하고 있다고 생각되는데, 이미 말했듯이 중국조사는 1995년에 실시된 것이고, 일본조사와의 사이에 시간차가 있는 점에 유의하기 바란다.

<표2> 일본 · 중국 · 미국에서의 회답상황 (질문항목2)

	일본	(%)	중국	(%)	미국	(%)
1 찬성	138	13.1	2171	43.7	530	53.0
2 어느 쪽이라고 하면 찬성	266	25.3	2371	47.8	249	24.9
3 어느 쪽이라고 말할 수 없다	430	41.0	256	5.2	115	11.5
4 어느 쪽이라고 하면 반대	128	12.2	116	2.3	54	5.4
5 반대	80	7.6	49	1.0	36	3.6
합계	1042	99.2	4963	100.0	984	98.4
평균	2.77		1.69		1.80	
표준편차	1.07		0.76		1.08	

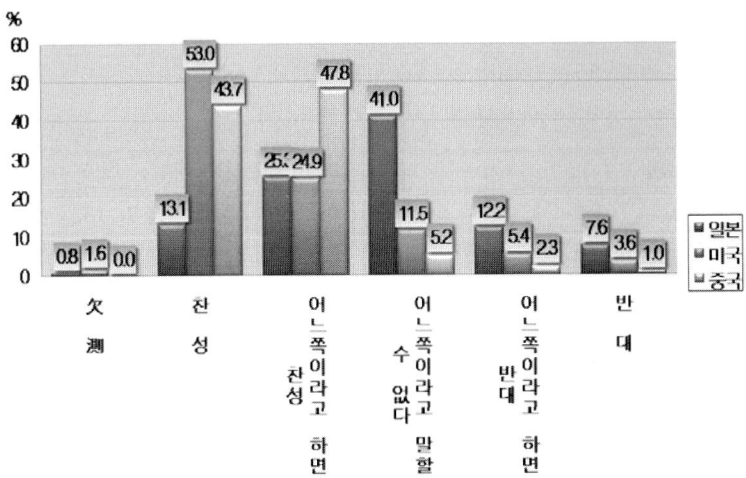

<도2> 질문항목2의 회답분포상황

□ 항목3 "자기들의 명예에 대한 모욕은 항상 벌 받아야 한다."

이 질문항목에서는 미국 · 일본 · 중국 사이에서 크게 다른 회답경향이 보인다. 일본에서는 항목1 및 항목2와 같이 '3 어느 쪽이라고 말할 수 없다'가 가장 많고 50.3%인데, 중국에서는 '1 찬성'이 55.6%로 가장 많은데 비해, 미국에서는 50%를 넘는 회답선택지는 보이지 않고, '1 찬성'과 '2 어느 쪽이라고 하면 찬성'을 합하여 33.5%, '4 어느 쪽이라고 하면 반대'와 '5 반대'를 합하면 45.9%로 2극분해하고 있다(〈표3〉, 〈도3〉).

일본의 중고형, 중국의 '찬성'에 몰리는 일극집중형, 미국의 쌍봉형으로 회답의 분포형이 나라에 따라 크게 다르다.

<표3> 일본 · 중국 · 미국에서의 회답상황 (질문항목3)

	일본	(%)	중국	(%)	미국	(%)
1 찬성	129	12.3	2759	55.6	132	13.2
2 어느 쪽이라고 하면 찬성	290	27.6	1806	36.4	203	20.3
3 어느 쪽이라고 말할 수 없다	528	50.3	291	5.9	167	16.7
4 어느 쪽이라고 하면 반대	71	6.8	52	1.0	282	28.2
5 반대	20	1.9	53	1.1	177	17.7
합계	1038	98.9	4961	100.0	961	96.1
평균	2.58		1.56		3.18	
표준편차	0.86		0.75		1.33	

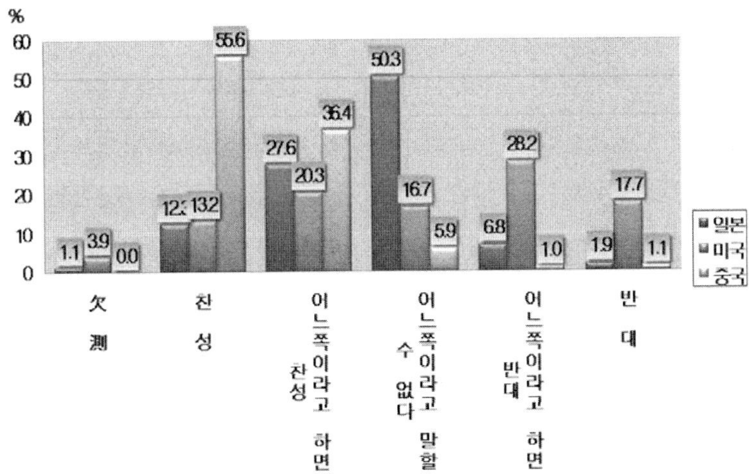

<도3> 질문항목3의 회답분포상황

□ 항목4 "우리나라가 가장 필요로 하는 것은 법이나 정책 이상으로 다수 리더, 그것도 사람들이 신뢰할 수 있는 용감하고 피로를 모르는 헌신적인 리더이다."

이 항목에서는 일본이 '3 어느 쪽이라고 말할 수 없다'에서 44.6%로 가장 많지만, 중국은 '1 찬성'(20.0%)에서 '5 반대'(19.2%)까지 회답자가 비슷하게 존재한다. 미국은 '1 찬성'에 40.7%가 가장 많고 '2 어느 쪽이라고 하면 찬성'이 26.4%로 다음으로 많다(〈표4〉, 〈도4〉).

'법'이 충분히 정비되고 그 기본적인 구조가 학교교육 중에서 오랫동안 교육을 받아 국민 전체에 퍼져 있는 미국과 일본, 이에 대해 '법'에 의한 통치의 중요성을 적극적으로 정부가 보급활동을 하고 있는 도중의 중국이라는 사회상황의 차이, 그리고 '리더'에 대한 국민의 일반적인 이미지 차이, '리더'를 고르는 절차의 차이 또한 '법이나 정책 이상으로'라는 경우의 '법이나 정책'의 수준 차이 등 여러 가지 요인이 이 결과에 반영된 것으로 생각된다.

<표4> 일본 · 중국 · 미국에서의 회답상황 (질문항목4)

	일본	(%)	중국	(%)	미국	(%)
1 찬성	169	16.1	993	20.0	407	40.7
2 어느 쪽이라고 하면 찬성	270	25.7	1292	26.0	264	26.4
3 어느 쪽이라고 말할 수 없다	468	44.6	764	15.4	98	9.8
4 어느 쪽이라고 하면 반대	80	7.6	959	19.3	91	9.1
5 반대	51	4.9	953	19.2	121	12.1
합계	1038	98.9	4961	100.0	981	98.1
평균	2.59		2.92		2.23	
표준편차	1.01		1.42		1.39	

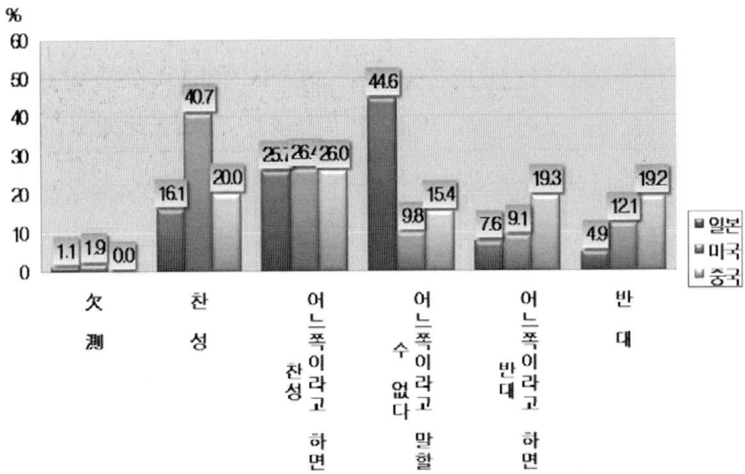

<도4> 질문항목4의 회답상황

□ 항목5 "인간은 명확하게 강한 자, 약한 자의 2가지로 나누어진다."

이 항목에서는 일본은 '3 어느 쪽이라고 말할 수 없다'가 44.3%로 가장 많지만 '5 반대'도 20.6%로 다음으로 많다. 중국에서는 '2 어느 쪽이라고 하면 찬성'이 38.2%로 가장 많고, 이에 대해 미국에서는 '5 반대'가 39.9%로 가장 많으며, 양국 모두 다른 회답은 거의 균등하게 선택되고 있다. 지금까지의 질문항목에서 일본에서는 회답이 '3 어느 쪽이라고 말할 수 없다'로 몰리는 경향이 있고, '1 찬성', '5 반대'로의 회답은 적었는데, 이에 대해 이 항목에서는 명확하게 '5 반대'로 회답하고 있는 자가 '4 어느 쪽이라고 하면 반대'로 회답하는 자(15.8%)를 상회하는 점은 특필할 만하다(〈표5〉, 〈도5〉).

이 질문은 '강한 자', '약한 자'를 구체적으로 어떠한 사람들을 회답자가 상정하였는지에 따라 회답이 달라진다. 사회적으로 놓여진 입장의 강약, 개성의 강약, 능력적 측면의 강약 등 여러 가지 면이 상정된다. 또한 어떻게 하면 좋다고 생각하는지도 포함하여 생각하지 않으면, 회답자의 진짜 마음은 알 수 없다. 예를 들면 '약한 자'가 있다고 하고 "그것은 그 사람이 갖고 태어난 운명이므로 어쩔 수 없다"고 생각하는지, "약자에 대해서는 사회 전체가 지원하여야 한다"고 생각하는지에 따라 같은 '1 찬성'에 회답하고 있어도 그 의미는 크게 달라져 버린다. 이것은 단일 항목에 대한 회답경향만을 보아서는 알 수 없는 점이다.

<표5> 일본 · 중국 · 미국에서의 회답상황 (질문항목5)

	일본	(%)	중국	(%)	미국	(%)
1 찬성	75	7.1	923	18.6	149	14.9
2 어느 쪽이라고 하면 찬성	122	11.6	1896	38.2	142	14.2
3 어느 쪽이라고 말할 수 없다	465	44.3	835	16.8	117	11.7
4 어느 쪽이라고 하면 반대	166	15.8	692	13.9	177	17.7
5 반대	216	20.6	617	12.4	399	39.9
합계	1044	99.4	4963	100.0	984	98.4
평균	3.31		2.63		3.55	
표준편차	1.13		1.28		1.51	

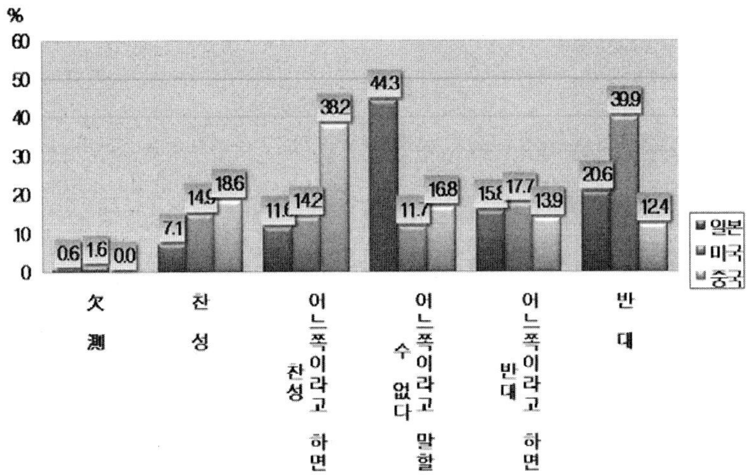

<도5> 질문항목5의 회답상황

제4 _ 스케일로서의 결합

여기서 다루고 있는 F스케일의 "'힘'에 대한 지향도"의 5항목은 원래 하나의 결합으로서 취급된다. 그러나 F스케일은 미국을 중심으로 한 서구사회에서 작성 · 검토된 스케일이고, 그것이 그대로 비서양사회에서도 성립하는 것인지에 대해서는 신중히 검토할 필요가 있다. 아도르노는 이들 5항목이 동일한 심리특성 "'힘'에 대한 지향도"를 측정하고 있다고 생각하고, 하나의 결합으로서 다루고 있지만, 그것이 비서구사회인 일본과 중국에서 동일한 결합을 보이는지 어떤지라는 점부터 여기서 재검토한다.

이러한 스케일에 포함되는 '항목의 결합'에 대해 검토함에 있어 심리학에서는 '인자분석'이라는 통계적인 방법이 사용된다. '인자분석'이란 한 결합의 복수의 질문항목에 대한 회답자의 회답패턴을 데이터로 하여, 그러한 항목에 공통으로 반영한다고 생각되는 소수의 가설적 잠재특성, 즉 인자를 추출하고 그 인자 마다 관련된 항목을 하나로서 다루는 스케일을 구성하는 방법이다. "'힘'에 대한 지향도"의 5항목이 하나의 결합이 되는지 여부를 '인자분석'을 사용하여 검토하는데, 여기서는 '인자분석'에 관한 상세는 생략한다.

'항목의 결합'에 대해 인자분석에서는 '고유치'로 불리는 지표를 계산하여 분석의 대상이 된 항목군이 몇 개의 결합으로 묶을 수 있을지를 검토한다. "'힘'에 대한 지향도"의 5항목을 미국 · 일본 · 중국의 국별로 인자분석하여 계산된 고유치는 〈표6〉에 제시하는 바와 같다. 1.0 이상의 값을 보여주는 고유치의 개로써 항목의 결합의 수(인자수)로 하는 것이 하나의 기준으로서 많이 채용되어 있다. 〈표6〉의 경우에는 일본과 미국에 대해서는 5항목이 하나의 결합으로 되어 있는데, 중국은 미국 · 일본과 달리 항목이 2개의 결합으로 나누어진다. 중국에 대해서 보다 검토하기 위해 인자부하의 값을 계산하였다(〈표7〉).

인자부하의 의미에 대해서는 생략하지만, 〈표7〉에서는 항목 1, 2, 3이 인자Ⅰ에서 큰 값을 보이고, 항목4와 5가 인자Ⅱ에서 큰 값을 보이고 있는 것을 읽을 수 있다.

<표6> 각국의 고유치

	일본	중국	미국
제Ⅰ고유치	2.091	1.644	1.924
제Ⅱ고유치	0.893	1.214	0.905
제Ⅲ고유치	0.802	0.816	0.806
제Ⅳ고유치	0.644	0.770	0.719
제Ⅴ고유치	0.569	0.556	0.646

<표7> "'힘'에 대한 지향도" 각 항목의 인자부하(중국)

항목	인자Ⅰ	인자Ⅱ
1	0.695	0.191
2	0.819	0.033
3	0.676	-0.125
4	0.040	0.774
5	0.009	0.771

이것은 일본과 미국에서는 "'힘'에 대한 지향도"를 측정하는 5항목에 대해 하나의 결합으로 스케일로서 다루어도 좋지만, 중국에서는 이것은 성립하지 않는다. 중국의 경우, '의지', '마음', '명예'라는 '정신면'을 묻고 있는 항목1, 2, 3과 '헌신적 리더', '강한 자 · 약한 자'라는 구체적인 '인간상'에 대해 묻고 있는 항목4 및 5로 나누어진다.

정리하면 일본과 미국은 5개의 항목이 하나의 결합을 형성하여 "'힘'에 대한 지향도"스케일을 구성할 수 있지만, 중국에서는 '정신면에서의 힘에 대한 지향도'와 '강자 상에 대한 지향도'의 2가지로 나누어지고, 이 때문에 일본과 미국은 직접 스케일을 이용한 비교가 가능하지만, 중국에 관하여는 불가능하다는 것이 된다. 서구사회에서 구성된 스케일을 비서구사회에서 적용하려고 하였지만, 일본에서는 적용가능한데 중국에서는 그대로 적용할 수 없었다. 이번에는 이 이상의 점에 언급할 수 없지만, 보다 많은 나라에서 조사를 실시하여 국가 사이의 비교를 함으로써 흥미로운 지견을 얻을 수 있는 것으로 생각된다.

제5 _ "'힘'에 대한 지향도"스케일을 사용한 일본과 미국의 비교

일본과 미국에 대해서는 "'힘'에 대한 지향도"를 측정하는 5항목에 대해 '1 찬성'에서 '5 반대'까지의 어느 것을 선택한 회답을 합하여 스케일득점을 구하는 것이 가능한 것이 인자분석의 결과 알 수 있었다. 일본 및 미국의 평균 및 표준편차는 〈표8〉에 제시하는 바와 같다. 그리고 득점의 분포상황은 〈도6〉과 〈도7〉에 제시하는 바이다.

<표8> 일본 · 미국의 평균 · 표준편차

	일본	미국
평균	13.62	12.58
표준편차	3.23	3.99

평균치는 일본이 13.62인 것에 대해 미국인 12.58로 약간 작은 값을 보이고 있다. 이 차이는 통계적으로 유의한 차이이다. 즉 조사 시에 회답한 집단에서 어쩌다 차이가 나왔다는 것이 아니라, 일본 전체와 미국 전체로 비교하였을 때에도 '평균치가 같다'고는 말할 수 없다는 것이 나타났다는 것이다. 즉 일본과 미국 사이에 개인차는 있지만 평균적으로는 "미국 쪽이 일본보다도 '힘'에 대한 지향도가 강하다"는 경향이 보였다. 단, 이것은 상대적으로 비교한 경우의 이야기이고, 평균치 그 자체는 모든 항목에 '2 어느 쪽이라고 하면 찬성'으로 회답한 경우의 스케일 득점이 10점, '3 어느 쪽이라고 말할 수 없다'로 회답한 경우의 스케일득점이 15점이고, 그 사이의 값이며 결코 "미국의 사람들 모두가 '힘'에 대한 지향도가 강하고, 일본은 그러하지 않고 온화하다" 등으로 즉단하는 것과 같은 일이 없도록 주의하여야 한다.

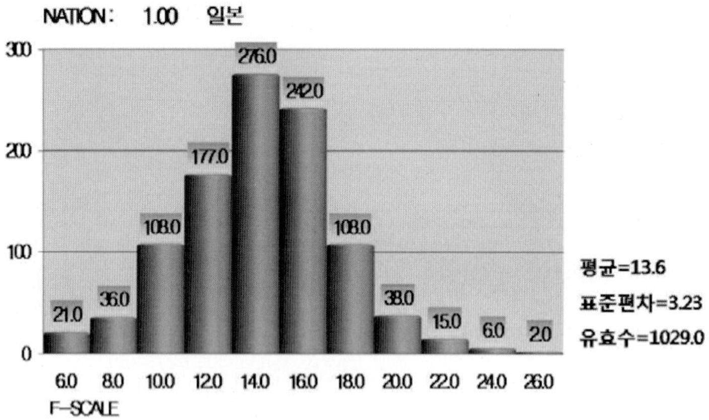

<도6> 일본에서의 스케일득점의 분포

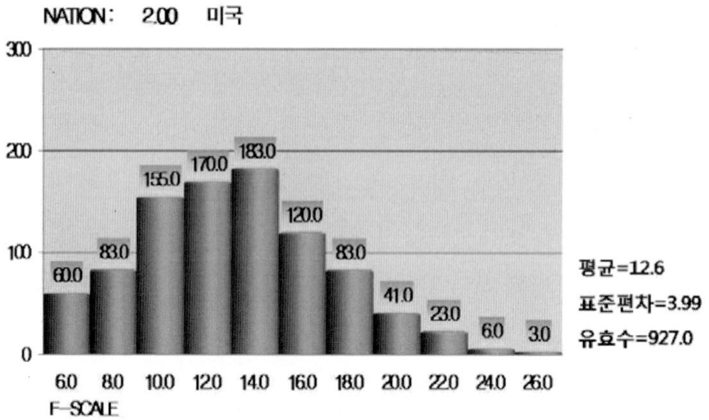

<도7> 미국에서의 스케일득점의 분포

제6 _ '정신면에서의 힘에 대한 지향도'와 '강자상에 관한 지향도'로부터의 비교

중국에서는 미국 · 일본과 달리 5가지 항목이 "'힘'에 대한 지향도"스케일로서 하나로 결합되지 않고 '정신면에서의 힘에 대한 지향도'와 '강자상에 관한 지향도'의 2개로 나누어졌지만, 미국 · 일본 · 중국의 3개국 사이에서 비교하기 위해 일본과 미국에 대해서도 이들 2가지 스케일로 나누어 집계하여 보았다. 그 결과는 〈표9〉에서 제시한 바와 같다. 통계적 검정(분산분석)의 결과, '정신면에서의 힘에 대한 지향도'에 관하여는 미국 · 일본 · 중국 사이에서 평균치의 차이가 유의하고, '강자상에 관한 지향도'에서는 일본과 중국, 중국과 미국 사이에서는 평균치의 차이가 유의하였지만, 일본과 미국 사이에서는 그러하지 않았다.

'정신면에서의 힘에 대한 지향도'는 중국에서 가장 높고, 3가지 질문항목을 평균하면 1.75(=5.25/3)로 '어느 쪽이라고 하면 찬성'을 약간 상회하는 값을 보이고 있고, 다음으로 미국, 그리고 일본의 순으로 되어 있다. 일본에서는 3가지 질문항목의 평균은 2.90(7.71/3)이고, '어느 쪽이라고 말할 수 없다'에 가까운 값을 보여주고 있다. 정치적으로 강력한 슬로건이 나오고 경제발전의 도상에 있는 중국과 원래 '회답의 중심화경향'이 강하다고 말해지고 있는데, 가치관의 '다양화'가 '확산'에까지 진행하였다고 생각되는 현대의 일본과의 차이가 나온 것이라고 말할 수 있을 것이다.

<표9> 일본 · 중국 · 미국의 평균 · 표준편차

	일본	중국	미국
정신면 평균	7.71	5.25	6.79
표준편차	2.04	1.81	2.49
강자상 평균	5.90	5.55	5.77
표준편차	1.74	2.11	2.24

'강자상에 관한 지향도'에서는 '정신면에서의 힘에 대한 지향도' 정도로는 나라 사이에 평균치의 차이가 보이지 않지만, 중국이 일본 · 미국에 비하여 '강자상에 대한 지향도'가 높은 점에서 사회 전체의 차이가 반영되어 있다고도 생각된다. 앞서 말했듯이 중국조사는 1995년 시점이고 현시점에서 경제발전이 현저한 지역에서 조사한 경우에 일본 · 미국과 비교하여 어떠한 결과가 얻어질지 흥미로운 바이다.

제7 _ '법의 국가에 의한 강제력' 및 '국가기관에 대한 신뢰도'와의 관계

이 장의 첫 부분에서도 말했듯이, '법'이 실사회에서 유효성을 가질 수 있는 것은 궁극적으로는 국가권력에 의한 강제가 작용하고 있기 때문이라고 생각하면, 개인의 권력적인 것에 대한 태도는 '법(또는 계약)'을 존중하고 그것을 지키려고 생각하는 태도와 관계되어 있다고 우리는 생각하여 조사표를 작성하였다. 여기서는 "'힘'에 대한 지향도"와 '법의 국가에 의한 강제력'(질문2의 (가) '법의 논리성과의 대비' 및 (나) '법의 내용의 옳음과의 대비'), '국가권력에 대한 신뢰도'(질문11의 (가) 행정기관 (나) 경찰 (다) 검찰 (라) 법원 (마) 국회나 정부)와의 관련의 정도를 본다.

〈표10〉에 미국 · 일본 · 중국 나라별로 "'힘'에 대한 지향도", '정신면', '강자상'의 스케일 득점과 '법의 국가에 의한 강제력' 및 '국가기관에 대한 신뢰도'의 각 항목에 대한 회답과의 상관계수를 표시하였다. 중국에서는 이미 언급하였듯이 "'힘'에 대한 지향도"의 스케일로서의 결합이 보이지 않았기 때문에 상관계수의 값은 표시하지 않았다. 상관계수는 0.00으로 전혀 관계가 없음을 나타낸다. 또한 〈표10〉에서 수치의 오른 쪽에 *가 붙어 있는 것은 통계적으로 유의한 상관임을 표시하고 있다. 여기서는 유의하고 또한 절대치로 0.100을 넘는 값을 나타내는 경우를 다룬다.

"'힘'에 대한 지향도" 스케일 관계에서는 일본에서는 '행정기관'과 '국회와 정부'의 관계가 보이고, "'힘'에 대한 지향도"가 높은 쪽이 '행정기관'이나 '국회와 정부'에 대한 신뢰도가 높은 경향을 볼 수 있다. 이에 대해 미국에서는 이러한 경향은 보이지 않는다. '정신면'에서는 일본에서는 '행정기관' '검찰' '법원' '국회나 정부'와의 관계가 보이고, 중국에서는 '행정기관' '경찰' '검찰' '법원' '국회나 정부'의 모든 것과의 관계가 보이며, 미국에서는 '경찰'과의 관계가 보인다. 개괄적으로 미국보다 일본, 일본보다 중국이 높은 상관계수를 나타내고, '정신면에서의 힘에 대한 지향도'가 강할수록 국가기관의 신뢰도가 높은 경향이 가장 현저하게 나타나 있다.

<표10> 일본 · 중국 · 미국 국별 상관계수

질문항목	2(가)	2(나)	11(가)	11(나)	11(다)	11(라)	11(마)
'힘'에 대한 지향							
일본	.009	.064*	.125*	.062*	.094*	.087*	.146*
중국	-	-	-	-	-	-	-
미국	-.036	-.069*	.056	.069*	.024	.013	.055
정신면							
일본	.014	.028	.146*	.093*	.129*	.125*	.181*
중국	-.022	-.144*	.169*	.176*	.184*	.206*	.157*
미국	-.023	-.097*	.098*	.114*	.052	.076*	.083*
강자상							
일본	.002	.088*	.061*	.008	.024	.013	.057
중국	-.045*	.022	.015	-.030*	-.024	-.010	-.024
미국	-.053	-.007	-.018	.004	-.012	-.069*	.011

'법의 국가에 의한 강제력'에 관한 질문2의 (가)'법의 논리성과의 대비' (나)'법의 내용적 옳음과의 대비'에 관하여는 '정신면'에서 중국이 -0.144라는 값을 보일 뿐 그 이외는 관계가 보이지 않았다. 중국의 경우 '정신면에서의 힘에 대한 지향도'가 강할수록 '법의 국가에 의한 강제력'에 의해 법을 지키는 것이 아니라 '법의 내용의 옳음' 때문에 지킨다는 경향이 보인다는 것이다.

단, 이 질문2에서는 '법의 논리성' '법의 내용적 옳음' 때문에 법을 지킨다는 회답 쪽이 적어도 일본사회에서는 바람직한 회답이라고 생각되기 때문에, 본심에서 '국가에 의한 강제력이 있다(지키기 않으면 불이익을 입는다)'는 이유로 법은 지키지 않을 수 없다고 생각하고 있는 경우에도, 그렇게 노골적으로 회답하지 않는 케이스도 적지 않다고 생각된다. 그 결과, 당초 예상한 것보다도 상관계수의 값이 작아진 가능성도 생각할 수 있다.

제8 _ 정리

"'힘'에 대한 지향도"의 질문항목에 대한 회답은 항목별로 본 경우, 일본 · 중국 · 미국 사이에서 특징적인 차이가 보였고, 스케일로서의 결합(인자구조)은 일본과 미국은 아도르노가 상정하였듯이 하나의 결합이 되었지만, 중국에서는 둘로 갈렸다. 중국의 인자구조가 일본·미국과는 다르기 때문에 직접비교는 할 수 없었지만, 나아가 서구 및 아시아·아프리카 등 비서구의 국가들 사이에서 비교하면 흥미로운 결과가 얻어질 가능성이 크다. 아울러 이 "'힘'에 대한 지향도"의 질문항목의 질문문은 일본의 문화적 맥락을 고려하면 일본인에게 있어서는 약간 엄격한 표현으로 되어 있다. 원래 일본인은 이러한 조사에 대한 회답이 중심에 뭉치기 쉬운 경향을 갖는다(회답의 중심화경향)고 말해지는데, 그것을 조장하는 방향으로 작용한 가능성이 있다. 또한 '법의 국가에 의한 강제력' 및 '국가기관에 대한 신뢰도'와의 관계에서는 어디까지나 개략이지만, 미국보다고 일본, 일본보다도 중국에서 관련성이 강한 경향이 보였다.

아울러 이 법의식국제비교조사에서는 질문문의 번역등가성에 관하여는 신중하고 충분히 검토되었지만, 나아가 그 나라의 문화적인 문맥 안에서의 의미적인 등가성에 관해서도 체크할 필요가 있다. 예를 들면 질문문의 표현을 부드러운 것으로 하여 일본에서 재조사하였을 때에 결과에 영향이 있는지 없는지 등이다.

일반적으로 이러한 국제비교조사에서는 '번역등가성'의 문제에 대해서는 신중하게 검토되지만, 질문의 의미내용의 문화간에서의 등가성에 관해서도 검토되는 일은 거의 없다. 국제비교조사연구에 부과된 과제이다.

〈참고〉 " '힘'에 대한 지향도" 질문항목 (영어판)

(1) No weaknesses or difficulty can hold us back if we have enough will power.

(2) What the youth need most is strict discipline, rugged determination, and the will to work and fight for family and country.

(3) An insult to our honor should always be punished.

(4) What this country needs most, more than laws and political programs, is a few courageous, tireless, devoted leaders in whom the people can put their faith.

(5) People can be divided into two distinct classes : the weak and the strong.

1 greatly agree
2 somewhat agree
3 somewhat disagree
4 greatly disagree
5 cannot say/DK

제 7 장

법정에서의 인간의 마음

제1 _ 서

이 장에서는 재판을 하거나 법정에 선 당사자가 무엇을 원하고 무엇을 바라보는지에 대해 생각해 보겠다. 소송을 하는 것이 아직 예외적인 일본에서는 쉽게 정면에서 다루기 힘든 문제이다. 또한 실제로는 막상 조사하려고 하여도 재판을 하는 수 자체를 아는 것도 곤란하다. 여기서는 최근 사법제도개혁심의회가 일본에서는 최초로 조직적으로 한 민사소송의 이용자에 대한 조사(이하, '민사소송이용자조사'라 한다)의 결과를 중심으로 재판의 장소, 법정에서 사람들이 생각하는 것을 추측해보기로 하겠다.[59]

59) 사법제도개혁심의회의 '민사소송이용자조사'의 데이터는 현재 도쿄대학 사회과학연구소부속 일본사회연구정보센터의 SSJ데이터 아카이브에 기탁되어 연구자에게 공개되어 있다. 이 장에서의 데이터는 특히 인용이 없는 것은 SSJ데이터 아카이브의 데이터를 사용한 2차분석의 결과이다.

제2 _ 사람은 재판에서 무엇을 원하는가

□ 에피소드

다음과 같은 에피소드가 있다. 시카고 교통법원에서의 일이다.60) 어떤 여성이 교통위반 딱지를 받고 교통법원에 출석하였다. 위반내용은 유턴금지 지역에서 유턴을 했다는 것이다. 법원에 온 여성은 유턴금지의 표지가 확실히 보이지 않았다는 것을 보여주는 사진을 지참하고 있었다. 재판 결과는 거의 심리를 하지 않고 여성의 승소로 끝났다. 왜야하면 이 법원에서는 법원에 출석하라는 요구를 받고 하루를 버리는 것 자체가 충분히 교통위반에 대한 보상이 된다고 생각하는 법관이 있고, 그러한 법관은 충분한 심리를 하지 않고 사건을 기각하는 일이 있기 때문이다. 같은 형태로 이 여성도 승소를 얻은 것이다.

그러나 이 여성은 승소하였지만 결코 만족하지 않았다. 인터뷰에 대해 그녀는 법원과 법관에 대한 노골적인 비판을 한 것이었다.

사람은 일반적으로 누군가와 재판을 하는 경우 그 목적은 승소판결을 얻는 것이라고 생각할 것이다. 그러나 위의 예는 그 발상에서는 생각할 수 없는 현상이라고 할 수 있다. 그녀의

---

60) 菅原郁夫＝大瀧憲一譯, フェアネスと手續きの社會心理學-裁判, 政治, 組織への応用-, ブレーン出版, 1995, 2면.

경우에는 승소라는 결과 이외에도 재판에 무엇을 원했던 것일까. 그녀는 법정에서 무엇을 기대하고 무슨 배신감을 느꼈을까. 그녀의 마음을 이해하려면 먼저 무엇 때문에 사람은 재판을 하고 재판에 무엇을 기대하고 있는지를 이해할 필요가 있을 것이다.

□ 재판에 사람이 원하는 것

일본인은 일반적으로 재판을 싫어한다고 한다.[61] 그럼에도 사람들이 재판을 할 때에는 거기서 무엇을 원하는 것일까. 실제로 재판을 한 사람에 대한 앙케트조사의 결과를 보도록 하자.[62]

〈도1〉은 원고가 된 사람들에게 소를 제기한 이유를 물은 것이다. 똑같이 재판이라고 하여도 대상이 되는 사안은 다르다. 또한 개인으로서의 입장인지 회사 등의 법인으로서의 입장인지도 다르다. 그러나 여기서는 일단 그러한 것을 한데 묶어 집계한 것을 보도록 하겠다. 몇 가지 항목에 대해서는 대다수의 원고의 견해가 일치하고 있다. 이에 재판에 대한 일반적인 기대가 나타나 있다고 말할 수 있을 것이다.

---

61) 川島武宜, 日本人の法意識, 岩波書店, 1965, 162면 이하.

62) 사법제도개혁심의회, '민사소송이용자조사'보고서(이하 '보고서'라 한다), 8면 이하.

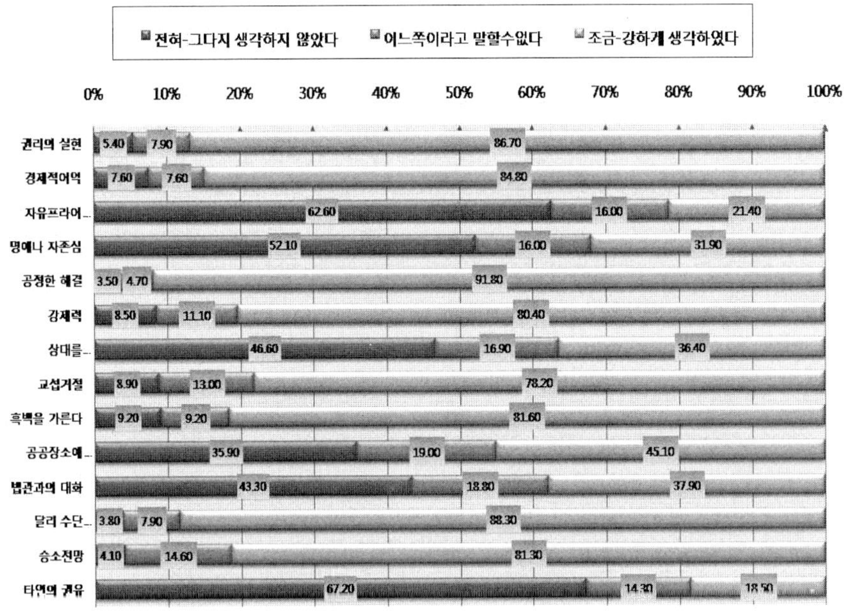

<도1> 원고의 소송동기

원고의 경우, 재판을 함에 있어서는 적극적인 이유로서 가장 많은 것은 "공정한 해결을 위함"(91.8%)이라는 회답이었다. 물론 "자신의 권리를 실현하기 위함"(86.7%), "경제적 이익을 위함"(84.8%)라는 일반적으로 예상되는 이유를 지적하는 회답자도 많았다. 그러나 그러한 권리나 경제적인 이익의 확보 이상으로 공정한 해결을 원한다는 취지의 회답이 많았던 점은 주목할 만하다. 또한 "강제력에 대한 기대"(80.4%)나 "흑백을 명확히 하기 위함"(78.2%)이라는 동기가 큰 점도 주목할 만하다. 일본인은 일반적으로 조화를 중시한다고 하지만, 거기에서

추측되는 결과와는 약간 다른 결과이다.

그러나 반면으로 "공공의 장소에서의 논의"나 "법관과의 대화"라는 공적인 장소나 권위자에 대한 호소를 바라는 것은 적었고, "상대방을 벌주기 위함"이라거나 "자신의 명예를 지키기 위해" 소송을 제기한다는 감정적인 측면에서 재판을 이용하였다고 답한 것도 적었다. 원고의 경우 위와 같이 보면 공정해결지향, 경제적 이익지향이라는 경향을 볼 수 있다. 단, 보고서에 의하면, 이 경향에는 원고가 자연인 또는 법인인지에 따라 상대적으로 보면 약간의 차이가 있고, "상대방을 벌주기 위함", "법관에게 말하기 위함"이라는 항목에 대해서는 자연인에서는 긍정회답이 많고, 법인에서는 부정회답이 많아진 점도 지적되고 있다. 자연인 법인 간에서 소송이용 동기에 미묘한 차이가 있는 것 같다.

다른 한편, 〈도2〉는 피고에 대해 재판에 기대하는 것을 물은 경우의 답이다. 피고의 경우에는 자신이 주체적으로 재판을 제기하는 것이 아니므로 이용 동기가 아닌 거기서의 기대를 물은 것이다. 피고에 관하여는 원고와 같이 "자신의 권리를 실현하는"(66.2%), "경제적 이익을 지키는" 것(68.9%)를 재판에 기대하고 있는 것이 다수 존재하지만, 여기서도 가장 많은 회답을 얻은 것은 "공정한 해결"(81.3%)을 원한다는 점이었다. 그 밖에 "흑백을 명확히 하는" 것을 바라는 점(72.0%)도 원고와 공통이다. 반면 원고 이상으로 "자신의 명예를 지키는", "법관에게 말하기 위함" 등의 점을 원하는 경향에 있다. 보고서에 의하면, 특히 이 후자의 경향은 자연인 피고와 법인 피고와의 사이에서 차이가 있고, 자연인의 경우에는 긍정회답이 명확히 많았지만, 법인의 경우에는 긍정 부정이 백중세였다는 점이다. 여기서도 자연인과 법인 간에 재판에 기대하는 것에 미묘한 차이가 보여진다. 전체로서는 원고와 같이 피고도 공정해결지향은 강하지만, 약간 경제적 이익지향은 저하하고 있는 것과 같다고도 생각된다. 후자의 점은 피고가 수동적으로 소송에 임하는 표시라고도 해석된다.

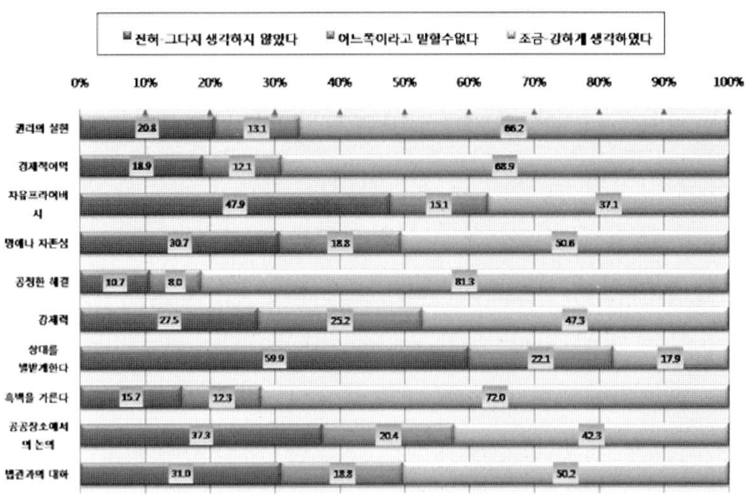

<도2> 피고의 재판에 대한 기대

□ 재판의 또 하나의 측면

이상에서 본 바에 의하면 분쟁당사자가 재판을 이용하고 거기에 기대하는 것은 원고와 피고 간에 약간의 차이는 있지만, 오히려 중요하다고 생각하는 것 사이에서는 공통점이 많고 모두 공정하고 명확한 해결과 자신의 권리를 지키는 것을 바라고 있다고 말할 수 있다. 특히 이용자에게 있어서 재판은 단순한 자신의 권리나 이익을 실현하는 장소가 아니라 분쟁의 공정한 해결의 장소이고 사물의 시비를 명확히 제시하는 장소라는 것은 주목할만 하다.

종래 재판은 경제분쟁의 해결의 장소라는 견해가 강하였던 것 같이 보이는데, 소송당사자의 감각으로서는 재판은 단순한 경제적 이익의 실현의 장소가 아니라 정의의 실현의 장소라고 말할 수 있을 것이다. 그리고 일본인은 조화를 중요시 하고 흑백 결착을 보는 것을 좋아하지 않는다는 평가는 여기서 해당되지 않는 것이 된다. 물론 이것이 재판이라는 틀을 벗긴 일반적인 사람들에게도 해당될지 여부는 불명이다. 그러나 적어도 재판이라는 최종적인 분쟁단계에 이른 사람들에게 있어서 공정하고 흑백을 명확히 하는 해결을 하는 것은 상당히 중대한 관심사로 되어 있다고 말할 수 있을 것이다. 설사 일본인 일반이 재판을 싫어하고 협조성을 중요시한다고 하여도 그 사회적 경향으로부터 일탈할 수밖에 없는 자에게 있어서는 필요하다는 것은 일반적인 사회적 경향과는 다른 것이 될지도 모른다.

"너무 귀여운 나머지 증오감은 100배"라는 말이 있다. 협조를 중요시하려고 노력하고 그것이 좌절된 경우에는 오히려 명확한 판단을 구하는 것도 있을 수 있는 것이 아닐까.

제3 _ 법정에서 사람들이 지켜보는 것

□ 당사자의 관심과 평가대상

재판에 이른 당사자는 법정에서의 현실 경험에 대해 어떠한 평가를 내릴 것인가.

전술한대로 재판을 하는 사람에게 있어서 하나의 중대한 관심사는 그 결과일 것이다. 자신의 권리나 경제적인 이익의 실현이 재판을 하는 하나의 이유라고 한다면 그 승패가 어떻게 될지는 당사자의 일대관심사일 것이다. 그러나 이미 말했듯이 많은 당사자는 공정함이나 흑백결착을 긋는 것에도 큰 관심을 갖고 있었다. 그러한 관심은 재판의 경험과정을 통하여 어떠한 형태로 나타날 것일까.

그런데 당사자의 평가대상도 재판의 여러 가지 측면에 미칠 것이라고 생각할 수 있다. 하나의 평가대상은 재판결과에 대한 평가일 것이다. 재판과정 전체에 대한 평가는 거기서 무엇을 얻었는지 라는 결과를 어떻게 평가하는지에 크게 달려있을 것이다. 그러나 동시에 단지 결과만이 아니라 그 재판결과를 얻는 과정에서도 당사자는 여러 가지 일을 경험한다. 자신의 주장이나 증거를 제시하거나 신문에 입회하거나 한다. 그러한 경험에 대한 평가도 재판을 어떻게 보는지에 큰 영향을 줄 것으로 생각할 수 있다. 나아가 재판 그 자체에 관하여도 자신의 개별 사건에 대한 평가 쪽에 보다 널리 재판제도 전체에 대한 평가라는 것도 존재할 수 있다. 이에 여기서는 그러한 각 측면의 평가를 재판의 결과에 관한 결과평가 이외에 재판과정의 평가인 절차평가, 거기에 재판제도 전체에 대한 제도평가로 나누어 재판경험자가 어떠한 평가를 내리고 있었는지를 보도록 하겠다. 그러한 고찰을 통하여 재판과정에서 사람들이 생각하고 지켜본 것은 무엇인지를 고찰하여 가기로 한다.

전절과 같이 민사소송의 이용자조사의 결과를 바탕으로 생각해 본다.

□ 결과가 갖는 의의

자기가 갖는 권리나 이익을 지키는 것이 재판의 목적이라고 한다면, 그 목적을 보다 잘 실현한 자는 재판의 결과나 재판제도 자체를 긍정적으로 평가하는 것이 예상된다. 조사결과도 그것을 보여주고 있다. 〈도3〉과 〈도4〉는 재판경험자를 유리한 결과를 얻은 자와 중간적인 결과를 얻은 자, 불리한 결과를 얻은 자로 나누어 각각이 재판결과와 재판제도에 대해 어느 정도 만족하고 있는지를 보여주는 것이다. 여기서 재판경험자를 유리, 중간, 불리라는 그룹으로 나눈 것은 현실 재판에서는 승소, 패소라는 형태로 판결에 의해 승부가 어느 정도 명확하게 나오는 경우 이외에 화해라는 형태로 당사자쌍방이 양보한 형태로 끝나는 경우도 상당수 존재하고, 그 때문에 명확하게 당사자를 승소그룹과 패소그룹으로 구분할 수 없었기 때문이다. 또한 평가기준으로서 만족도를 취한 것은 자신의 경험에 대한 평가를 제시하는 지표로서 가장 종합적인 평가일 것으로 생각하였기 때문이다.

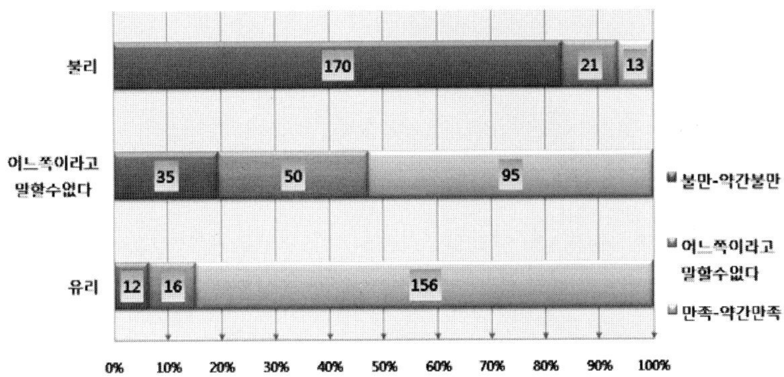

<도3> 유리불리별 결과의 만족도

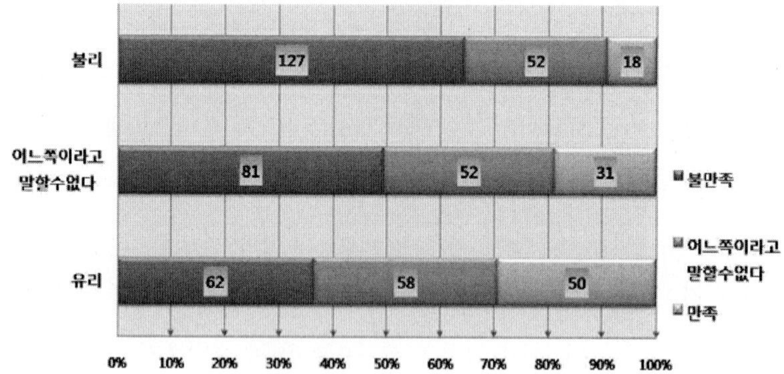

<도4> 유리불리별 제도의 만족도

〈도3〉, 〈도4〉 모두에 대해 말할 수 있는 것은 유리한 결과를 얻은 자 중에는 만족이라고 답한 자의 비율이 높고 반대로 불리한 결과를 얻은 자는 불만족이라고 답한 자의 비율이 높다는 것이다. 일반적으로 말해지는 "결과가 좋으면 모두 좋다"는 승패에 의존한 평가경향을 엿볼 수 있다. 소송의 목적이 자신의 권리나 경제적인 이익의 실현에 있다는 관점에서는, 크게 납득할 수 있는 결과라고 말할 수 있을 것이다. 그러나 동시에 착안하고 싶은 것은 불리한 결과를 얻은 자 중에도 만족을 느끼는 자가 근소하지만 존재하고 게다가 그 비율은 제도평가에서 보다 높다는 점이다. 또한 역으로 유리한 결과를 얻은 자 중에도 그 결과에 불만을 느끼고 있는 자가 어느 정도 존재하고 있는 것을 알 수 있다. 이것은 재판경험자에게 있어서 결과나 제도의 평가가 반드시 결과의 유리·불리만에 의존하는 것이 아님을 시사하고 있다. 물론 동일하게 유리한 결과를 얻은 경우에도 예상한 만큼이 아니었다는 불만, 역으로 불리한 결과로 끝났지만 원래라면 완패를 당했을 것을 비교적 가벼운 결과로 끝났다는 만족감이라는 것도 있을 것이다. 그 의미에서 결과의 유리불리와 만족도의 평가가 일치하지 않는 것은 어느 정도 예상할 수 있는 일이기도 하다. 그러나 이 점에 관하여는 재판과정에 관한 평가인 절차에 관한 평가를 가미하여 분석을 시도한 경우, 조금 다른 이해가 필요하게 된다.

□ 절차가 갖는 의의

〈도5〉는 재판경험자를 재판결과에 대해 유리한 그룹, 중간 그룹, 불리한 그룹으로 나누고 그 각각을 다시 절차가 공정하다고 평가한 그룹과 불공정하다고 평가한 그룹으로 나누어 그 각각의 그룹이 한 결과에 대한 만족도평가를 비교한 것이다. 그래프가 제시하듯이 유리한 결과를 얻은 그룹은 절차가 공정하건 안하건 결과에 대한 만족도는 거의 변하지 않는다. 그러나 재판결과가 불리한 그룹에 관하여는 절차의 평가가 공정한지의 여부에 의해 그 만족도에 차이가 나타난다. 또한 같은 분석을 결과에 대한 인용도, 즉 재판결과를 받아들일 수 있었다는 질문으로 바꾸어보면, 절차에 대한 평가가 재판결과의 평가에 영향을 주고 있는 것을 보다 명확히 알 수 있다. 〈도6〉에 나타나 있듯이 동일하게 불리한 결과라도 절차를 공정하다고 느낀 그룹에서는 그에 대한 인용도가 상대적으로 상당히 높고, 역으로 절차가 불공정하다고 느낀 당사자는 결과에 대해 보다 엄격한 평가를 하고 있음을 알 수 있다.

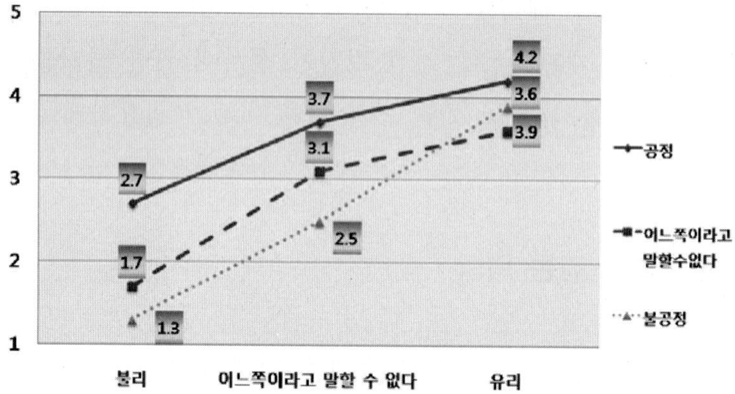

<도5> 절차의 공정성 평가별 결과의 만족도

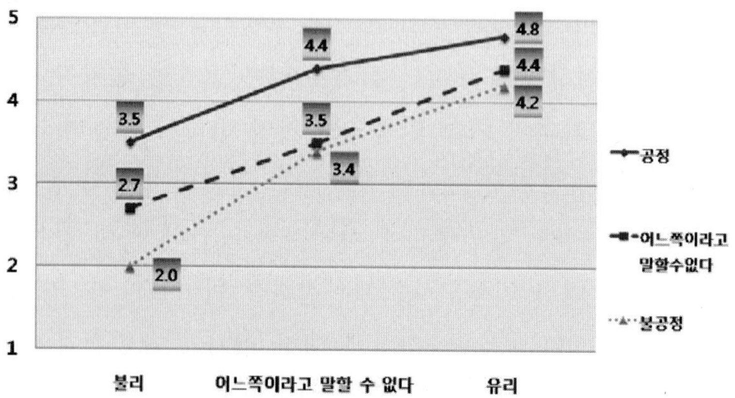

<도6> 절차의 공정성 평가별 결과의 인용도

이러한 승패에 의존하지 않는 당사자의 평가경향은 보다 마크로한 평가인 제도평가에 있어서도 나타난다. 〈도7〉은 민사소송이용자 조사의 보고서에 나타난 이용자의 제도평가의 구조도이다.[63] 도표에서의 화살표는 항목 간의 회답이 통계적으로 의의있는 연관성을 보여주는 것이고, 거기에 표시된 수치는 강한 연관성을 보여주는 것이다. 수치는 -1.0에서 +1.0까지의 범위를 나타내는데, 절대치가 큰 쪽이 관계성이 강함을 보여주고 있다. 이에 의하면 재판제도에 대한 만족도는 만은 판단요소로부터 영향을 받고 있는 것을 알 수 있다. 즉 만족도는 이용자 본인이 얻은 결과가 아니라 심리과정이나 법관, 변호사라는 소송에 관여한 사람들에 대한 평가 쪽에 오히려 강하게 영향을 받고 있다. 보고서에 의하면 재판제도에 대한 사람들의 만족도는 '제도의 공정함'이나 '이용하기 쉬움'이라는 제도평가에 기하여 형성되어 있다고 한다. 즉 현행제도가 '적정'하고 이용하기 쉽다고 평가한 회답자일수록 현행제도에 만족하고 있는 것이다. 그리고 그 '제도의 적정함'평가는 회답자의 재판경험으로부터 영향을 받고 있었다. 재판 중에서도 경험한 심리과정에 대한 평가, 예를 들면 '심리가 적절'하다고 하는 평가가 비교적 강한 영향력을 보여주고 있다. 추가하여 재판결과가 상식적으로 타당하다거나 법관이나 변호사에게 만족할 수 있다거나, 나아가 재판비용이 과분하지 않다고 평가한 회답자가 재

63) 보고서, 30면.

판제도를 높게(또는 이러한 점을 낮게 평가한 자는 재판제도를 낮게) 평가한 것이 된다.64) 이에 대해 재판결과의 유리함은 재판제도의 평가에 대해 직접적으로는 영향이 없었고 재판의 기간도 직접적으로는 영향이 없었다. 회답자는 자신의 재판결과가 유리하였는지 불리하였는지에는 구애되지 않고 재판의 제측면(심리과정, 법관이나 변호사, 비용 등)을 음미하여 그것을 근거로 재판제도의 선악을 평가하고 있었던 것이다.

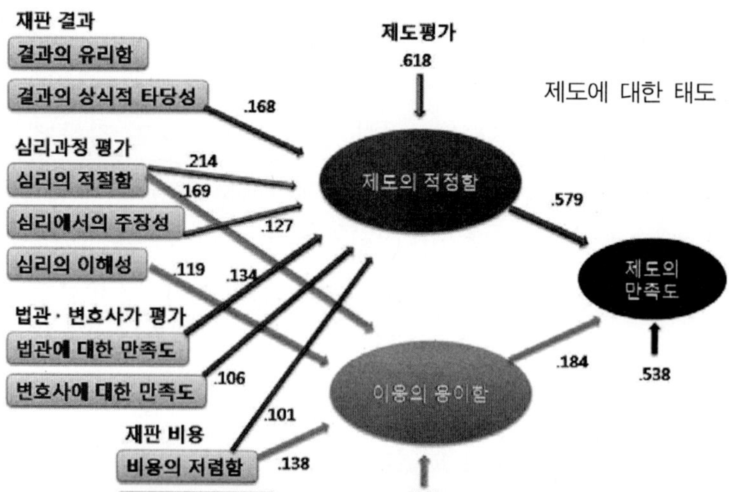

<도7> 재판제도에 대한 태도(만족도)의 규정인(因)

64) 보고서, 28면.

이러한 결과를 본다면, 재판을 한 사람들은 결코 승패만으로 재판결과를 평가하지는 않고 또한 재판제도를 평가하지 않는 것을 알 수 있다. 재판과정에서 사람들은 절차를 평가하고 절차에 관여하는 사람들이 어떻게 자신들에게 관여하는지에 큰 관심을 갖고 있었던 것이 된다.

□ 공정한 절차나 적절한 심리를 가져 오는 것

재판에 대한 평가가 승패만이 아니라 절차의 공정성의 평가나 심리과정의 평가에 의해 영향을 받는다고 한다면, 다음으로 문제되는 것은 그러한 평가를 가져 오는 구체적인 요소는 무엇인가 라는 점이다.

아쉽게도 이용자조사의 보고서는 무엇으로 사람들이 절차를 공정한 것으로 보는지에 관하여 자세한 분석을 하고 있지 않다. 단, 심리과정에 관한 평가에 대한 설명에 의하면, '심리의 적절성'은 절차의 '합리성', '충실도', '공정성', '효율성'의 종합평가이고, '심리과정에서의 주장성'이란 절차과정에서 충분히 주장이나 증거가 제출가능하였는지, 라는 평가로 구성되어 있다. 그리고 이러한 평가의 고저는 더 나아가 다른 요소에 의해서도 영향을 받고, '이러한 평가에 영향을 준 최대의 요인은 "법관의 공평성"평가(중립성, 경청, 신뢰성의 종합평가)였지만, "변호사의 기량"평가(재판외 지식, 준비의 정도, 설명의 정도, 신뢰성, 상식성, 경청의 종합평가)의 영향력도 또한 인정되었다. 변호사에게 의뢰하지 않고 자신이 소송을 한 당사자의 경우에는 "법원직원의 공평성"평가(중립성, 경청, 효율성의 종합평가)도 "심리의 적절함"이나 "주장성"의 평가를 높였다. 결과의 유리함도 또한 "심리의 적절함"과 "주장성"에 영향력이 있었지만, 법관을 "공평(중립적이고 잘 주장을 들으며 신뢰할만하다)"하다고 평가하거나 변호사가 유능(재판외지식을 갖고 준비가 좋고 설명이 충분하다는 등)하였다고 평가한 회답자는 결과의 유리 · 불리에 관계없이 재판과정을 긍정적으로 평가하는 경향이 있었다'고 정리하고 있다.[65] 이러한 설명에 의하면, 심리과정에 관한 평가는 재판과정에서의 제반 상호작용의 평가이고, 거기에 관여하는 것에 대한 평가의 종합평가가 될 것이다. 그 의미에서는 사람들은 법정에서 법관과 무슨 말을 하고 변호사와 무슨 말을 하는가라는 인간으로서의 대화에 실로 주목하고 있다고 말할 수 있을 것이다. 그리고 거기서의 평가가 결과나 제도에 대한 평가에 영향을 미치는 것이 된다.

65) 보고서, 24면.

제4 _ 재판을 하고 사람은 무엇을 생각하는가

□ 재판을 하고 사람들이 보고 있었던 것

이상의 결과로부터 생각한다면, 사람은 재판에서도 승패 이외의 여라 가지 요소에 착안하고, 결과나 제도를 평가하고 있는 것이 된다. 특히 불리한 결과로 끝난 재판의 당사자에게 있어서 그 결과를 받아들이는지 여부의 판단에 있어서는 자신이 경험한 절차가 공정한 절차였는지 여부가 중요한 요소였고, 제도평가에 있어서는 자신의 승패와는 관계없이 심리과정의 적정함에 대한 평가나 법관이나 변호사에 대한 만족도, 코스트평가 등 다면적인 평가를 하고 있었다. 그 의미에서는 사람들의 소송경험 후의 평가는 반드시 결과가 좋으면 모두 좋다는 것이 아니라 그 결과에 이른 과정의 여러 가지 측면에 대한 평가로부터 큰 영향을 받고 있었다고 말할 수 있다. 이러한 점은 소송의 목적이나 소송에 대한 기대에서 나타난 공정한 해결에 대한 기대가 이 장면에서 큰 영향력을 보이고 있는 것처럼 보이기도 한다. 즉 사람들이 목표로 하는 것의 하나가 공정한 분쟁해결이기 때문에 사람들은 공정한 절차를 거친 결과를 보다 공정한 것이라고 느끼고, 보다 공정한 결과이기 때문에 그 내용이 자신에게 불리한 것이라고 해도 보다 받아들이기 쉽다고 느낄 것이다. 그렇다고 하면, 이긴 사람에게 있어서는 '결과가 좋다면 모두 좋다'가 적용된다고 하여도 진 사람은 모두가 나빠지는 것이 아니라 그 과정이 문제가 된다고 말할 수 있다. 그리고 공정한 해결에 대한 기대는 결과로서 불리한 결과로 끝나는 당사자에게 있어서 재판에 의해 얻어진 또 하나의 가치로서 등장하는 것이다.

그러면 왜 사람들은 이러한 평가를 하는 것일까. 그 점에 관계된다고 생각되는 몇가지 이론을 소개하겠다.

□ 분쟁해결의 다목적성

하나는 재판을 하는 목적의 관점에서의 설명이다. 분쟁해결에 관한 하나의 사회심리학연구는 분쟁해결이 다목적인 형태로 이루어지는 점을 지적한다.[66] 예를 들면 금전 소비대차 분쟁에 대해서도 당초 금전적인 이해에 의해 야기된 분쟁도 해결을 목표로 상대방과 교섭하는 중에 상대방으로부터 비난되거나 교활한 수단을 사용함으로써 문제를 공정하게 해결하고 싶은, 체면을 유지하고 싶은, 또는 상대방을 녹 아웃시키고 싶다는 별개의 목적이 부가되고, 최종적으로는 당초의 금전적인 이익의 조정만으로는 분쟁이 해결하지 않게 되는 일이 발생할

---

66) 大淵憲一＝小嶋かおり, 對人葛藤における方略選擇 : 動機的、認知的要, 行動科學38卷1 · 2号19면 이하; 小林裕＝飛田操, 社會心理學, 北大路書房, 2000, 81면.

수 있다는 취지를 지적하고 있다.

이 지적에 따르면 재판을 하는 경우에도 법적 기준에 따라 단지 권리의무의 유무를 판단하는 것만으로는 재판을 요구한 당사자가 안고 있는 문제를 충분히 해결한 것이 되지 않을 가능성이 있는 것이 된다. 예를 들면 법적인 해결안과 그것을 납득시키기 위해 부차적으로 발생하는 감정적 문제나, 공정한 해결에 대한 기대도 동시에 해소해야 비로소 법적인 해결안이 받아들여지는 일도 충분히 있을 수 있는 것이 된다. 이번의 조사에 나타난 공정성에 대한 기대나 흑백을 확실히 한다는 요구도 분쟁의 사회적인 전개과정에서 발생하여 온 독자의 목적일 가능성이 있다. 그와 같이 생각하는 경우에는 승소판결을 얻는 목석과 병행하여 또는 때로는 그 이상으로 공정성이나 명확한 해결에 대한 동기부여가 강한 경우도 존재할 수 있을 것이다. 이긴 경우에는 승소의 이익에 의해 다른 목적에 대한 마이너스 평가도 치우되겠지만, 패소의 경우에는 역으로 패소의 불이익이 다른 목적의 성취에 의해 치유될 가능성이 나오는 것이다. 그리고 패소 시에 이익확보 이외의 목적(공정한 해결이나 명쾌한 해결)도 달성되지 않는 경우에는, 재판의 결과나 재판제도는 도저히 받아들이기 힘든 것이 된다.

□ 권위자의 평가에 대한 관심

또 하나의 이론은 재판의 무대를 사회적 권위자(법관이나 변호사)와의 접촉장면으로 파악하고, 거기에서의 사람들의 사회적 동일성 시점으로부터의 설명을 시도한다.67) 사회적 동일성에 관한 사회심리학적 이론에 의하면 사람은 그 사람에게 있어 중요한 타인으로부터의 긍정적 평가에 대한 원망에 의해 동기부여된다고 생각된다. 또한 사람은 주위로부터의 사회적 평가에 의해 스스로의 존재의의를 확인하고 있는 면이 있다. 때문에 만일 여러 가지 사회관계에서 불공정하게 적은 결과를 받거나 실례 또는 무신경한 취급을 받거나, 역으로 타인의 잘못에 보복할 수 없거나 하면, 사람은 이러한 경험을 자신에 대한 부정적, 주변적인 사회적 지위를 보여주는 정보로서 받아들인다. 역으로 만일 타인으로부터 공정한 결과를 받거나 하소연에 귀를 기울여주거나, 보복, 보상, 다른 규제를 통하여 자신에 대한 불법을 사회에 의해 벌받게 하거나 하면 사람은 사회에 의해 존경받고 평가받는다고 생각한다. 즉 사람들은 자신이 동일성을 갖고 있는 집단의 다른 멤버와의 사이에서 형성되는 관계의 질에 강한 관심을 갖고 있고, 그들은 타인이 자신에 대한 대우를 그 집단 내에서의 자기지위에 관한 정보로서 받아들이는 것이다. 그리고 사람들은 사회적 상호작용이

---

67) トム・R・タイラー他著(大淵憲一＝菅原郁夫監譯), 多元社會における正義と公正, ブレーン出版, 2000, 223면 이하.

나 절차를 관계정보로서 다루고, 집단 내 행동을 규정하는 열쇠가 되는 요인으로 파악하고 있는 것이다. 특히 이 이론에서는 절차나 과정에서 차별이 없음을 가리키는 지표(중립성), 다른 집단구성원이 선의로써 행동함을 가리키는 지표(신뢰성), 그리고 자신의 집단 내의 지위가 존중되는 것을 가리키는 지표(존엄성)이라는 '관계적' 관심으로 불리는 3요인이 절차적 공정판단에 있어 중요하다고 본다.

이 견해에 의하면 사람들은 재판의 무대를 사회적 권위자인 법관과의 접촉장면으로 파악하고 그 법관과 접촉을 통해 자신의 사회적 위치부여를 느낄 수 있는 것이 된다. 즉 법관의 중립성이나 신뢰성, 존엄성 등에 착안하고 그러한 관계적 요소가 갖추어져 있다고 느끼면 자신의 사회적 지위가 존중되고 있음을 확인할 수 있고, 갖추어져 있는 것이 된다. 이 만족감은 재판의 결과에 대한 만족감이 아니라 사회적 상호작용 그 자체로부터 나오는 만족감이다. 결과에 대한 평가는 오히려 자신을 존중하는 사회가 내리는 판단이기 때문에 받아들이는, 또는 자신을 존중하지 않는 사회의 판단이니까 거부한다는 형태로 형성되는 것이 된다. 그 때문에 이 견해 하에서는 재판에 의해 어떠한 결과를 얻었는지 그리고 어떻게 다루어졌는지도 자신의 경험을 평가할 때의 중요한 시점으로 등장하는 것이다.

□ 다시 재판을 하여 사람들이 보았던 것

이와 같은 이론적인 지적을 배경으로 이번의 조사결과를 본다면, 거기에 나타난 사람들의 재판에 대한 평가구조는 결코 우연한 결과가 아님을 알 수 있다. 일견 권리관계를 다투고 금전적인 이익만을 주장하고 있는 것처럼 보이는 재판당사자도 실은 그 과정에서 공정하고 명확한 해결을 승소하는 것과 동등한 레벨에서 요구하거나, 재판과정에서 어떻게 주장할 수 있었는지, 법관에게 어떤 대우를 받았는지 라는 인간관계적 요소에도 주목하였던 것이 된다. 그리고 재판경험의 평가는 그러한 종합적 평가로서 발생한 것이 된다. 사람들은 재판을 함에 있어서 자신이 어떠한 대우를 받았는지 평가하고, 법관을 평가하며 변호사를 평가하고 그러한 사람들과의 상호과정을 평가하는 복안을 갖고 있는 것이다.

재판이용자를 말할 때 종종 전제가 되는 것은 단순화된 자기이익의 추구자로서의 개인이다. 그러나 현실 재판이용자는 자신의 이익을 떠나 공정한 입장에서 또는 보다 인간관계적인 시점에서 제도를 바라보고 있음을 재판에 관여하는 자는 결코 잊어서는 안되는 것이다.

사람은 인간으로서 법관을 지켜보고 변호사를 지켜보며 법정에서 이루어지는 것을 지켜보고 있는 것이다.

제5 _ 분쟁해결과 재판 - 문화적 측면

□ 미국에서의 소송당사자의 평가

마지막으로 여기서 나온 결과를 비교문화적인 시점에서 바라보도록 하겠다. 처음에 말했듯이 재판이용자에 대한 조사는 일본에서는 거의 없다. 그 점은 다른 나라들도 같다. 그 의미에서 엄밀한 비교는 어렵다. 단, 미국에 관하여는 관련된 연구가 몇가지 존재한다. 그러한 것과의 비교에서 일본의 소송당사자의 반응의 특색을 생각해 보겠다.

일본의 소송당사자는 전술하였듯이 재판과정에서 자신의 권리나 이익의 실현을 도모하는 것 이외에 재판과정이나 재판관여자에 대해 주목하고, 그 평가가 재판제도 전체에 영향을 미치고 있었다. 이러한 경향은 일본 특유의 것일까. 실은 미국에서도 유사한 점이 지적되고 있다. 예를 들면 절차의 공정성 효과에 대해서는 사회학자 아들러[68]가 중재사건의 당사자에 대한 조사 중에서 공정 지각이 결과에 대한 만족도에 영향력을 갖는 것이 보이고, 나아가 사회심리학자 린드 등[69]은 중재

---

68) Adler, J. W., Hensler, D. R., & Nelson, C. E.(1983). Simple Justice : How litigants fare in the Pittsburgh Court Arbitration Program. Santa Monica, CA : Rand Corporation.

69) Lind, E. A., MacCoun, R. J., Ebener, P. A. Felstiner, W. L. F., Hensler, D. R., Resnik, J. & Tyler, T. R.(1989), The Perception of Justice : Tort Litigants' Views of Trial, Court-Annexed Arbitration,

와 소송을 비교한 조사에서 절차적 공정판단이 결과의 만족도에 영향을 미치는 것을 제시하였다. 가사사건에 관하여 유사한 조사를 한 키츠맨과 에메리[70] 및 에메리들[71]은 아이들의 양육비에 관한 가사조정의 조사에서 유사한 결과를 제시하고 있다. 나아가 린드들[72]에 의해 이루어진 연구는 연방사법센터(Federal Judicial Center)가 8지구의 중재프로그램에 관하여 한 실태조사 데이터를 분석하고 절차의 공정성과 중재결과의 인용률과의 사이에 유의한 상관관계를 보여주고 있다. 즉 절차가 공정하다고 느끼면 그만큼 중재판정이 받아들여질 비율이 높다는 것을 발견하고 있다.

또한 사회심리학자 테일러와 린드[73]는 이러한 절차적 공정평가의 근거를 탐구하고, 전술한 집단 동일성에 관한 사회심리학이론을 사용하여 절차나 과정에서 차별이 없는 것을 가리

---

and Judicial Settlement Conference, Santa Monica, CA : Rand Corporation.

70) Kitzmann, K. M. & Emery, R. F., (1993). Procedural justice and Parent's satisfaction in a field study of child custoday dispute resolution, Law and Human Behavior 17, 553-567.

71) Emery R. E., Mathews., S. G., and Kitzmann, K. M., (1994). Child custody mediation and litigation, Journal of Consulting & Crinical Psychology 62, 124-129.

72) Lind, E. A., (1990), Arbitrating High-Stakes Cases : An Evaluation of Court-Annexed Arbitration in a United States District Court, Santa Monica, CA : Rand Corporation.

73) Tyler, T. R. & Lind, E. A., A relational model 1 of authority in groups, 25 Advances in Experimental Social Psycholory 115 (1992).

키는 지표(중립성), 다른 집단 구성원이 선의로써 행동하는 것을 가리키는 지표(신뢰성), 그리고 자신의 집단 내의 지위가 존중되는 것을 가리키는 지표(존엄성)이라는 '관계적' 관심으로 불리는 3요인이 절차적 공정판단에 있어서 중요한 요소임을 제시하고 있다.

□ 앞으로의 과제

일반적으로는 미국은 개인주의 국가이고 합리적 해결을 선호함에 대해 일본은 집단주의 국가이고 조화를 중요시하고 재판을 싫어한다고 말해진다. 그렇다고 하면 여기서 나온 공통점에 대해서는 위화감을 부정할 수 없다. 미국에서 인간관계적 요소가 최중요시되는 점, 일본에서도 명확성, 공정성이 중요시되는 점에서 일반적인 평가와 저어되는 면이 있는 것처럼 생각되기 때문이다. 원래 상기 평가가 틀렸던 것일까. 또는 일반적으로는 미일에는 분쟁해결방법에 대한 평가에서 큰 차이가 존재할지도 모르지만, 쌍방 국가에서 소송은 분쟁해결의 최후의 수단임은 공통으로 되어 있다. 일본에서도 더 이상 방법이 없을 때 소송을 하려는 것은 말하자면 극한상태에서의 요구이고, 거기서는 미국인의 반응과 다른 것이 없을지도 모른다. 아쉽게도 여기서는 그 문제에 결론을 낼만큼의 충분한 데이터는 존재하지 않는다.

처음 든 교통법원의 예도 시카고에서의 사례이다. 거기서의 여성의 반응을 이해하기 위해서는 일본에서의 조사결과가 유용할 것으로 생각된다. 이 시점에서 한가지 말할 수 있는 것은 종래 전형적이라고 말해져 온 미일의 차이에도 불구하고, 재판평가의 장면에서는 적어도 일정범위에서 양국평가에 공통적인 것이 존재하는 가능성이 나타났다는 것이다.

[菅原郁夫]

제 3 부

각국의 사회와 법

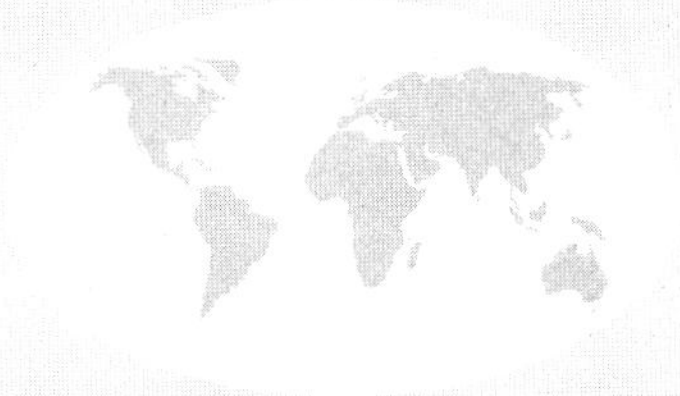

제 8 장

일본, 중국, 미국에서의 법의식

- 이해하기 힘들고 또한 실제로 존재할지도 모르는 갭 -

일본인의 '법의식' - 그 정확히 의미하는 바 - 은 과거 35년간 여러 각도에서 일본법연구를 하는 연구자에게 있어서는 그 나라 사람들의 '법의식'이라는 것은 문제가 되지 아니한다. 미국에서의 프랑스법이나 독일법의 연구는 주로 그러한 법체제와 미국법과의 학리상, 제도상, 조직적, 역사적 차이에 초점이 놓여졌다. 미국의 러시아법학자는 주로 공산주의의 정치이론이 기본적으로 대륙법의 흐름을 따른 법체제의 발전에 어떻게 영향을 주었는지를 연구하고 있다. 그리고 라틴아메리카법의 연구에서는 종종 비교헌법을 얘기하면서도 주로 법률과 경제, 정치개발과의 상관관계에 초점이 놓여졌다. 일본법의 전문가만이 법률에 대한 의식이 법체제의 구조와 시행에 미치는 영향에 주목하여 왔다. 문화, 가치관, 규범이 법체제의 시행에 대해 갖는 역할에 관해 외국의 연구자에게 묻고 있는 것은 실제로 일본뿐이다.

그러나 흥미롭게 종래의 일본법의식연구의 대부분은 외국인연구자에 의한 것뿐만 아니라 일본인연구자에 의한 것이라도 그다지 비교법의 색채가 강한 것은 아니다. 그러한 분석의 반 이상은 극단적으로 인상적 색채가 강하다. 미국의 학자나 변호사는 일본에서의 개인적인 경험을 바탕으로 적어도 미국에서 유사한 상황에 놓여졌을 때의 체험과 비교하면 일본인은 법률논의나 법적 수단에 의지하는 것을 피하려는 경향이 있다고 결론을 내리곤 한다(더 안좋은 것은 이러한 논문의 대부분은 저자는 실제로 자신의 일본에서의 체험과 미국에서의 전혀 다른 체험을 비교하는 것이다!).

신세대의 일본법학자는 일본법연구에 고도의 분석적, 경험주의적 수법을 끌어들이고 있다. 사실을 다른 변수에 비추어 주의깊게 비교함으로써 지금까지 알려지지 않았던 또는 그다지 평가되지 않았던 다수의 우발적인 변수가 밝혀졌다. 그러나 이러한 연구마저도 일반적으로 미국에서와 같은 사상과의 완벽한 비교분석을 하고 있다고는 말할 수 없고, 미국 이외의 나라와의 비교에서는 그 정도가 매우 낮다.

그래도 이러한 신종 경험적 연구는 매우 중요하다. 우선 이러한 연구의 실정은 일견 보이는 것보다 훨씬 복잡하다는 것을 명확히 하였다. 일본 최고재판소 사무국은 실제로 일본의 법관에 대해 이데올로기 통제를 하고 있다[74](물론 법체제에서 어느 정도의 예측가능성은 바람직하고 사법프로세스에 대한 어느 정도의 정치적 영향력은 민주주의에서도 피할 수 없으며, 또한 바람직하기도 하다는 인식에 기하면, 이것은 실제로 그다지 나쁜 일이 아닐지도 모른다. 적어도 그러한 통제가 실제로 작용하고 있는지 어떤지를 아는 것은 중요하다). 일본의 회사간부가 총회꾼에 대해 갖는 두려움은 그다지 불합리하지 않고 오히려 시장의 반응에 깊게 뿌리박혀 있다.[75] 행정지도는 단순한 관료의 우월의 표현이 아니라 실제로 극히 효과적이고 효율적인 규제수법이다.[76] 이러한 리스트를 들면 한이 없지만, 우리들은 거기에서 많은 것을 배워 왔다.

우리들은 또한 종래 '법의식'이라는 범주에 한꺼번에 넣어버린 것의 대부분은 구조적, 제도적으로 깊게 뿌리박힌 것임을 배웠다. 일본인은 미국인 또한 아마도 어디 사람이라도 동일하게 인센티브에 반응하여 행동하고 사적 이익을 추구한다. 그리고 사람들이 어떻게 사법시스템을 이용하는지 안하는지

74) S. Miyazawa, Administrative Control of Japanese Juges, in Law and Technology in the Pacific Community 263 (P. Lewis, ed., 1991) : M. Ramseyer, Judicial (In) dependence in Japan, 39 U. Chi. Law School Record 4 (1993).

75) C. Milhaupt & M. The Dark Side of Private Ordering : An Institutional and Empirical Analysis of Organized Crime, 67 U. Chi. L. Rev. 41(2000).

76) Michael K. Young, Judicial Review of Administrative Guidance : Governmentally Encouraged Consensual Dispute Resolution in Japan, 84 Colum. L. Rev. 941(1984).

는 모든 합리적 선택을 종합한 것이다.

그러나 우리들은 아직 일본법의 연구를 다음 단계로까지 끌어올릴 필요가 있다. 사법시스템의 구조나 제도가 왜 그렇게 발전해 왔는지를 보다 면밀하게 연구할 필요가 있다. 여러 가지 인센티브 시스템이 법체제에 의해 만들어진 것은 확실하다. 그러나 여러 가지 구조의 발전에 관하여 필연적이었던 것은 아무 것도 없다. 어떤 구조나 제도가 발전하여 온 것에는 그 나름의 이유가 있다. 그리고 어떤 시스템은 어떤 방향으로 발전하고 또한 어떤 시스템은 다른 방법으로 발전하여 온 이유를 추구할 필요가 있다. 이 관점에서 보면 법률과 생활에 관한 지금까지의 경험, 환언하면 법적, 사회적, 정치적 문화는 매우 중요하다.

그러나 이 매우 복잡한 의문을 해명하기 위해서는 보다 넓은 문화, 사람들에게 걸쳐서 비교를 할 필요가 있다. 광범위한 나라들을 대상으로 사람들의 법률에 대한 태도, 여러 가지 상황에서 사법제도를 이용하는 것에 대한 사고방식을 연구할 필요가 있다.

이 목표 하에 가또마사노부교수와 나는 몇 년 전에 이 프로젝트를 시작하였다. 사회질서와 통제를 하는 장치로서의 법률과 그 이용에 대한 태도에 정말로 차이가 있는 것인가. 나라에 따라 법률에 대한 사고방식은 정말로 다른 것인가. 그리고 그렇다고 하면 어떻게 다른가.

이 논문은 계속 중인 프로젝트의 하나의 부가적인 스텝이다.

우리가 파악한 상이점과 유사점을 모든 각도에서 완전히 평가하려면 수년 걸리지만, 현단계에서 이미 우리는 극히 흥미롭고 그리고 극히 중요하다고 생각되는 여러 발견을 하였다. 이러한 발견은 어느 것이나 태도와 실제의 행동 사이의 관계, 또한 그 배후에 있는 것과 제도의 발전에 대한 영향, 제도가 여러 나라에서 이용되는 방법을 완전히 이해하는 수단이 될 것이다.

가장 흥미로운 것은 이러한 발견의 대부분은 근본적인 레벨에서 직관에 반하고 있다. 적어도 일본법이나 일본인의 법의식에 관한 문헌에서 예측되는 것과는 상당히 동떨어져 있다. 우리의 지금까지의 연구결과로부터 몇 가지 예를 들어보겠다. 그리고 다음으로 연구결과에 기하여 이 문제에 관한 연구의 장래의 방향성에 관하여 결론을 제시하고자 한다.

국가별 문제의식에 관하여 우선 일본부터 시작한다. 일본인의 법의식에 관한 많은 발견 중에서도 특히 흥미로운 것은 그것이 극히 교육에 좌우되는 점이다. 법률을 공부하면 할수록 일반적으로 일본인으로서 연상되는 의식을 갖게 된다. 예를 들면 우리의 이전 연구에 의해 법률을 공부하는 일본인 학생이 많으면 많을수록 계약의 해석과 작성에 의해 유연성을 인정하게 되는 것이 판명되었다.[77] 환언하면 일반적으로 일본인을 가장 연상

77) 法意識國際比較硏究會, 日本人の法意識, ジュリスト1096호, 1996, 40면 이하. 또한 미국에서 발표한 것으로 M. Young, M. Kato, A. Fujimoto, Japanese Attitudes, Towards Contracts : An Empirical Wrinkle in the Debate, 34 The George Washington Univ. Int'l L. Rev. 2003.

시키는 태도 - 계약관계에서의 유연성 - 은 법률공부의 레벨이 높아지는 것과 밀접하게 관련되어 있다. 이것은 일본인이 고도의 법의식을 가진 것을 의미하는 것일까. 아니면 법의식을 고도인지 저도인지 분류하는 지표가 실은 대부분의 문헌에서 생각하고 있는 것과 정반대라는 것을 의미하는 것일까.

다음으로 우리의 이전 연구에서 입장이 그 사람의 법률에 대한 태도에 큰 영향을 주는 것도 밝혀졌다. 예를 들면 일본인 학생이 조언자적인 입장에 있을 때에는 계약의 문언에 엄밀히 따를 것을 권고하는데 대해, 실제로 주장을 전개하는 입장에 있을 때에는 보다 유연성을 요구하는 경향에 있다.[78] 이와 같이 입장이 태도를 좌우하는 중요한 변수일 뿐만 아니라 태도 그 자체가 실제 우리가 생각하는 것보다 훨씬 고정되어 있지 않고 항상적이지 않다. 즉 법률에 대한 단일 '태도'나 단일 '법의식'이 있는 것이 아니라, 법체제에서 자신이 현재 차지하고 있는 역할과 같은 변수에 의해 여러 가지 태도나 의식의 모습이 존재하는 것이다.

우리는 또한 법률에 대한 의식을 결정하는데 있어 성별이 중요한 역할을 하고 있다는 것도 발견하였다. 여성은 남성보다도 유연성을 중시하는 경향이 있고, 법거래의 상관적인 측면을 중시한다. 이것은 우리가 연구한 거의 모든 법률문제에 공통적으로 말할 수 있는 점이다. 이 점에 관하여는 우리 일본

---

78) 앞의 주(77), M. Young, M. Kato, A. Fujimoto, at 789, 829-830면.

연구는 미국에서의 성별에 관한 종래의 연구결과와 일치한다.

마지막으로 우리의 연구는 미국인과 일본인은 특히 소송이라는 형태로 거의 일률적으로 법적 수단을 이용하는 것에 동일한 정도의 적극성이 있음을 보여주고 있다. 일본인은 인간관계를 무너트릴 소송을 제기하는 것에 매우 소극적이라는 지적은 우리의 연구결과로부터는 도출할 수 없다.

단, 어떤 일반론에도 예외가 있듯이 미국인과 일본인의 법의식이 다른 측면도 존재한다. 친구나 지인을 묻지 않고 제소하는 것이 그것이다. 놀랍게도 일본인은 미국인보다도 훨씬 통계적으로 보아 상당한 정도 거침없이 친구 · 지인을 제소하는 것이 판명되었다. 일본인은 제소하는 것에 소극적이지 아닐 뿐만 아니라 미국인과 다른 이 점에서는 통념과는 정반대임을 알 수 있었던 것이다.

중국으로 눈을 돌리면 지금까지 매우 흥미로운 결과에 이르렀다. 우선 사회질서를 유지하는 것에 법률을 사용하는 것이 비교적 광범위하게 인정되어 있음을 알 수 있다. 대부분의 사람들은 법률은 '불가결'하다고 생각한다. 많은 사람들은 가족 사이에서도 법률은 '불가결'하다고 생각하고 있다. 또한 대부분의 사람들은 법률을 공경하여야 한다고 생각하고 있다. 그리고 회답자의 대부분은 사법기관에 대한 승복마저도 보였다.

흥미롭게도 법률은 불가결하다고 믿고 법률과 사법기관을 가장 공경하는 사람들이야말로 분쟁해결에 사법기관을 이용하는 것에 소극적인 것이다. 더 나아가 흥미로운 일로 이러한 사람들은 문화대혁명시대에 어른이 된 사람들이다. 즉 문화대혁명이 시작한 때에 20대 전반이었던 사람들이 가장 법률에 승복하고 불가결하다고 믿는 한편, 그것을 실제로 이용하는 것에는 가장 소극적인 것이다.

또한 중국에는 도회지와 시골의 회답자 사이에 그다지 차이가 없듯이 지역차가 그다지 없는 것도 흥미롭다. 또한 중국인의 법의식에는 직업차도 거의 없다.

이상에 든 몇 가지 예에서 법의식, 법률에 대한 태도에 대해 무엇을 배울 수 있을까. 그리고 우리의 연구는 여기서 어떻게 나아가야 할까. 보다 많은 분석이 이루어질 필요가 있지만, 이 단계에서도 몇 가지 일반론을 도출하는 것은 가능하다.

먼저 우리가 관찰한 많은 경험적 결과는 이 문제에 관한 통상의 관념과는 일치하지 않는 것이다. 실제로 그 대부분은 일본인과 일본인의 법의식에 관하여 일반적으로 받아들여지고 있는 견해와 정반대인 것이다. 나는 일본과 미국에서 20년에 걸쳐 이 분야에서 가리치고 연구하여 온 경험이 있는데, 이것으로도 많은 사람들의 생각을 바꿀 수 없다. 대부분의 사람들은 이 문제에 관하여 실체험에 기하여 자신이 결론을 이미 내리고 있고 새로운 연구결과를 객관적으로 보려고 하지 않는다. 실제로 나는 이것을 쓰고 있을 때도 대부분의 독자는 그것이 얼마나 어리석은 지적 작업이었다고 하여도 자신의 고정관념의 정당성을 확인하기 위해 이 연구결과를 왜곡하여 해석할 것으로 확신하고 있다. 그러나 가공의 객관적인 관찰자 - 내가 언젠가 만나고 싶다고 절실히 바라는 인물 - 에게 있어서는 이 결과는 일본인과 그 '저'레벨의 '법의식'에 관한 기존의 관념을 번복하는 것이 될 것이다.

제2로 법률에 대한 태도는 환경, 경험, 상황에 의해 상당히 다르다는 것이다. 이러한 상위의 모든 것을 '문화'의 차로 돌리는 사람도 있을 것이지만, 이것은 확대해석도 지나치고 '문화'라는 말의 곡해이다. 실체 또는 변수로서의 문화를 실제로 배운 사람들은 이러한 '문화'라는 말의 사용법을 인정하지 않을 것이다. 실제로 우발적인 변수를 충분한 정확성으로써 정련할 수 있다고 하면, '문화'를 사람들의 사고방식이나 행동에 대한 인풋으로서가 아니라 아웃풋으로서 파악하는 쪽이 좋을지도 모른다.

제3으로 법률에 대한 다른 태도에 관련된 변수는 매우 흥미롭다. 성별의 차이나 법체제에 관련한 입장과 같이 교육의 질은 명확히 사람들의 태도에 크게 영향하고 있다. 놀랍게도 사람들의 일상의 경험(예를 들면 시골에 살고 있다든지 도회지에 살고 있다든지 어떠한 직업에 종사하고 있는지 등)은 우리들이 생각하기보다도 법률에 대한 태도에 미치는 영향력은 적은 것 같다. 한편으로 중국의 문화대혁명과 같은 대변동의 경험은 사람들의 의식의 형성에 중요한 역할을 하는 것 같다.

제4로 사람들의 태도를 비교적 고정화된 것으로 생각하는 것은 틀린 것 같다. 이러한 연구가 무엇인가 지표가 된다고 하면 사람들의 인생을 통하여 태도는 확실히 변해간다. 교육경험에 의해 비교적 짧은 시간이라도 태도가 바뀌는 일이 있다.

동일하게 흥미로운 것에 사람들은 두 가지 이상 다른 태도를 동시에 가지는 일도 있을 것이다. 어떤 역할(변호사 등)을 할 때에는 어떤 태도를 보이고 다른 역할(조언자 등)을 가질 때에는 별개의 태도를 보인다는 내용이다. 환언하면 우리들이 지금 실제로 연구하고 있는 것은 하나로 말로 표현할 수 없고 생활 속의 여러 가지 환경이나 상황에 응하여 여러 가지 형태로 변동하는 것일지도 모른다.

아직 과제는 산적되어 있다. '태도', '문화', '법의식'이나 이러한 연구에서 아무 생각 없이 사용하고 있는 그 밖의 모든 말에 보다 본질적이고 미묘한 차이를 반영한 정의를 부여하여야 한다. 다음으로 가능한 우발적인 변수의 많은 것을 설명할 능력을 계속하여 모색하여야 한다. 지금까지 우리들은 행동을 좌우하는 것의 표면을 살펴본 것에 불과하지만, 인과관계에 관하여 보다 연구를 할 필요가 있다. 물론 다른 나라들, 문화에 걸쳐 비교하려면, 수법도 정련되어 있어야 한다. 그리고 마지막으로 태도와 행동의 관계를 연구하는 방법을 확립하여야 한다. 어느 특정한 태도를 형성하는 이유의 연구가 그다지 이루어지지 않았다고 하면, 그 태도와 실제의 행동과의 관계에 관한 연구는 그보다 더 나아가 이루어지지 않았다고 말하지 않을 수 없다.

지금까지의 연구는 흥미롭고 자극적인 것이라고 믿고 있다. 진짜 작업은 아직 시작되었을 뿐이다.

[마이클 K. 영]

제 9 장

미국인은 일본인보다 일본적일까

제1 _ 서

전형적인 타입은 무서운 것이다. 확실히 현실과 딱 합치하는 전형적인 타입은 있다. 그러나 현실과 어긋난 것도 결코 적지 않다. 그러한 어긋한 전형적인 타입이 일단 만들어지면 언제까지라도 뿌리 깊게 존속하는 일이 많다. 아무리 반론하여도 또한 아무리 반대 증거가 쌓여도 쉽게 무너지지 않는 것이다.

이번 3개국의 법의식조사 결과를 보면, 전형적인 타입의 양면이 명확히 반영되어 있는 것처럼 생각한다. 미국의 결과에 착안하면 법의 이미지나 준법정신에 관한 결과는 종래 전형적인 타입에 극히 가깝다. 그러나 계약의식이나 소송의식에 관한 결과는 다르다. 오히려 이 장의 타이틀이 표현하듯이 계약의식 · 소송의식에 관한 종래의 미국인의 스테레오 타입과 일본인의 스테레오 타입부터 판단한다고 하면, 미국인은 일본인보다 일본적이라는 조사결과가 나와 있다. 물론 이러한 조사결과를 보고 전형적인 타입을 다시 생각하기보다 많은 사람은 오히려 그 결과를 어떻게 해서든 전형적인 타입에 맞출 수 있게 해석하게 되는 것은 명확하다. 그것이 전형적인 타입의 확고함, 그리고 전형적인 타입의 무서움이다.

제2 _ 전형적인 타입에 합치하는 것 : 법의 이미지/준법정신

□ 전형적인 타입 : '법의 사회 미국'

종래의 전형적인 타입으로 본다면 미국은 법의 사회이고 미국인은 법을 존중한다는 것이 된다. 조사결과는 이러한 미국인상과 실제로 합치한다.

• 조사결과(1) : 긍정적인 법의 이미지

우선 질문(4)를 보자(〈도1〉). "당신은 '법'이라는 말을 들으면 제일 먼저 어떠한 인상을 받게 됩니까"라는 질문에 대해, 미국인에게서 특별히 많았던 답은 '자유를 지킨다'였다. 4할 이상의 미국인이 이 답을 골랐다. 2번째('공평성')도 3번째('민주적이다')도 긍정적인 답이 계속된다. '탄압적''불공평''권위주의적'이라는 3개의 부정적인 답을 합쳐도 16% 정도에 불과하다. 미국인에게 있어 법의 이미지는 확실하고 압도적으로 긍정적이다.

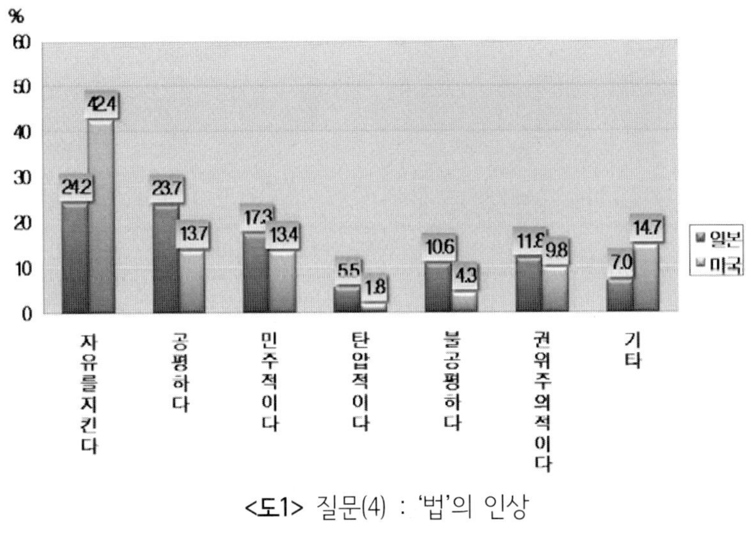

<도1> 질문(4) : '법'의 인상

- 조사결과(2) : 강한 준법정신

손해를 보아도 반드시 법을 지켜야 한다

다음은 질문(7)을 보도록 하자. (7)(가)("법대로 살면 손해를 보니까 그러한 경우에는 반드시 법을 지킬 필요는 없다")에 대해 미국인의 답은 압도적으로 '그렇게 생각하지 않는다'(46%)와 '어느 쪽이라고 하면 그렇게 생각하지 않는다'(21%)에 집중되었다(〈도2〉). 요컨대 준법정신의 강함을 근거 짓는 결과이다.

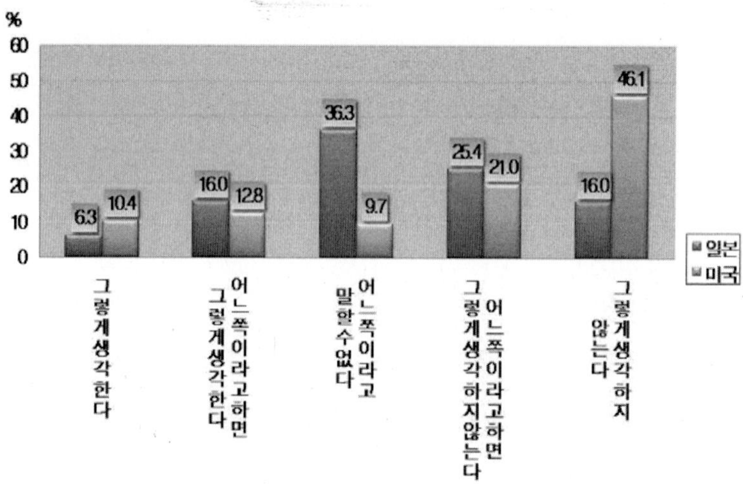

<도2> 질문(7)(가) : 손해를 보는 경우에는 반드시 법을 지킬 필요는 없다

발견되지 않아도 법을 지켜야 한다

준법정신의 관계에서 더 나아가 인상적인 것은 질문(7)(나)("법을 어겨도 발견되지 않는다고 생각될 때 법을 지키는 것은 때로 어리석은 일이다")이다(〈도3〉). 거의 60%의 미국인은 실로 '그렇게 생각하지 않는다'로 답하였다. '어느 쪽이라고 하면 그렇게 생각하지 않는다'의 17%와 합하면 4분의 3 이상의 미국인은 발견되지 않아도 법을 지켜야 한다고 생각하고 있는 결과가

된다(참고로 '그렇게 생각한다'(5.3%)와 '어느 쪽이라고 하면 그렇게 생각한다'(11.3%)를 합하면 16% 정도가 되는 것에 불과하다). 평균치(1.0부터 5.0까지의 스케일로 3.0이 중앙인 '어느 쪽이라고 말할 수 없다'에 해당한다)로 본 경우, 미국인은 극히 부정적인 4.14%이다.

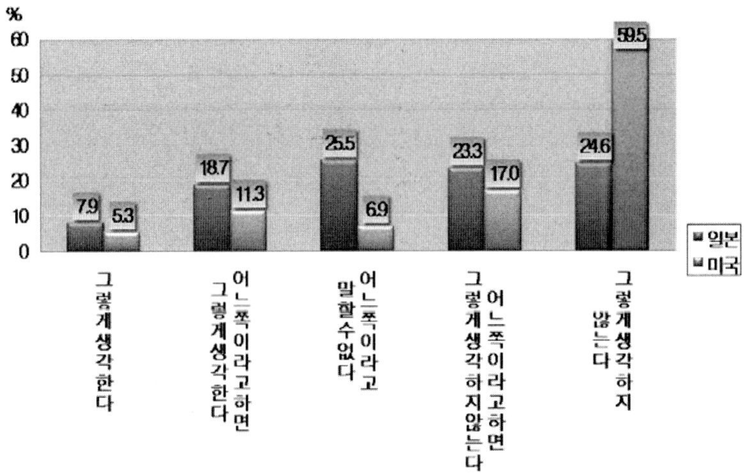

<도3> 질문(7)(나) : 법을 어겨도 발각되지 않을 때 법을 지키는 것은 때로 어리석은 일이다

이 결과에는 종교의 영향이 크게 나타나 있는 것처럼 생각된다. 즉 크리스트교나 유대교의 가르침에 의하면 설사 다른 사람에게 발견되지 않아도 신은 항상 보고 있고 죄를 범하면 반드시 저승에서 심판받게 된다. 이 가르침은 신앙깊은 사람만이 아니라 교회에 거의 가지 않은 사람에게도 상당히 영향

이 있을 것이다. 미국의 TV나 영화에 비슷한 메시지가 빈번하게 나온다. 예를 들면 최근 15년 가까이 미국의 아이들에게 인기가 있는 '더 심프선즈'라는 애니의 TV프로를 보면 등장인물은 어른이든지 아이든지 거짓말을 하면 마직막에는 반드시 밝혀져서 벌을 받게 된다. 확실히 이 시리즈의 메시지는 거짓말은 밝혀진다는 것이다. 그러한 의미에서 사람에게 발견되는 것이 전제이고, 질문(7)(나)와는 상황이 다소 다르다. 그러나 많은 미국 아이들에게 사람에게 발견되지 않아도 나쁜 짓을 절대로 해서는 안된다는 메시지를 강하게 인상에 남게 하는 것은 크리스마스이다. 미국의 경우 크리스마스에 아이들이 많은 선물을 받게 되는 것으로 되어 있다. 적어도 초등학교 저학년까지 많은 아이들은 산타클로스를 믿고 산타가 선물을 갖고 온다는 것도 믿고 있다. 그런데 인기가 있는 크리스마스 캐롤에도 있듯이 "나쁜 짓을 하면 산타가 반드시 알고 있어요" (He[Santa] knows if you've been bad or good), 그리고 나쁜 짓을 하면 산타가 선물을 주지 않는다는 것을 아이들은 어릴 때부터 듣고 있다. 즉 신과 같이 인간 위에 서서 모든 죄를 알고 벌을 주는 존재가 있다는 사고방식은 크리스마스 선물에 의해 구체화되는 것이다.

□ 일본과의 비교 : 발견되지 않으면 법을 지키지 않아도 좋다고 상당수의 일본인은 생각하고 있다

그런데 일본인은 어떠할까. 동일하게 질문(7)(나)의 평균치 3.38로 알 수 있듯이 전체로서는 상당히 부정적이다. 즉 발견되지 않아도 법을 지켜야 한다는 의견을 갖고 있는 사람이 많다. 그러나 '그렇게 생각한다''어느 쪽이라고 하면 그렇게 생각한다'를 합하면 26% 이상의 일본인은 발견되지 않으면 법은 반드시 지켜야 하는 것이 아니라는 의견을 갖고 있다.

● 죄의 문화, 수치심 문화의 발현인가

이 미일 각각의 결과는 문화인류학의 일본연구의 선구자적 역할을 한 루스 베네딕트의 "국화와 칼"에 나타난 '죄의 문화'와 '수치심의 문화'의 분석에 합치하는 것처럼 생각한다. 베네딕트를 인용하면, "여러 가지 문화의 인류학적 연구에서 중요한 것은 수치심을 기조로 하는 문화와 죄를 기조로 하는 문화를 구별하는 것이다... 진정한 죄의 문화가 내면적인 죄의 자각에 기하여 선행을 하는 것에 대하여 전정한 수치심 문화는 외면적 강제력에 기하여 선행을 한다. 수치심은 타인의 비평에 대한 반응이다... 그러나 명예라는 것이 스스로 마음 속에 그린 이상적인 자아에 합치하도록 행동하는 것을 의미하는 나라에서 사람은 자신의 비행을 어느 누구도 알지 못해도 죄의 의식에 번뇌한다."[79] 두말 할 필요도 없이 베네딕트에 의하면 미국은 죄의 문화이고 일본은 수치심의 문화인 것이다.

물론 이러한 분석이 맞는다고 하여도 모든 사람에게 해당되는 것은 아니다. 베네딕트가 지적하듯이 미국인 사이에서도 수치심에 따라 행동을 하는 사람은 적지 않고 동시에 일본인 사이에서 죄의식에 따라 행동을 하는 사람도 결코 적지 않다. 요컨대 양국 모두에 양 타입의 인간이 있다는 것이다. 또한 사람에게 발견되지 않아도 하늘이 안다는 가르침은 유대교 · 크리스트교 특유의 것이 아니다. 많은 종교에 유사한 가르침이 있다. 중국이나 일본의 경우에도 그러한 생각이 '四知'에서 볼 수 있다. 즉 '後漢書楊震傳'에 의하면 두 사람 사이에서만의 비밀이라도 하늘이 알고 땅도 알고 나도 알고 상대방도 알고 있으므로 언젠가는 다른 사람도 알게 된다는 것이다. 이러한 점에서 생각하여도 상기한 문화의 차이는 절대적인 것이 아니라 정도의 차이라고 해야 할 것이다.

• 미국인보다도 일본인의 신뢰도가 낮은가

최근의 연구에서는 베네딕트와 같은 결론을 다른 관점에서 지지하는 것으로 사회심리학자 山岸俊男의 미일비교신뢰도의 연구가 있다. 山岸에 의하면, "사회관계나 인간관계가 보다 안정되어 영속적이고 그러한 관계가 상호신뢰에 의해 성립되어

79) Benedict, Ruth, The Chrysanthemum and the Sword : Patterns of Japanese Culture, Houghton Mifflin(1946). [ルース · ベネディクト(長谷川松治譯), 定譯菊と刀 : 日本文化の型, 社會思想社, 1972, 257-258면.

있는 정도가 보다 강한 것 같은 일본사회 쪽이 미국사회보다도 타인 일반을 신뢰하는 경향이 낮다는...명확한 실증연구에 기한 근거가 존재하고 있다."[80] 즉 질문지조사, 실험 등에 의한 결과로서 일본인은 미국인보다 신뢰도가 낮다는 것이다. 그러나 평판의 역할에 관하여 일반적인 미국인보다도 일반적인 일본인은 "나쁜 평판을 받는 것을 피하려고 하기 위해 그다지 정직하지 않은 행동은 하지 않는다"는 의견을 갖고 있다.[81] 이러한 결과에서도 일본인은 타인의 눈을 신경쓰려고 하는 것에 대해 미국인은 설사 타인에게 발견되지 않아도 법을 지켜야 한다는 이번의 3개국 법의식조사의 질문(7)(나)의 결과와도 일치한다. 물론 이러한 의식이 실제의 미국인과 일본인의 행동과 일치하는지는 별개의 문제이다.[82]

---

80) 山岸俊男, 信頼の構造 : こころと社會の進化ゲーム, 東京大學出版會, 1998, 19면.

81) 山岸, 전게(주80), 102면.

82) 이 점에 관하여 山岸의 실험결과는 흥미롭다. 어떤 실험에서는 일본인은 미국인보다도 신뢰도가 낮다. 그와 동시에 일본인은 미국인보다도 비협력적이라는 결과가 나왔다. 그런데 비협력자에 대한 감시와 제재의 요소를 부가한 경우, 미국인과 같은 정도의 협력 패턴으로 전환되었다. 즉 일본인이 타인의 눈을 신경쓰고 있었다는 결과이다(山岸俊男, 社會的ジレンマの仕組み - 自分一人ぐらいの心理 -, サイエンス社, 1990). 그러나 별개 실험에서는 동일하게 일본인의 신뢰도는 미국인보다도 낮다는 결과가 나오면서도 그러한 의식은 실제 행동으로 나타나지 않았다(山岸, 전게(주80), 143면.).

제3 _ 전형적인 타입과 다른 결과 : 계약의식/소송의식/법에 관계되는 것

법의 이미지/준법정신에 관한 이번의 조사결과와는 대조적으로 계약의식, 소송의식 그리고 법에 관계되는 것 자체에 관한 조사결과는 전형적인 타입과 상당히 동떨어져 있다.

□ 계약의식의 전형적 타입 : (1) 계약사회 미국에서 어떠한 경우라도 계약서가 요구된다 (2) 미국에서 명확하고 상세한 계약서가 선호된다

미일의 계약의식 및 소송의식의 종래의 견해를 대표하는 것은 무엇보다도 川島武宜의 "日本人の法意識"이다.[83] 이 책은 큰 영향을 주었다. 법분야의 저서로서는 드물게 베스트 셀러가 될 정도로 일본국내에서 팔리고, 그리고 내외에서 화제가 되어 그 후의 일본법 연구에 강한 임팩트를 주었다. 먼저 服部四郎의 말을 빌려 川島가 미국인의 특징을 다음과 같이 묘사한다. "미국인은 법률, 규칙, 약속을 잘 지키고 또한 그것을 잘 이용하는 국민이다... 일본인이 사람과 약속하는 경우에는 약속 그 자체보다도 그러한 약속을 하는 친절우정이 오히려 중

83) 川島武宜, 日本人の法意識, 岩波書店, 1967.

요하다...그들[미국인]에게 있어서는 약속과 우정과는 확실히 별개의 것이다."[84] 그리고 일본의 계약에 보이는 경향으로서 "우리나라에서는... 계약서를 작성하지 않는 경우가 많을 뿐만 아니라 계약서를 작성한다고 하여도 그 내용은 일반적으로 매우 간단하고 계약내용 중의 중요한 요소만을 규정하는 것이 많다...이것은 유럽이나 미국의 거래에서는... 계약상의 권리의무가 '매우 자세하게'... 상세히 규정되고, 때로 돋보기로 보지 않으면 읽을 수 없는 것과 같은 작은 글자로 인쇄되어 있다는 사실과 대비할 때에 매우 현저한 일본적 특징이라는 것을 알 수 있는 것이다."[85]

요약하면 다음 2가지 전형적 타입이 떠오른다. ① 미국사회에서 계약서의 이용이 침투하고 계약서가 널리 요구된다. 그에 대하여 일본인은 미국인만큼 계약서를 사용하지 않고 아직 계약서의 이용에 저항마저 느낀다. ② 미국에서 명확하고 상세한 계약서가 선호된다. 역으로 일본에서 짧고 융통성이 있는 계약서가 선호된다.

川島 이후 이러한 전형적인 타입을 강조하는 저서나 논문이 많이 있다. 거기에 이러한 미일 양국간의 전형적인 타입을 믿는 것은 일본인만이 아니다. 미국인도 같은 이미지를 갖고 있는 사람이 많다.

그러면 조사결과는 어떠할까.

---

84) 川島, 전게주(83) 98-99면.

85) 川島, 전게주(83) 113면.

- 조사결과(1) : 친구 간의 경우, 미국인은 일본인보다도 계약서의 이용을 싫어 한다

먼저 계약서의 이용에 관한 질문으로서 질문(12)("친한 친구에게 1개월 급여에 해당하는 금액을 대여하였다고 합니다. 이 경우 차용증을 받습니까")를 소개하고 싶다(〈도4〉). 미국인의 회답에서 '반드시 받는다'와 '아마도 받는다'를 합하면 확실히 '절대로 받지 않는다' '아마도 받지 않는다'의 합계를 상회한다. 그러나 그 차이는 겨우 0.7%(41.4% 대 40.7%)에 불과하다. 그에 비하면 일본의 경우 '받는다' 쪽('반드시 받는다' '아마도 받는다')의 합계(53.5%)가 '받지 않는다' 쪽의 합계(31.8%)를 크게 상회한다. 계약서에 저항을 보이기는커녕 이러한 친구 간에서도 반 이상의 일본인이 차용증를 받고자 한다. 나아가 인상적인 것은 '절대로 받지 않는다'의 회답이다. 미국인의 15.5%는 차용증을 절대로 받지 않는다고 답하였는데 대하여 절대 받지 않는다는 일본인은 겨우 2.9%밖에 안된다. 이 질문(12)는 친구 간에 관한 것이고, 비즈니스거래를 대상으로 하지 않는 점은 유의하여야 한다. 그러나 적어도 친구 간의 경우에 '계약사회 · 미국'의 이미지와는 달리 계약서를 선호하는 일본인은 미국인보다 매우 많고 그리고 절대 받지 않는 미국인이 놀랍게도 일본인의 5배 이상이다.

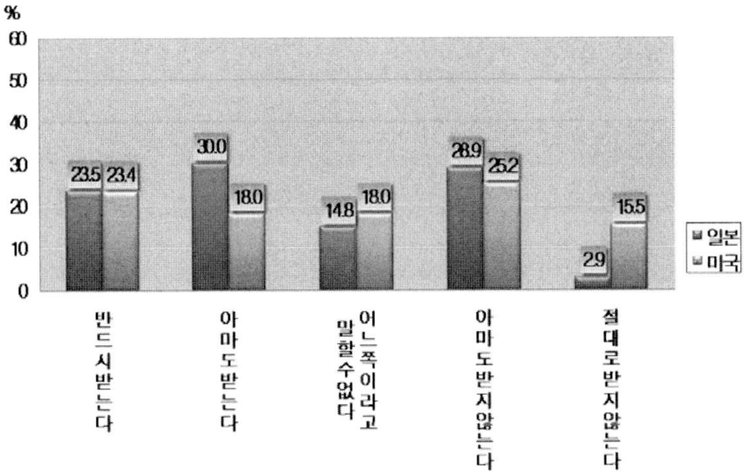

<도4> 질문(12) : 친구에게 돈을 빌려주는 경우 차용증을 받는가

- 조사결과(2) : 일본인 쪽이 미국인보다도 자세하고 구체적인 계약서를 선호한다

제2의 계약의식의 전형적인 타입, 즉 미국인이 명확하고 상세한 계약서를 선호하고 일본인이 짧고 애매한 것을 선호한다에 눈을 돌려보면, 이번의 법의식조사도 또한 완전히 반대의 결과로 되어 있다. 질문(14)가 바로 그 문제를 제시한다. "계약서에 관하여 다음의 의견 중 당신은 어느 쪽에 찬성입니까. (A의 의견) 계약서를 교환할 때도 가능한 간단하게 하고 계약서의 표현도 가능한 나중에 융통의 여지가 있도록 하는 쪽이 좋다. (B의 의견) 계약서라는 것은 나중에 해석 등을 둘러싸고 분규가 일어나지 않도록 가능한 상세하고 구체적으로 명확히 정해두는 쪽이 좋다."

회답(〈도5〉)을 보면 미국인도 일본인도 대다수가 B, 즉 '상세하고 구체적'인 계약서를 선호한다. 게다가 그 답을 고른 일본인은 미국인을 크게 상회하고 있다. 'B에게 찬성'과 '어느 쪽이라고 하면 B에 찬성'을 합하면, 무려 87% 이상의 일본인이 자세한 계약서를 선호하는 것이다. 역으로 간단하고 융통이 가능한 계약서('A', '어느 쪽이라고 하면 A')로 답한 일본인은 겨우 6.5% 밖에 안된다. 평균치로 보면 4.3 이상으로 완전히 B로 기울어져 있다. 그에 대하여 62% 정도의 미국인이 자세한 계약서('B', '어느 쪽이라고 하면 B')를 선호하지만 약 4명에 1명의 미국인이 간단하고 융통이 가능한 계약서('A', '어느 쪽이라고 하면 A')를 골랐다.

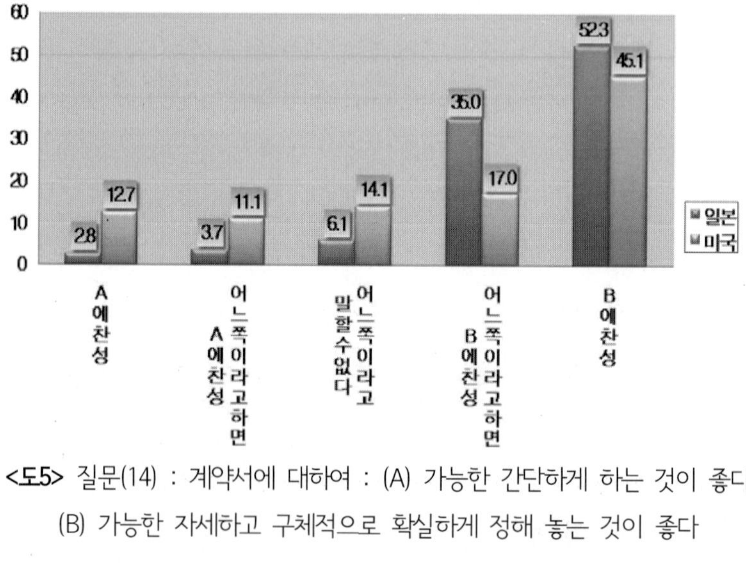

<도5> 질문(14) : 계약서에 대하여 : (A) 가능한 간단하게 하는 것이 좋다 (B) 가능한 자세하고 구체적으로 확실하게 정해 놓는 것이 좋다

3개국 중 융통이 가능한 계약서를 선호하는 미국인이 나머지보다 훨씬 많다. 종래의 전형적 타입에서 생각하면 실로 놀라운 결과이다.

□ 소송의식에 관한 전형적인 타입 : (1)소송을 선호하는 미국인, 소송을 싫어하는 일본인 (2)미국인은 '흑백'을 명확히 하려고 한다

소송의식에 관한 종래의 사고방식도 또한 川島의 설명이 가장 유명하다. "우리나라에서는 일반적으로 사인 간의 분쟁을 소송에 의해 해결하는 것을 꺼리는 또는 싫어하는 경향이 있다...."[86] "전통적인 일본의 법의식에서는 권리 · 의무는 있는 것 같은 · 없는 것 같은 것으로 인식되어 있고, 그것이 명확화되고 확정적인 것으로 되는 것은 바라지 않는다. 그런데 서양의 법사상 전통...에 기하여... 분쟁사실을 명확하게 한 다음 그에 기하여 당사자의 권리의무를 명확하고 확정적인 것으로 하는 것을 목표로 하고 있다. 거기에서는 권리가 있는지 없는지 - 즉 '전부인가 전무인가'(all or nothing?)라는 형태로 판단이 내려짐으로써 분쟁이 해결된다. 그런데 이 해결은 본래 일본의 인간관계나 그에 관한 의식에는 적합하지 않은 이질적인 것이다."[87] 이러한 인식이 더 나아가 '소송을 싫어하는 일본인 · 소

86) 川島, 전게주(83) 127면.

송을 좋아하는 미국인'이라는 전형적인 타입으로 발전하여 왔다. 그리고 많은 일본인과 많은 미국인이 이러한 양국의 전형적인 타입을 믿고 있는 것 같다(참고로 인간관계가 가장 밀접한 가족관계 · 친구관계에서야말로 일본인이 소송을 싫어하는 이미지가 강하다).

- 조사결과 : (1)미국인은 특히 소송을 좋아하지 않는다
  (2)미국인은 '흑백'을 명확히 하는 재판보다도 조정을 좋아한다

이번의 조사에서 소송의식에 관한 질문은 (16)~(18)이다(〈도6〉~〈도8〉 참조). 모두 1개월 치의 급여에 상당하는 피해가 있다는 전제로 각각 차입금에 얽힌 친구와의 분쟁(16), 불량품에 얽힌 전기상과의 분쟁(17), 그리고 교통사고에 얽힌 분쟁(18)을 대화로 해결할 수 없는 경우, 그 밖의 분쟁해결수단에 관한 의견을 묻는 질문이다. 선택지는 '(가)특별한 행동을 취하려고 하지 않는 것', '(나)공통의 지인인 유력한 사람에게 상담하는 것', '(다)법률전문가에게 상담하는 것', '(라)조정제도를 이용하는 것', '(마)법원에 제소하는 것'이다.

---

87) 川島, 전게주(83) 139-140면.

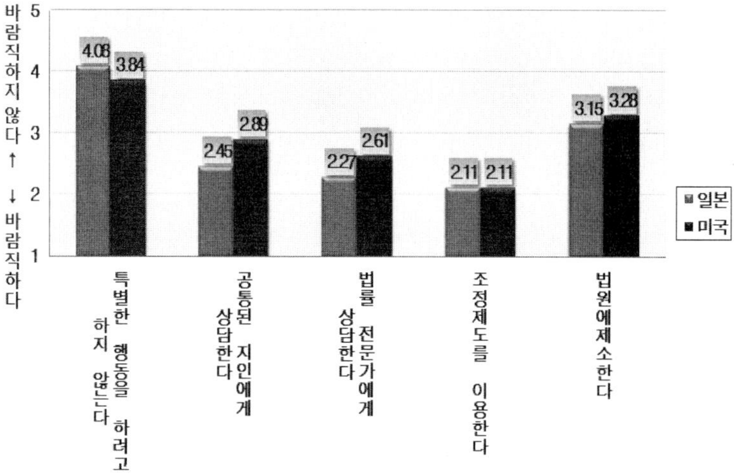

<도6> 질문(16) : 차입금에 얽힌 친구와의 분쟁의 바람직한 해결방법

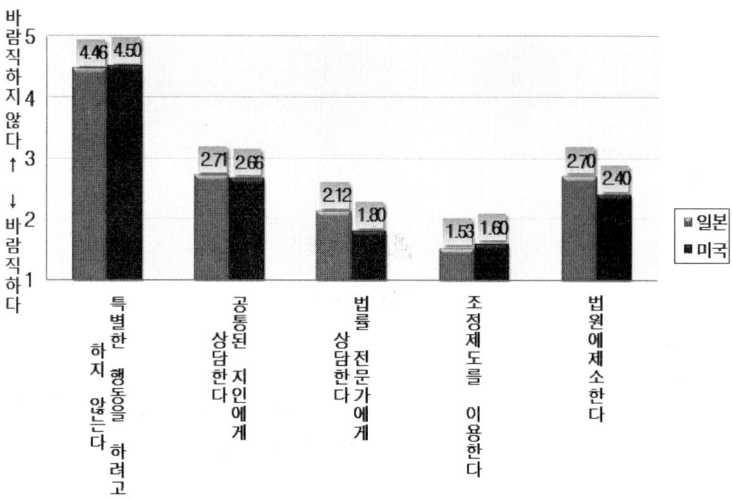

<도7> 질문(17) : 불량품에 얽힌 전기제품판매자와의 분쟁의 바람직한 해결방법

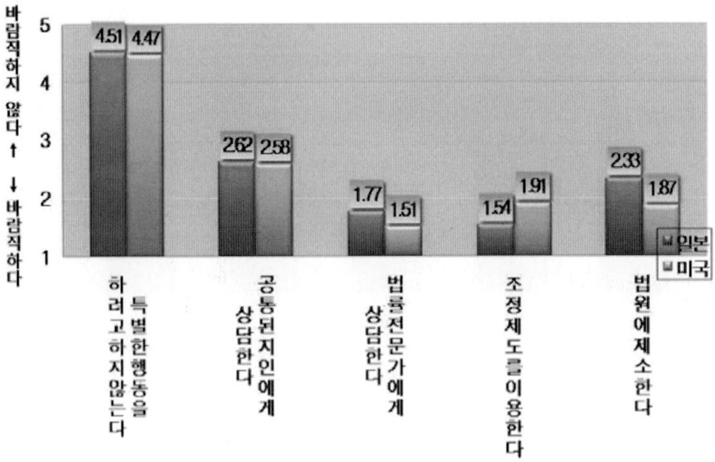

<도8> 질문(18) : 교통사고에 얽힌 분쟁의 바람직한 해결방법

친구인 경우 미국인은 특히 소송을 싫어한다

친구인 경우(질문(16)) 평균치로 보면 미국인에게 있어서 가장 바람직한(즉 평균치가 가장 낮은) 방법은 조정이다. 그리고 소송에 관한 의견을 보면 양국 모두에서 평균치가 3.0을 넘고 있다. 즉 양국 모두에서 소송을 싫어하는 경향이 보인다. 여기서 특히 인상적인 점은 미국인이 일본인보다도 법원에 제소하는 것을 싫어한다는 점이다. 친구인 경우의 전형적인 타입과 다른 결과이다.

가게와의 분쟁, 교통사고의 경우에도 미국인은 재판보다 다른 방법으로 해결하려고 한다

확실히 전기상과 교통사고의 경우, 미국인은 일본인보다도 법원에 제소하는 것을 지지한다. 그러나 양 케이스에서 미국인은 조정 및 법률전문가와 상담하는 것을 소송보다도 더 바람직하다고 생각하고 있다. 즉 다른 방법으로 해결할 수 없는 경우에는 소송을 선택한다는 해석이 성립한다. 미국인은 반드시 '흑백'을 명확히 하려고 한다는 전형적인 타입과는 상당히 동떨어진 결과로 되어 있다.

또한 법원에 제소하는 것에 대한 일본인의 회답을 보면 양 질문의 평균치는 3.0을 크게 밑돌고 있다. 이것은 일본인은 소송을 싫어하기는커녕 상당히 바람직하게 생각하고 있는 것이 된다. 이것도 종래 전형적인 타입과는 다른 결과라고 말하지 않을 수 없을 것이다.

'체념하는' 미국인은 일본인보다 많다!

미일 모두 3가지 질문을 통하여 가장 높은 평균치 - 즉 가장 바람직하지 않다는 선택지 - 는 모두 (가)('특별한 행동을 취하지 않는 것')이다. 조화를 유지하기 위해 체념한다는 방법은 선호되지 않는다. 그런데 모든 질문에서도 '특별한 행동을 취하지 않는다'고 답한 미국인('바람직하다'/'어느 쪽이라고 하면 바람직하다'의 합계)는 같은 회답의 일본인보다 상당히 많다. 특히 인상적인 것은 친구와의 분쟁에 관한 회답이다. 그 경우 체념하는 미국인은 17% 가까이 있는데, 일본인은 그 반 이하인 8% 밖에 없다.

이 3가지 질문을 합하여 생각하면 전기상과 교통사고에 관하여 미국인도 일본인도 소송 이외의 방법으로 해결하려고 하지만, 소송을 하여도 좋다고 생각하고 있는 것 같다. 또한 친구와의 분쟁에 관하여 미국인도 일본인도 소송을 피하려고 하지만, 일본인보다도 미국인이 그러한 경향이 강하다. '소송을 싫어하는 일본인 · 소송을 좋아하는 미국인'의 양면에 의문을 던지는 결과가 되었다.

□ '법의 사회 미국'의 전형적인 타입과는 달리 압도적 대다수의 미국인은 법에 관계되고 싶지 않다

마지막으로 특히 인상적인 것은 질문(6)(다)의 결과이다(〈도9〉). '법에 관련되는 일은 가능한 피하는 것이 좋다'는 예제에 대하여 '그렇게 생각한다' 또는 '어느 쪽이라고 한다면 그렇게 생각한다'로 답한 미국인이 압도적으로 많다(합계 약70%). 그렇게 답한 일본인은 겨우 15% 밖에 안된다. '법의 사회 미국' 이미지와는 반대로 대다수의 미국인은 법에 관계되고 싶지 않다는 것이 된다.

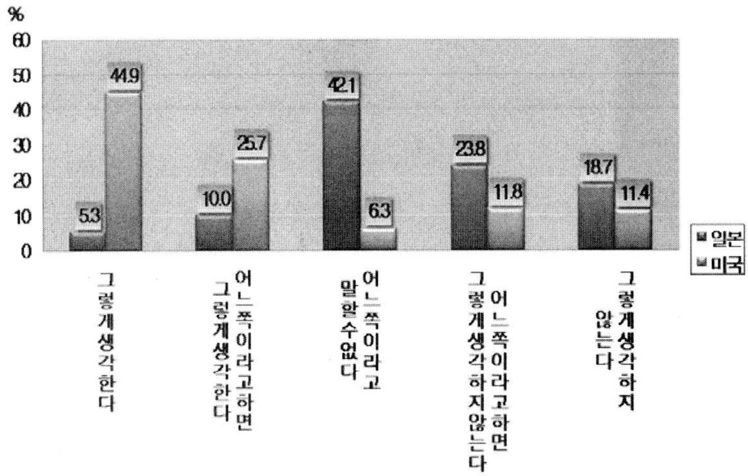

<도9> 질문(6)(다) : 법에 관련되는 일은 가능한 피하는 것이 좋다

□ 조사결과의 종합 : 미국인은 일본인보다도 일본적이다

이들 결과를 종합하면, 미국인은 법을 존중하고 있고(질문(4)) 설사 누가 보지 않아도 법에 따라야 한다(질문(7)(가), (나))고 믿고 있다. 그러나 자신도 가능한 법에 관계되고 싶지 않으며(질문(6)(다)), 계약관계(질문(12)) 또는 소송관계(질문(16))의 예에서 보듯이 친구도 법에 관련되는 것에는 끌어들이고 싶지 않다. 게다가 친구에 관한 질문에서 미국인이 이만큼 법의 이용에 관하여 소극적인 것은 인간관계를 소중하게 생각하고 있을 뿐만 아니라 법이 들어오면 인간관계가 나빠진다고 믿고 있기 때문일 것이다. 그렇게 보면 종래 일본의 전형적인

타입에서 생각하면 미국인은 일본인보다 일본적이라고 말해야 하는 것이 아닐까.88)

제4 _ 결과의 검증 : 진짜 일본적인 것일까?

일본인보다도 일본적? 그럴 리가 없다고 대부분의 독자가 생각할 것이다. 그 패러독스의 타개책으로서 2가지 어프로치를 생각할 수 있다. 그 하나는 종래의 전형적인 타입 - 미국인에 대한 것도 일본인에 대한 것도 -을 재고찰하는 것이다. 또 하나는 조사결과에 의문을 던지거나 또는 결과를 별개의 것으로 해석하거나 함으로써 전형적인 타입과 결과의 저촉을 회피하는 것이다. 전술하였듯이 많은 독자는 아마도 후자의 어프로치를 취하려고 할 것이라고 생각한다.

□ 결과에 의문을 던지는 요소

결과에 의문을 던질 여지가 없다고는 말할 수 없다. 위에서 본 질문은 모두 미일의 결과 사이에 유의한 차이가 있다. 그러나 회답자가 질문을 어떻게 이해하고 어떠한 생각으로 답했는

88) 아울러 소송비용 그 밖에 관하여는 289면 참조.

지는 일률적으로는 말할 수 없다.

• 말이나 개념이 차이

먼저 말의 문제이다. 화문을 영문으로 번역하고 나서 연구자 전원이 개별적으로 읽은 다음 모두 모여 의미나 뉘앙스에 관하여 논의하고 영문을 수정하였다. 그 후 그 때까지 전혀 관계하지 않았던 사람에게 백 트랜스레이션을 부탁하였다. 즉 영문을 또한 일본어로 다시 번역하게 하고 차이가 나온 경우에 재수정을 하였다. 이와 같이 가능한 질문의 문장이 어느 나라에서도 동일하게 통하도록 최선을 다하였지만, 뉘앙스의 차이나 개념의 차이에 의한 이해의 차이를 완전히 방지할 수가 없었다. 말이나 뉘앙스가 같아도 제도의 차이 또는 회답자가 놓여진 사회상황의 차이에 의해 이해도 달라질 것이기 때문이다. 예를 들면 미국에서 교통사고분쟁을 다루는 조정제도가 거의 발달되어 있지 않기 때문에 그러한 분쟁을 조정으로 해결하는 장면을 미국인은 그다지 상상할 수 없는 것이 아닐까 생각한다. 또한 동일하게 이해하고 있다고 하여도 같은 관점에서 답하고 있다고는 말할 수 없다. 예를 들면 질문(4) - "당신은 '법'이라는 말을 들으면 제일 먼저 어떠한 인상을 갖게 됩니까" - 답할 때 법의 현실 - '법은 이러한 것이다' - 라는 관점에서 답하는 사람도 있으면, 법의 이상상 - '법은 이렇게 되어야 한다' - 는 관점에서 답하는 사람도 있을 것이다.

- 진심이 정확히 나온 것일까

다음은 진심이 정확히 나온 것인가에 대한 문제도 있다. 많은 회답자 중에는 적어도 자신의 일을 자신이 생각하고 싶은 것처럼 답할 것이다. 또한 그 중에는 타인이 수긍할 것처럼 답하는 회답자도 있을 것이다. 그러나 그 양쪽의 해답방법이 반드시 진심과는 일치하지 않는다는 유의점이 있다. 게다가 질문지 조사의 성격상 회답자가 질문을 어떻게 이해하였는지, 어떠한 생각으로 답하였는지, 그리고 왜 그렇게 답하였는지 등을 확인할 수가 없다.

- 행동과의 괴리는 없는 것일까

더 나아가 심각한 문제는 의식과 행동과의 괴리이다. 질문에 대한 답은 둘째치고 막상 자신이 당사자가 되었을 때에 동일하게 행동한다고 말할 수 없는 것은 두말 할 필요가 없는 것이다.

이러한 여러 가지 관점에서 위에서 다룬 질문을 검증해 보도록 하겠다.

□ 결과의 재검토

● 계약서의 이용

말의 차이로는 넘어갈 수 없다

질문(12)(친구로부터 차용증을 받는가)의 결과를 들으면 많은 일본인이 제일 먼저 '차용증'의 영역을 알고 싶어 한다. 그 번역은 'IOU'이다. 그 번역을 알면 '절대로 받지 않는' 미국인은 같은 회답의 일본인이 5배 이상이라는 것은 틀림없이 말이나 개념의 차이에 의한 것이라는 반응이 많다. 그러나 이 설은 틀린 것 같다고 생각한다. 필자의 이해로는 미국에서의 'IOU'는 일본에서의 '차용증'에 가까운 개념이다. IOU(=I owe you)로 쓰고 금액을 기입하여 사인하는 것만으로 성립하고, 결코 엄격한 계약서가 아닌 매우 간단한 것이다. 변호사에게 상담할 필요도 물론 없고 법률의 지식도 필요 없다. 그래도 많은 미국인이 받고 싶지 않다는 결과로 되어 있다.

행동과는 괴리가 없을까

그러면 실제의 행동은 어떠할까. 이 상황 - 즉 친구 간에서의 차용증의 이용에 관한 구체적인 데이터가 없기 때문에 일률적으로는 말할 수 없다. 그러나 이러한 경우에 미국인은 차용증(IOU), 더 나아가 정식 계약서를 당연히 교환한다는 감각이 없다. 많은 미국인에게 있어서 1개월 급여는 비교적 큰 돈이다. 상당히 친한 친구가 아니면 쉽게 빌려주지 않을 것이다. 또한 친구가 금전적으로 궁핍한지, 또는 긴급히 돈이 필요하게 되었을 때 이외에는 쉽게 부탁하지도 않을 것이다. 그러한 친한 친구에게 차용증을 요구하는 것은 실례라고 생각하는 미국인이 많은 것이다. 이러한 기분은 일본 특유의 것이 결코 아니다. 즉 조사결과와 현실의 행동과는 상당히 합치하는 것이라고 생각한다. 참고로 사견으로는 '절대 받는다' 또는 '아마도 받는다'로 답한 미국인의 주된 동기는 금액 등을 잊지 않도록 기록해둔다는 것이 아닐까 생각한다. 질문(16)의 결과가 반영하듯이 이러한 상황에서 변제가 없어도 소송을 제기한다는 감각이 그다지 없다는 것이다.

비즈니스 거래에서도 미국인은 반드시 계약서를 받지 않는다

물론 이 질문은 친구 간에 관한 것이고 비즈니스 거래를 대상으로 하고 있지 않다. 비즈니스 간에서의 계약서의 이용에 관한 질문이 없기 때문에 비즈니스 관련이라면 미국인이 당연히 계약서를 작성하는 것이라는 종래의 전형적인 타입의 직접적인 반증으로는 되지 않는다. 그러나 거래관계에 대해서도 전형적인 타입을 그대로 받아들이지 않고 오히려 신중히 다루어야 한다고 생각된다. 40년 전에 위스콘신 대학교수인 맥코리가 질문지조사, 인터뷰조사에 기하여 계약외의 베이스에서 상당한 양의 거래가 이루어지고 있다고 지적하였다.[89] 그 이

후 미국에서 그러한 견해는 이제 통설이 되었다. 확실히 100장 이상의 매우 상세한 계약서가 적지 않지만, 아주 간단한 계약서 또는 계약서 없이 거래하는 케이스도 많다. 계속적 거래관계에 있는 당사자는 계약서 없이 거래를 하는 것이 특히 많다고 한다.

• 계약서의 형태 – 상세한가 간단한가

미국인의 회답도 일본인의 회답도 현황에 대한 불만의 표현인가

이번에는 질문(14)(간단하고 융통이 가능한 계약서인가, 아니면 상세하고 구체적인 계약서인가)의 결과를 검증하여 보자. 말만을 보면 영문도 일문도 서의 동일하게 동할 것으로 생각한다. 그러나 미국과 일본 각각 다른 현황에 의해 회답자의 인상이 크게 차이가 생겼다는 가능성은 충분히 있을 것이다. 미국에서 설사 일부에 불과하다고 하여도 100매 이상의 매우 세세한 계약서가 적고 또한 일반인이 '계약서'라는 말을 들으면 그러한 두껍고 자세한 것을 연상하는 것은 대략 예상된다. 역으로 일본에서 일부에는 상당히 길고 자세한 계약서가 존재한다고 하여도, 간단하고 짧은 계약서가 많고 일반인이 '계약서'라고 들으면 그러한 간단한 것을 연상할 것이다. 그렇다고 하면 미국인, 일본인 각각의 답의 출발점이 정반대라는 것이 된다. 이

89) MaCaulay, Stewart, Non-Contractual Relations in Business : A Preliminary Study, 28 American Sociological Review 55(1963).

번의 회답에서 미국인도 일본인도 현황에 불만을 나타내고 있다는 것을 충분히 생각할 수 있다. 상당수의 미국인이 '간단하고 융통이 가능한' 것에 의욕을 보이는 것은, 돋보기로 읽어야 할 정도로 자세한 계약서의 '현황'이 지나치다는 의미가 담겨 있을 가능성이 높다. 역으로 87%의 일본인이 '자세하고 구체적'인 계약서를 선호하는 것은 계약이 없거나 간단하고 애매한 계약서의 '현황'이 불충분하다는 의식이 있기 때문일 것이다. 미국인이 매우 간단한 소위 '일본형 계약서'를 선호하는 일은 없을 것이고, 일본인이 두껍고 매우 자세한 소위 '미국형 계약서'를 선호하리라고는 생각되지 않는다. 그래도 종래의 전형적인 타입을 생각함에 있어 미국인도 일본인도 서로의 현황에 불만을 나타내고 있다는 것 자체는 상당히 의의가 있어 보인다.

신뢰도 정도의 표현인가

게다가 전형적인 타입과는 전혀 반대로 별개의 해석도 생각할 수 있다. 상기하였듯이 질문(7)(나)(발견되지 않아도 법을 지켜야 한다)에 대한 일본인의 회답은 이전의 '수치심의 문화'나 비교적 낮은 신뢰도의 지적에 합치한다는 평가가 가능하다. 그러한 관점에서 생각하면, 압도적으로 대다수인 일본인이 '자세하고 구체적'인 계약서를 선호하는 것은 자기방어 때문이라는 해석도 성립할 것이다. 참고로 일본인이 이러한 의견을 말한 것은 이번이 결코 처음이 아닌 점도 지적해 두겠다. 1971년과

1976년에 일본문화회의가 한 일본인의 법의식조사에 이번의 질문(14)와 거의 같은 내용의 질문이 포함되어 있었다. 1971년의 조사에서 89.5%의 회답자가 '자세하고 구체적'인 것을 그리고 8.5%가 '간단하고 융통 가능한' 것을 골랐다. 5년 후의 1976년의 조사결과도 거의 같은 것(89.1% 대 6.3%)이었다.[90]

• 소송의식

앞서 보았듯이 미국에서의 조정제도 - 특히 교통사고분쟁을 위한 조정제도 - 가 일본만큼 발달하지 않고 그러한 제도상의 차이가 미국인의 조정에 관한 회답을 어느 정도 억제한 것일지도 모른다. 단, 질문(16)~(18)의 미국인과 일본인의 이해가 크게 다르다고는 생각할 수 없다.

회답은 실제의 행동 - 즉 소송율 - 과는 크게 어긋난 것이 아닐까

그러나 회답과 실제의 행동과의 사이에는 상당한 괴리가 있는 것처럼 보인다. 전체의 경향으로서 친구 간의 분쟁에 관하여 미국인도 일본인도 소송을 피하려고 하지만, 전기상과 교통사고분쟁에 관하여 미국인도 일본인도 조정 그 밖의 수단으로 해결하는 것이 보다 바람직하지만 해결을 위해 소송을 제기해도 좋다는 결과로 되어 있다. 요컨대 정도의 차이는 있지

90) 日本文化會議編, 現代日本人の法意識, 第一法規, 1982, 14면.

만 미국인도 일본인도 소송에 관하여 대략 같은 사고방식을 갖고 있다는 것이 된다. 단지 실제의 민사소송의 통계를 보면 인구별 미국의 소송율이 일본의 10배 이상이다.[91] 회답은 둘째 치고 이 정도의 행동의 차이가 있다는 것은 역시 '소송을 좋아하는 미국인 · 소송을 싫어하는 일본인'의 증거라고 말하지 않을 수 없을 것이다.

제도상의 요소(1) : 일본에서의 소송의 이용의 방해가 되는 것

바로 그렇게 결론내리는 것은 위험할 것이다. 차이의 모든 것에 대한 설명이 된다고는 생각할 수 없지만, 일본의 경우도 미국의 경우도 제도상의 요소가 소송율에 상당한 영향을 주고 있을 것이다. 유명한 '재판 혐오 신화'에서 헤이리가 일본의 소송율을 억제하는 몇 가지 요소를 지적하였다.[92] 소송제도의 '무력'의 요인으로서 변호사나 법관의 부족, 비용, 지연, 액세스나 구제의 여러 가지 문제 등을 들어 재판이용의 방해가 되는 요소를 강조하였다. 그 후 교통사고분쟁에 초점을 맞추어

---

91) Wollschläger, Christian, Historical Trends of Civil Litigation in Japan, Arizona, Sweden, and Germany : Japanese Legal Culture in the Light of Judicial Statistics, Japan : Economic Success and Legal System (Harald Baum ed.), Walter de Gruyter, chap.3, p. 90(1997).

92) Haley, John O., The Myth of the Reluctant Litigant, Journal of Japanese Studies, vol. 4, no. 2, p. 359(1978).[加藤新太郎 · 譯, 裁判嫌いの神話(上)(下), 判例時報902호14면(1978), 907호13면(1979)].

램자이어, 棚瀬 등이 소송에 대신하는 대체적분쟁해결수단의 편리함이나 확실성을 강조하였다.[93] 적어도 교통사고에 관하여 소송과 별개로 체념하지 않고 보다 저렴한 수단으로 확실한 구제를 얻을 수 있기 때문에 소송을 제기할 필요는 낮은 것이다. 그러한 연구를 종합하면 미국보다도 일본에서 재판을 제기하는 것은 어렵다. 그와 동시에 재판을 대신하는 수단이 비교적 편리하다. 그 양 쪽이 소송율을 감소시키는 결과가 된 것이다.

제도상의 요소(2) : 미국에서의 대체적 분쟁해결수단의 결여

역의 관점에서 보면, 미국에서 대체적 분쟁해결수단이 일본보다 적다는 것이 미국의 고소송율의 일인이라는 설을 충분히 생각할 수 있다. 일본인과 마찬가지로 피해를 입은 미국인은 체념하고 싶지 않다. 또한 일본인과 마찬가지로 소송을 제기하지 않고 구제를 얻을 수 있는 저렴한 길이 있으면 미국인은 그 길을 우선할 것이다. 그러나 확실한 대체수단이 보이지 않기 때문에 소송을 고른다는 것이다.

---

93) マーク・ラムザイヤー(J. Mark Ramseyer), 法と経濟學 : 日本の経濟分析, 弘文堂, 1990, 第2章; Tanase, Takao, The Management of Disputes : Automobile Accident Compensation in Japan, Law & Society Review, vol. 24, p.651, 1990; ダニエル・フット(Daniel H. Foote), 日本における交通事故紛爭の解決と司法積極主義, 石井紫郎=樋口範生編, 外からみた日本法, 東京大學出版會, 1995.

미국은 일본보다 화해율은 훨씬 높다!

이 해석을 뒷받침하는 것으로 미국에서의 settlement의 비율 - 일본식으로 말하면 화해율 -을 들 수 있다. 일본의 민사소송에서 화해(소위 '재판상 화해' 및 '소의 취하'라는 형태로 통계에 나타난 재판외의 화해)가 많다고 생각되고 있고, 그 화해가 많다는 것이 일본의 민사소송의 특징으로 되어 왔다. 川島는 이 화해가 많은 것을 들어 "재판을 국민감정 내지 법의식에 대응하여 조정하려고" 하는 것으로서 설명한다.[94] 그 '많다'고 하는 일본에서의 화해율은 5할 정도이다.[95] 재판이 반드시 판결로 종결되는 것이라고 생각하고 있다면, 확실히 많게 보일 것이다. 그러나 미국인의 눈에서 보면 그 비율은 결코 높지 않다. '전부인가 전무인가(all or nothing)'을 구하여 '흑백'을 가리려고 한다는 미국인의 전형적인 타입과는 전혀 반대로 미국의 민사소송의 통상사건의 화해율은 9할 이상이다. 판결까지 다투는 것은 극히 예외적이다. 판결로 사건이 해결되는 것은 제도의 '실패'로 평가하는 학자마저 있다.[96] 이 놀랄 정도로 높은 미국의 화해율의 배경에는 대체수단이 적은 것이 있는 것이 아

94) 川島, 전게주(83) 153면.

95) 2001년의 제1심 민사통상소송기제사건을 보면 판결에 의해 해결된 것은 47.2%, 화해는 28.5%, 기타(소 취하 등)는 24.4%로 되어 있다. 참고로 川島가 든 1952년부터 1964년까지의 숫자(전소송수의 5할6푼이 화해로 해결된다(川島, 전게주(83) 150면))와 거의 같다.

96) Gross, Samuel & Kent Syverud, Getting to No : A Study of Settlement Negotiations and the Selection of Cases for Trial, Michigan Law Review, vol. 90, p. 319(1991).

닌가 생각한다. 저렴하고 확실한 대체수단이 있다면 많은 사건은 그러한 수단으로 해결될 것이다. 그러한 수단이 없기 때문에 소송사건으로서 등장하는 것이다.

미국인은 친구나 친척을 바로 제소한다는 이미지는 크게 어긋나 있다

전술하였듯이 인간관계가 가장 밀접한 친구, 가족의 경우 일본인은 특히 소송을 싫어한다는 이미지가 강하다. 그러나 이번 조사에서 친구와의 분쟁의 경우 미국인도 일본인도 소송을 싫어하는 경향이 있고, 일본보다도 미국에서 그 경향이 강하다는 결과로 되어 있다. 이 결과에 관하여는 실제의 행동과의 괴리가 있는 것일까. 친구와의 분쟁에 관한 데이터가 없기 때문에 단순하게 말할 수는 없다. 그러나 이 결과는 실제의 행동과 크게 어긋나 있다고는 생각할 수 없다. 즈(津)에서의 인인(隣人)소송사건[97]이 소송을 싫어하는 일본인의 발현이라고 다루는 일이 많은데, 미국에서도 유사한 사건에 소송을 제기

97) 즈의 인인소송을 알고 있는 독자가 많다고 생각하는데, 그 1978년의 사건의 개요는 다음과 같다. X와 Y는 친한 이웃사이이다. 어느 날 Y가 대청소를 하고 있을 때에 X의 아이가 Y 집으로 놀러 왔다. Y가 다른 일을 한 때에 아이들이 가까운 연못에서 물놀이를 하고 X의 아이가 익사하였다. Y가 사과도 안하고 하여 X는 Y 및 연못의 관리자인 국가와 지방자치제에 대하여 소송을 제기하였다. 즈지방재판소가 Y의 과실을 인정하여 손해배상을 명하였다. 그 후 매스컴이 사건을 크게 보도하고 당사자에 대한 하라스멘트나 심한 비난이 살도하였다. 비난이 심하였다는 것 등으로 X가 소를 취하하였다.

하면 비판의 대상이 되는 것은 충분히 예상된다(물론 즈의 인인소송사건에서 나온 정도로 심한 비난은 없을 것으로 생각한다). 실제로 미국의 매스컴도 때로 친자의 분쟁이나 친구 간의 분쟁을 다루고 원고를 비난하는 일이 있다. 그러한 경우에도 배경을 조사하면 그 대부분의 사건의 진정한 이해당사자는 보험회사라는 것을 알 수 있다. 예를 들면 부모가 운전한 차에 타고 있던 아이가 부상을 당하였지만, 보험회사가 청구를 인정하지 않는다. 그 경우 형식으로서는 친자 간의 소송이 되는 일이 많은데, 실제상은 보험회사에 대한 것이다.[98]

결론 : 미국과 일본과의 소송의식은 전형적인 타입보다 접근하고 있다

요약하면 미국인과 일본인과의 공통점은 많은 것 같다. 체념하고 싶지 않다. 가능하면 소송 이외의 수단으로 해결하고 싶다. 그것이 불가능한 경우, 친구라면 소송을 제기하고 싶지 않지만, 가게나 타인과의 분쟁이라면 소송을 제기해도 좋다는 것처럼 생각하려고 한다. 물론 대체수단의 존재나 편리함, 소

98) 참고로 수년 전의 미국 베스트셀러 소설(Hamilton, Jane, A Map of the World, Doubleday(1994))의 중심적인 사건은 즈의 인인소송사건과 거의 같다. 소설에서 사망한 아이의 어머니는 소송을 제기하기는커녕 용서해준다. 물론 인인소송사건과 소설에서 다른 점은 하나 들 수 있다. 즉 돌봐주고 있었던 어머니가 죄의식으로 친구 앞에 얼굴을 보이는 것도 불가능했지만, 사건 수일 후 우연히 만났을 때에 울면서 사과하였다(소설에는 변상의 이야기는 전혀 없지만).

송의 장해가 되는 각종 요소 등 제도면에서 크게 다른 상황이 구체적인 소송율에 영향을 줄 것이다. 전술하였듯이 그러한 제도상의 제요소를 고려하여도 소송율 10배의 차이를 완전히 메꾼다고는 생각하기 어렵다. 그러나 지금까지의 전형적인 타입보다도 양국의 법의식이 상당히 접근하고 있다고 생각한다.

• '법에 관계되고 싶지 않다'

조사결과는 말의 차이에 의한 것일까

일본인과 미국인이 질문(6)(다)('법에 관련하는 것은 가능한 피하는 것이 좋다')를 동일하게 이해하였다고는 할 수 없다고 생각하여야 한다. 일본어인 '법에 관련하는 것'과 영어의 'legal matters'와는 뉘앙스가 다를지도 모른다. 대개의 미국인이 'legal matters'이라는 말을 들으면 바로 분쟁이나 재판, 또는 계약교섭을 연상할 것으로 생각한다. 일본인이 '법에 관련하는 것'이라는 말을 들으면 경우에 따라서 가장 넓은 인상, 또는 막연한 인상을 받는다는 것은 충분히 생각할 수 있다. 그리고 그 뉘앙스의 차이가 각각의 나라의 회답에 영향을 준 가능성이 있음은 부정할 수 없다.

그렇다고 하여도 미국의 회답 자체는 인상적이다. 무려 7할의 미국인이 'legal matters'를 가능한 피하고 싶다는 의견을 갖고 있다. 그 배경에는 변호사비용이 높다든지, 재판 등은 시간이 걸린다든지, 심리적인 프레셔가 있다든지, 구체적인 문제

점이 많은 미국인의 염두에 있을 것이다. 그러나 이렇게 압도적으로 많은 회답은 그러한 요인만으로는 넘어갈 수 없다고 생각한다. 오히려 많은 미국인에게 있어서 재판 등은 일종의 '필요악'이라고 할 수 있는 접근하기 어려운 존재이다. 그러므로 자신도 관계되고 싶지 않고 친구도 끌어들이고 싶지 않다. 요컨대 미국인은 결코 '재판선호'·'계약선호'가 아니다.

제5 _ 결론

전형적인 타입이라는 것은 몇 번 넘어져도 다시 일어나는 것이다. 이번의 조사결과는 미국과 일본의 전형적인 타입을 재고찰하는 호재료를 충분히 제공한 것처럼 생각한다. 그러나 이것으로 전형적인 타입이 바뀌지는 않을 것이다. 아쉽게도 그것이 전형적인 타입의 견고함이다.

[ダニエル·H·フット]

제 10 장

중국의 사회와 법

제1 _ 서

중국의 사회와 법이라는 테마를 논하는 경우, 논하는 측이나 그 상대가 갖는 중국법 이미지가 중요한 의미를 갖는다. ① 과거제도에 의한 관료기구를 갖고 율령제도에 의한 성문법을 가졌던 일찍부터 법제도가 정비된 나라라는 이미지,[99] ②그렇게 말하면서도 사람들은 국가의 재판을 신용하지 않고 또한 국가도 민사적인 소를 사소하고 귀찮은 일이라고 생각하여 국

99) 명률을 연구한 에도시대의 유학자나 그것을 명한 德川吉宗나 그러한 성과를 번(藩)법으로 도입한 번 등은 그러한 이미지를 갖고 있었을지도 모른다. 에도시대의 명률연구에 관하여는 高塩博, 江戸時代享保期の明律研究とその影響, 池田溫＝劉俊文編, 日中文化交流史叢書2 法律制度, 大修館書店, 1997을 참조하기 바란다.

가법은 이념을 표현하는 것에 불과하였다는 이미지,[100] ③형사적인 사건에는 법의 적용을 정밀하게 하고 또한 민사적인 소에도 '정'이나 '이(理)'를 기준으로 하여 적정한 재판이 이루어졌다는 이미지,[101] ④이(理)나 정이 아니라 민사적인 소에마저 성문법이 적용되었다는 이미지,[102] ⑤이(理)나 정을 기준으로 하였기 때문에 민사에서는 정실이나 체면이나 뇌물이 작용하였다는 이미지[103] 등이다. 이미지라는 말은 선입관이라고 바꾸어도 좋다. 논하기 시작한 그 순간에 논하는 측과 그 상대방 측이 갖는 이미지로 결론이나 오해가 이미 정해져 버

---

100) 중국의 국가제정법은 이념을 표시한 것에 불과하다고 하는 견해를 총괄하고 또한 그에 비판을 한 것으로 中村茂夫, 伝統中國法＝雛形説に對する一試論, 新潟大學法政論集12권1호, 1979를 참조하기 바란다.

101) 이 면에서는 주(100)의 논문에 추가하여 滋賀秀三, 清代中國の法と裁判, 創文社, 1984를 참조바란다. 또한 同, 中國法文化の考察 - 訴訟のあり方を通して -, 日本法哲學會編, 東西法文化, 法哲學年報1986, 同, 左伝に現れる訴訟事例の解說, 國家學會雜誌102권1・2호, 1989를 참조하기 바란다.

102) 이러한 견해는 Philp C. C. Huang, Civil Justis in China : Representation and Practice in the Qing, Stanford University Press, 1966에 의해 제시되었다. 황의 이론이나 그 후의 학계의 논쟁에 관하여는 滋賀秀三, 清代の民事裁判, 中國社會文化學會, 中國 - 社會と文化13호, 1998에 대한 비평(法制史硏究49호, 2000)을 참조바란다.

103) 이러한 견해는 모형설과 연결되기 쉽다. 또한 이념으로서의 '정' '이'에 기한 재판과 개별 역사적 사실로서의 재판은 별개이고, 설사 '정' '이'에 기한 재판이미지를 논하여도 이러한 것이 있었다는 것을 당연히 부정하는 것은 아니다.
아울러 '이'란 보편적으로 있어야 하는 모습, '정'이란 개별 구체적인 사정이라고 일단 정의해 둔다.

린다. 이것은 청말 이전의 법제사에 관하여 말할 수 있을 뿐만 아니라, 20세기 이후의 근현대의 법에 관하여도 같다. 특히 상기 2번째의 이미지는 종래 유력하였다. 현대 중국에서도 국가의 법은 공산당 정책의 표현형태의 하나에 불과하고, 그 정책마저도 말단에서는 우회책을 찾는 대상이고, 중국에서 살아가기 위한 확실한 자원은 인간관계라는 것이 주목할만 한 중국론이라고 되어 있을지도 모른다. 그러나 이러한 이미지를 전면적으로 부정할 수 있는지 어떤지는 별개로 하고 이 책의 지금까지의 장에서는 그렇지 않은 모습이 나타났다.

이하 제2에서는, 중국에서는 민사적인 사건은 인적 네트워크 중에서 해결되고 국가의 재판으로는 향하지 않는다는 것이 틀린 인식임을 논하고, 또한 그 재판은 조정적 요소를 갖고 있지만 유가사상으로 화를 중시한다고 하는 것만으로는 설명부족임을 지적한다. 제3에서는, 1990년대 말 이후의 최근의 동향으로부터 조정적 요소를 필요로 하지 않는(따라서 판결 · 강제집행을 축으로 하는) 사법으로 변화하는 가능성과 역시 조정적 요소를 남겨야 하는 가능성을 논의한다. 마지막으로 제4에서는, 중국법의식조사에서 한 1995년의 상황, 특히 법률지식보급활동에 관하여 소개한다.

제2 _ 유가사상의 나라는 화를 중시하는가[104]

□ 화를 중시하므로 재판은 없다는 것은 없다

중국은 유가사상의 전통에 의해 화를 중시하고 소송을 선호하지 않으며 조정적인 분쟁해결을 사용하여 왔고, 지금도 그렇다는 것은 극히 귀에 익숙한 논의이다. 중국인 자신 그러한 자기이미지를 갖고 있는 것처럼 생각되고, 또한 일본인을 포함하는 외국인도 그렇게 생각하여 왔다. 그러나 오늘날의 일본의 중국법제사학 도달점은 이것과는 다른 모습을 그리고 있다.[105] 대량의 재판문서가 잔존하고 그 중에는 오늘 우리가 보아 민사적인 사건도 많이 포함되어 있다. 사람들은 민사적인 분쟁에서 지연 · 혈연 · 동업 등의 인적 네크워크로 해결할 수 없으면 역시 관의 재판을 요구하였고 또한 그 숫자는 결코 적지 않았다. 단, 거기에서의 재판은 사법적이라기보다는 행정적이고 탄핵적이기보다는 규문적이며 추가하여 말한다면 형제자매의 싸움을 중재하는 부모와 같은 보살핌이었다. 이러한 이미지는 실은 1990년대 말까지의 현대 중국(중화인민공화국. 이하 같다)에 대해서도 해당되고, 또한 그 이후에도 일정한 정도 해당되는 것이다. 2000년의 제1심 수리건수는 535만6294건이

104) '제2'는 졸고, 中國人民共和國における紛争と紛争解決, 比較法研究57호, 1996을 짧게 고쳐 쓴 것이다. 보다 자세히는 졸저, 現代中國の紛争と法, 東京大學出版會, 1996을 참조하기 바란다.

105) 전게 주(100), (101), (102)에 든 제논고를 참조하기 바란다.

고, 이 중 '민사'로 분류되는 것이 341만2259건, '경제'분쟁으로 분류되는 것이 129만7843건이며, 이 2가지의 합계는 471만102건으로 전체의 88%이다. 그렇다면 유가사상의 전통이 있기 때문이라는 논의는 이상해지게 된다. 또한 중국을 여행하거나 중국에서 산 경험이 있는 사람이라면 느낄 것이지만, 중국의 사람들의 생활은 생명력 · 생활력이 그대로 옷을 입고 있는 것 같고, 심한 대화를 목격하는 것도 드물지 않다. 그러나 다른 면으로 조정적인 분쟁해결수단은 널리 채용되어 왔다. 이것을 어떻게 생각하면 좋을까.

□ 현대중국의 설리(說理) · 심복(心服)이야기

중국에서는 중앙 아래에 성 · 민족자치구 · 직할시 · 특별행정구 등의 일반행정구가 있다. 성 · 자치구 하에는 민족자치주(그 아래에 현이나 시가 있다)나 큰 시와 현이나 현 레벨의 작은 시가 있다. 사람들의 생활권은 상당히 넓어졌지만, 전통적으로는 중앙으로부터의 직접 통괄이 미치는 공간에서 사람들의 통상의 생활권은 또한 현이나 같은 레벨의 시이다. 현 이하의 분쟁해결의 장소는 대략 〈도1〉에 제시하는 바와 같다. 여기에서는 각각의 제도에 들어가서 설명할 수는 없지만,106) '人民調

106) 현대 중국의 법제도의 개요에 관하여는 木間正道 · 鈴木賢 · 高見澤磨, 現代中國法入門, 有斐閣, 2003, 第3版을 참조하기 바란다.

解委員會'(인민조정위원회)와 같이 지역이나 직장의 사람들에 의해 행해지는 자치적인 조정의 장소 이외에도 조정적 수법을 포함하여 많이 형성되어 있다. 법원에 관하여 약간 다루면 소송상의 조정 이외에 판결 · 강제집행도 또한 조정적으로 운영되어 왔다. 오늘날의 민사소송에서는 일단 양 당사자에게 소송상의 조정을 바라는지 여부를 묻고, 적어도 한편의 당사자가 바라지 않는다는 취지를 답하면 바로 판결절차로 가지만, 과거에는 상당히 조정에 구애받고 있었던 것 같다. 또한 설사 판결이라는 것이 되어도 이(理)를 주장하고 상대방이 마음으로부터 따른다는 것을 중시하고 있었다. 1990년대 말 이후에는 재판의 방청은 신분증의 제시만으로 가능하게 되어 재판활동을 시민이 감시하는 것으로서 재판의 공개가 운영되게 되었지만, 과거에는 관계자를 모아 주변 사람들의 교육의 장소로 하는 것이 재판공개의 목적이고, 방청자도 이를 듣게 되는 대상이었다. 강제집행절차에서도 조정이나 설득이 시도되어 왔다. 오늘날에는 당사자의 거증책임이 강조되지만, 과거에는 증거조사도 당사자가 아니라 법원의 일이었다. 법원은 인민의 후견인이었다. 따라서 법원의 판결 · 강제집행을 포함하여 이를 주장하여 해결하는 자와 이를 듣고 마음으로부터 따르는 자에 의해 연기되는 이야기로서 중국의 분쟁해결은 구성되어 왔다. 그러나 이것은 유가사상의 전통이나 인민내부의 모순은 교육이나 설득(비판을 포함한다)에 의해 해결한다고 하는 중국 사회주의 이외의 요소로부터도 설명가능하다.

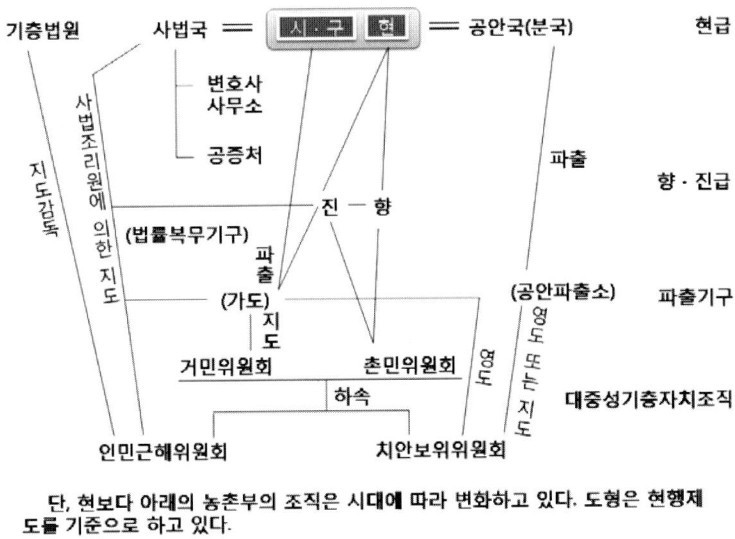

<도1> 분쟁해결 장소의 망(현급이하)

□ 판결 · 강제집행을 운영할 수 없는 사법이나 당사자의 역량

사법관계자가 당사자 등으로부터 폭행 · 협박을 받거나 또는 소를 쉽게 수리하지 않거나 재판의 질이 문제가 되거나 하는 사법의 역량에 의문을 갖게 하는 사례는 종래 적지 않았다. 사법의 물적 조건도 최근이 되어 정비된 바로서, 전국 약 3000개의 법원이 있지만, 1980년대에는 그 80%에 재판을 하는 장소로서의 법원이 없었다. 그 때에는 설비도 부족하고 복사기나 타이프가 없기 때문에 판결서작성에도 지장을 초래하였고,

직권주의적 증거조사가 필요하면서 자동차가 없기 때문에 농촌에서는 증거조사가 곤란하다는 일도 있었다. 대학이나 전문학교 졸업자의 비율도 낮고 퇴역군인의 인사이동지로서 법관 포스트가 이용되는 일도 있었다. 법률의 전문가를 갖출 수 없다면 판결 · 강제집행이 아니라 조정으로 해결한 당사자에게 이행하게 하는 것이 제일이라는 것이 된다.

인사 · 재정의 권한은 당지의 정부에게 있다는 것은 당지의 당위원회가 그 실질적 권한을 갖는 것이 된다. 사법의 독립이라거나 사법의 권위라는 것은 아주 한정된 의미밖에 갖지 못한다. 그러한 와중에 조정에 의한 해결이 높은 점, 상소율이 낮은 점 등이 인사고과의 항목에 포함되어 있으면(오늘날에는 전자는 포함되어 있지 않은 것 같다) 조정으로 해결하려고 하게 된다.

당사자가 일반적으로 법률에 어두운 것은 어느 나라에서도 같지만, 중국의 경우 종래 변호사의 지위도 높지 않기 때문에 변호사를 이용하여 주장 · 입증하고 최종적으로는 승소판결을 얻어 필요하면 강제집행까지 간다는 선택지도 취하기 어려웠다.

□ 판결 · 강제집행으로 포섭할 수 없는 분쟁형태

〈도2〉와 같은 형태로 민사적 분쟁부터 개별 살상사태(자살을 포함한다)가 발생하는 것은 모든 지역 · 시대에도 있다. 그러나 그것이 더 나아가 집끼리, 일족끼리, 마을끼리 살상사태('械鬪'라고 한다)로까지 발전한다는 것은 중국의 특징일 것이다(단, 이것도 중국만이 아니다). 가족관계에서도, 토지 · 가옥관계에서도, 채권 · 채무관계에서도 일어날 수 있다. 지금은 상당히 개선되었지만 과거에는 좋지 않은 주택사정으로 인해 가정 내나 근린 간의 분쟁이 일어났다. 수도나 가스의 사용방법마저도 분쟁의 원인이 된다. 그러한 농밀한 인간관계가 있으므로 분쟁이 발생하고 또한 해결을 위한 인간관계도 가능하다. 주택이나 묘지에 관하여는 풍수라는 지상점술이 들어오면 해결이 어렵다. 풍수는 자손의 성쇠에까지 연결된다고 믿어지고 있기 때문이다. 주택풍수에 관하여 자주 듣는 것을 〈표1〉로 표시한다. 만일 풍수의 흉상 측으로 진짜 불행이 일어나면 흉상을 일으킨 집을 파괴하려고 할 것이다. 채무의 이행을 요구하며 글자 그대로 채무자를 인질로 잡는 일도 있다(물론 위법한 구금이다).

<표1> 주택풍수의 예(출처 勘興公会編著, 住宅風水勘吉凶)

대문(길에 접한 출입구)에는 큰 나무가 있으면 안된다.
2. 문 앞에는 고목이 있으면 안된다.
3. 주택의 서북에 큰 나무가 있으면 대길
4. 주택의 대문 정면에 타인의 집의 각이 있으면 대흉
5. 타인의 집의 담·벽의 각이 자신의 집의 정면에 있으면 불리
6. 두 집의 문·담·벽이 상대하고 있을 때 낮은 쪽의 집이 쇠퇴한다.
7. 凹面鏡으로 흉상을 돌릴 수 있다.

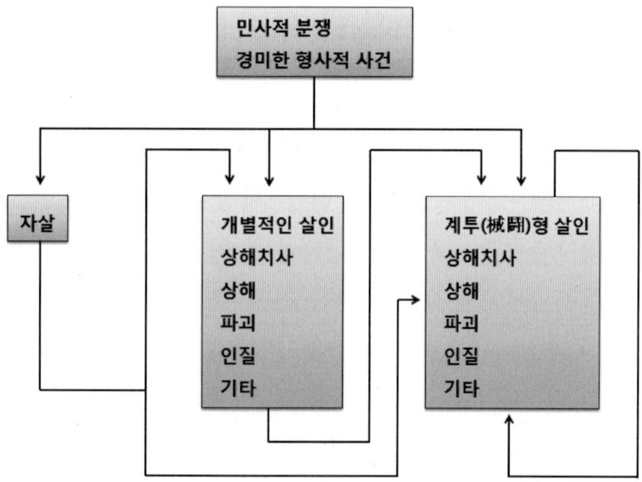

<도2> 민사적 분쟁의 형사적 사건으로의 격화

이러한 폭력적 전개를 염두에 두고 분쟁을 해결하려고 하면 당사자(직접 당사자만이 아니고 주위의 사람들도 포함한다)의 납득을 얻으면서 진행하여야 한다. 학연·지연·직업·주무관청·공

산당 그 밖의 조직의 인적 관계는 이러한 분쟁의 해결의 장소가 되지만 분쟁이 연쇄하여 확대화 · 복잡화 되어 가는 요인도 된다. 가령 후자의 방향으로 일이 움직이면 지역말단의 법원이나 경찰은 무력감을 느끼게 된다(또는 그들도 끼어들게 될지도 모른다).

□ 민사적인 것에서 형사적인 것으로 격화하는 가능성을 의식하는 분쟁인식

전통적으로는 황제는 인민을 교도하는 것이고 덕 · 예에 의한 교도가 불가능한 곳에 법(刑)의 제재가 가해지는 것으로 되어 있었다. 현대 중국의 문맥에서는 1957년의 모택동의 "인민 내부의 모순을 바르게 처리하는 문제에 관하여"('모택동어록' 제5권)이 제시하듯이 모순에는 인민 내부의 모순과 적과 동지의 모순이 있고, 전자에 관하여는 비판 · 교육으로써 후자에 관하여는 독재로써 대처하는 것으로 하고 있다. 또한 전자도 처리를 그르치면 후자로 전화된다고 한다. 여기에는 전통적 틀과의 유사점이 있다. 약간 단순화 하여 말하면 민사적 분쟁도 처리를 그르치면 형사적 사건이 된다는 발상이 여기에 연결된다. 분쟁해결은 단지 법적 권리의무를 확정하는 것이 아니라 사회적인 의미에서의 분쟁을 해결하는 것이고, 설리 · 심복의 이야기를 필요로 하는 것이 된다.

제3 _ 새로운 동향

제2에서 말했듯이 분쟁 자체가 판결로는 해결되지 않는 경우가 있고, 또한 판결 · 강제집행을 축으로 하는 사법을 하는 역량이 없기 때문에 조정적 수법에 의지하게 된다. 유가사상이나 중국사회주의의 도움으로 항상 잘 처리된 것이 아니라 방치하면 원만히 처리되지 않기 때문에 치안 · 민정적인 의미를 포함하여 조정적 수법이 취해지고, 원만히 해결하려는 것이고 그 정당화의 근거나 이야기진행의 소재로서 유가사상이나 중국사회주의가 필요하게 된다. 또한 나쁘게 말한다면, 사법의 역량향상에 자원을 그다지 투하하지 않는 것의 정당화로서도 이러한 사상은 편리하다. 그러나 사법의 역량향상을 위해 자원을 가져온 것이 내외의 변화로부터 필요하게 된 것이 1990년대, 특히 그 후반이다. 1992년의 등소평의 남순강화는 시장메커니즘 도입을 확고한 국책으로 하는 포석이었다. 개괄적으로 말하면 1992~1993년에 그것은 공산당의 정식 정책이 되고, 또한 1993~1994년부터는 법률의 형태가 되었으며 그것이 1994~1995년경부터 시행되기 시작한다. 사람들은 비즈니스에 종사하여 성공자를 노리고 또한 자산을 형성하는 시민으로서 자신들을 인식하기 시작하였다(또는 중국인의 본령을 발휘하기 시작하였다는 것이 정확할까). 한편 WTO가입 교섭에서도 중국에서의 입법의 촉진과 각 지역 · 각 부문에 통일적인 법의 운영과 사법적 구제가 요구되었다. 사법에 자원을 가져오는 모습을 내외에 보여주는 것이 필요하고, 또한 그것은 경제발전이라는 반대급부를 동반하는 것이 되었다. 또한 경제발전은 새로운 분쟁을 발생시키고 한편으로 판결·강제집행을 포함하는 신속한 분쟁해결을 필요로 하고, 또한 다른 한편으로 이해조정의 포럼으로서의 사법, 따라서 수고를 하는 사법을 필요로 하고 있다.

□ 사법개혁

1990년대 후반이 되면 사법개혁의 제창은 일종의 유행이 되고, 법학관계 잡지의 특집이나 심포지엄이 많이 등장하게 되었다. 그러한 와중에 1999년에는 '인민법원5년개혁강요', 2000년에는 '검찰개혁3년실시의견', 2002년에는 '중국율사사업5년(2002-2006) 발전강요'('율사'란 변호사를 말한다)가 발표되고, 또한 2002년에는 제1회 통일사법시험이 거행되었다.

이러한 논의나 개혁 프로그램은 사법의 공정과 효율을 요구하는 것이고, 법원의 예산이나 인사가 당지 정부나 당지 당위원회로부터 독립함과 동시에 거기서의 재판을 당사자주의적으로 운영하고, 또한 시민에게 공개하며 스탭의 질도 향상시킨다는 것이 기본으로 되어 있다.

이러한 개혁의 목표가 달성되면 사법 역량의 한계 때문에 조정적 수법에 의지하고 있었던 상황은 없어질 것이고, 그 다음에 조정이 담당해야 하는 공간도 또한 새롭게 정해질 것이다. 그러나 사회의 변화도 또한 고속이고 사법역량의 향상 스피드가 거기에 따라 붙는 것도 쉽지 않다. 또한 시장 메커니즘 중에서 살아간다는 것은 경기변동에 의해 채무불이행이 발생하거나 담보가치가 하락하거나 직장을 잃거나 하는 리스크를 사회 전체가 부담하는 것이므로, 판결은 사회문제로서의 분쟁을 해결하기에는 무력하다는 사태는 앞으로도 계속 존재할 것이다. 판결 · 강제집행의 절차에서도 조정이나 화해를 시도하거나 설득을 하거나 하는 수법이 필요 없게 되는 일은 없다.

□ 지역사회의 변화

제2에서 소개한 주택환경을 원인으로 한 분쟁형태는 앞으로 감소할 가능성이 있다. 1990년대 말부터 주택제도개혁이 가속되어 왔기 때문이다. 종래 도시에서는 복리후생형태의 저차임 주택공급이 이루어져 왔다. 그러나 유지관리비마저도 감당할 수 없는 저차임이고, 그것이 주택환경의 악화를 발생시키고 있었다. 개혁의 제1보는 차임을 올리는 것이고, 제2보는 주택소유정책으로 전환하는 것이었다. 지역에 의해서 시기의 차이는 있지만 1990년대 말부터는 주택소유정책으로의 전환이 본

격화하기 시작하였다. 전적으로 시장가격으로 매각되는 것은 '商品房'으로 불리고, 중간계층 용으로 일정한 배려 하에 매각되는 것은 '경제적용방'으로 불리고 있다. 열악한 도시주택환경 때문에 발생한 분쟁은 감소될테지만, 별개 형태의 분쟁은 증가한다. 구입하였는데 권리증('產權證'이라 한다)을 얻을 수 없는, 인도시기가 늦어지는, 질이 열악한, 광고와 내용이 다른, 관리가 나쁜 것이라는 점이다. 개발업자와 맨션착공 전에 계약하는 경우에는 특히 이러한 트러블은 일어나기 쉽다. 개발업자가 경영에 실패하고 자력이 부족한 경우에는 법원은 무력하다.

과거에는 근린 간에서 분쟁이 일어나기 쉬운 정도로 농밀하였던 인간관계는 주택제노개혁 이후에는 변화할지도 모른다. 근무지에 의한 주택배분으로 형성된 '같은 번지 안'이면 가능하였던 주민조직(인민조해위원회를 포함한다)이 우연히 주택을 구입한 사람들 사이에서도 형성가능한지의 여부가 흥미롭다.

농촌에서도 1990년대 말 이후, 지역사회에는 변화가 보인다. 1998년에는 촌민위원회조직법이 그때까지의 시행법에 대신하여 제정되었다. 여기서 말하는 '마을'이란 농촌부의 정부인 鄕이나 鎭과는 다르고, 주민의 자치조직이다. 단, 자연집락과는 일치하지 않는다.

헌법상 농촌의 토지는 집단소유로 되지만, 이 집단소유의 주체는 무엇인지, 실제로는 자명하지 않다. 여기서 말하는 '마을'인 경우도 있지만, 운영으로부터 보면 그 아래의 '村民小組'

가 관리하는 경우도 있고 또한 '마을'도 '촌민소조'도 변질적인 관리를 하지 않는 경우도 있다.

'마을'의 활동은 촌민위원회에 의해 이루어지지만, 그 주임은 근년 주민의 선거로 선택되게 되었다. '村長選擧'로 불린다(지방정부인 향의 책임자가 선거에서 선택되는 것이 아니라 지구라는 집단의 대표의 선거이다). 농촌부에도 공동출자형, 협동조합형의 기업이 있고 구 소유주체가 '마을'의 경우나 토지의 소유 · 관리의 주체가 되는 경우에는 그러한 주민 전체의 자산관리에 관여하고, 또한 주민에게 부담을 분배하여 '마을'의 사업을 하고 있으며(이것을 세제 중에 편입하고 부담금분배방식을 고치는 것이 오늘날의 추세이다), 이러한 재무에 관하여는 주민의 관심도 높다. 이것이 선거도입의 배경이다. 납세자 또는 공비부담자로서, 또한 공공자산의 권리자의 하나로서 농촌주민은 자신을 인식하고 있는 것을 의미한다. 교과서대로의 민주주의의 전개이다. 경제나 법에 어두운 소박한 농민이라는 모습을 그려서는 안된다.107)

---

107) '村民自治遭遇五大難題'('인민법원보'2001년 5월 21일 3면)은 '마을'에서의 5가지 난제를 들고 있다. ①향이나 진의 정부나 당위원회에 의한 간섭, ②'종(宗)'으로 불리는 남계혈족이나 '방(幇)'이라 불리는 조직 등의 혈연이나 유사적 혈연단체의 세력, ③촌민위원회와 촌당지부와의 불협화, ④ 전임자와 후임자가 인수가 이루어지지 않는 것('마을' 자체나 '마을'기업의 채무에 관하여 전임자 시대의 것을 후임자가 인정하지 않는 경우에는 심각하다), ⑤촌민위원회의 행동 자체가 위법한 경우.

제4 _ 국유기업개혁

국유기업개혁은 1980년대 중기에 종래의 국유이고 국영이었던 기업에 자주권을 주고 국유기업으로 하였던(국영이 아닌 것이 되었다) 것에 비롯된다. 그 후 1990년대에는 유한회사 · 주식회사라는 것을 목표로 하는 법제가 정비되어 갔다. 단, 현실적으로는 주식회사가 되어 주식을 상장하고 또한 유력 주식의 된다는 곳까지 가는 기업은 많지 않고, 오히려 시장 메커니즘에 어떻게 적응하는지 애를 먹고 있는 기업도 적지 않다. 때문에 중국의 기업과 법의 관계를 논하는 경우에는 주식회사나 유한회사로서 우선 일어서는 기업과 그 직전의 기업을 나누어 생각하여야 하고, 기업법 일반이라는 발상은 불가능하다.[108]

가장 단순한 모델은 주식화이고 국가는 주주가 되어(50%를 넘는 절대다수 또는 상장함으로써 지배권을 갖는 상대다수주주로서) 국유라는 원칙을 유지하고, 기업이 갖는 자산은 기업 자체의 것

108) 國谷知史, 経濟改革と立法　法的側面からみた中國社會の歷史的変動, 現代中國68호, 1994, 同, 四川省における地方國有企業の改革 - 資産経營形式を中心として -, 中國研究月報587호, 1997도 참조하였다. 이 논문의 저자는 회사법형태의 기업이 들어오기 이전의 기업법제를 소유제에 기한 기업법이라 부르고, 그것은 1980년대에 일정 정도로 정비되었고, 이와는 별개의 것으로서 1990년대에 자본주의국과 같은 회사법이 형성되었지만, 모두 실험이고 기업에 관한 법의 일반성은 논의할 수 없는 것이 현황이라고 한다.

으로 하는 것이다. 이렇게 하면 경영의 기동성도 발휘할 수 있다. 단, 이 방식이라면 경영자의 무능이나 악의에 의해 국가의 손에 놓이는 것은 주식만이라는 것이 된다(이러한 사태를 '국유자산유출'이라고 한다).

국유공업기업의 생산기기류를 담보로 하여 융자를 받으려고 하는 경우에는 상기한 문제는 심각하다. 과거에는 '중요'한 자산의 처분에는 주관행정기관의 허가가 필요하였지만, 이것으로는 기동성이 떨어지고 또한 절차가 불비인 경우에는 담보로 하는 것 자체가 무효가 되어 거래의 안전이 침해된다. 2002년이 되어 최고인민법원은 주관부문의 허가가 없다는 것만으로는 무효가 되지 않는다는 취지의 회답을 하였다.[109] 1990년대 거의 10년을 들여 우선 이러한 형태로 만든 것이고, 건물이나 그 아래에 있는 토지사용권(도시의 토지는 국유이다)을 담보로 하는 경우에도 동일한 문제가 있고, 기업개혁은 기업자산의 확정이라는 점에서도 진행 중이다.

더 나아가 심각한 것은 파산이나 해고, 레이오프이다. 파산법에 관하여는 이 장 집필 중에 신법이 검토중이며, 검토과제의 하나가 주관행정부문의 간섭을 차단하는 것이다. 또한 다른 한편으로 청산형이 아니라 재건형 절차도 시도되고 있다.[110] 종래와는 별개의 문맥으로 관계자 전체의 이해를 조정

---

109) 蔡暉, 國有企業財產抵押与審批問題, 人民法院報2002년 10월 16일 3면.

110) 파산에 관하여는, 예를 들어 '北京首次使用破產執行方式 對資不抵債者進行破產重組託管経營'('法制日報'2001년 5월 30일 3면). '新破產法'('人

하면서 진행하여야 하는 공간이 넓어지고 있다.

제5 _ 1995년의 의미

이 책이 소개하는 중국법의식조사는 1995년부터 이루어졌다. 제3에서는 1990년대 말 이후의 최근의 동향에 중점을 두고 논하였는데, 여기서는 조금 거슬러 올라가 1995년의 의미에 관하여 생각해 보겠다.

제3의 처음에서 말했듯이 1992년 이후 시장 메커니즘 도입이 본격화한다. 1995년의 시점에서는 당의 정식 정책이 된 시장 메커니즘 도입에 기한 입법이 시작되고, 또한 시행되기 시작하였던 시기이며, 법의 운영실태에서 보면 과도기적인 시기였다. 1995년은 GATT에서 WTO체제로 변화한 시기이기도 하고 이후 2001년 가맹까지의 교섭 동안 입법이 진행된다. 사람들이 글러벌화를 느끼기 시작한 시기이기도 하였다. 1980년대의 입법이나 법학이 계획경제 하에서 시장 메커니즘을 도입

民法院報'2002년 11월 6일 B2면) 등의 보도나 논의의 소개가 있다. 고용 · 노동에 관하여는 '社會体制と法'研究會, '社會体制と法'3호(2002) 特集 '体制轉換期における市民生活と法'(拙稿, グローバリゼーション下の体制轉換と市民生活, 野村秀樹, 体制轉換過程における中國の下崗問題, 山下昇, 〈中華人民共和國工會法〉における勞働三權)을 참조하기 바란다.

하였을 때의 대처방법을 정하는 룰 만들기에 웨이트가 있었다고 하면(때문에 1950년대 회귀와 같이도 보이고, 스탈린 후의 구소련과의 비교도 가능하다) 1990년대는 시장 메커니즘을 원칙으로 하는 사회 룰 만들기에 웨이트가 옮겨가는 것이고, 1995년은 후자에 웨이트가 이동하였을 때의 밸런스의 학습기였다.

□ 법률지식보급활동

재판보다도 인적 네트워크에 의한 조정, 법보다도 정실이라는 세계에서 중국인은 살아가고 있다는 전형적인 중국인인식을 갖는 사람은 이 책에서 나온 중국인의 법의식은 상식에 반한다고 생각할지도 모른다. 또는 '좋은 아이'의 회답을 하였다고 생각할지도 모른다. 의식조사에서 '좋은 아이'의 회답을 하는 경향이 있는지 여부에 관하여는 필자는 전문가가 아니므로 알 수 없지만, 여기서는 적어도 3가지의 '해석'이 가능하다. 첫 번째는 단순히 '좋은 아이'의 회답을 하였다고 보는 것이다. 두 번째는 빌려온 것이 아니고 자기 것이 된 '좋은 아이'의 회답이라고 보는 것이다. 세 번째는 중국인이 설사 행동규범에서 분쟁해결에서도 인적 네트워크를 중요시한다고 하여도 그것으로는 해결할 수 없는 경우나 법이 체현하는 가치가 자신의 가치이기도 한 경우에는 재판을 이용하고 또한 법을 자신의 자원으로서 이용하는 것이 아닌가 라는 해석방법이다. 이

중 재판을 이용하는 것에 관하여는 이미 논하였다. 법을 자신의 자원으로서 이용하는지 여부는 두 번째 해석과 관계된다. 이 점에서는 법률지식보급활동을 다룰 필요가 있을 것이다.

1985년에 "전시민에게 법률상식을 기본적으로 보급하는 것에 관한 5개년 프로젝트"가 발표되었다.[111] 1985년 7월부터 1990년 6월까지 실시하는 것으로 당초에는 헌법, 형법, 형사소송법, 민사소송법(시행), 혼인법, 상속법('繼承法'), 경제계약법('經濟合同法'), 병역법, 치안관리처벌조례를 요점으로 하고, 거기에 민족구역자치법, 민법통칙이 더해져 10법 1조례로 불렸다. 중점은 '간부'와 청소년이었다. 그 후 1991년부터 1995년에는 제2차 5개년 프로젝트가 행해지고, 다시 1996년부터 2000년에는 제3차, 2001년부터 2005년에는 제4차의 5개년 프로젝트가 행해지고 있다.[112] 제2차 5개년 프로젝트에서는, 요점은 헌법 및 대상자의 거주지역이나 소속부문에 관계하는 중요한 분야의 법으로 되고 중점대상으로서는 '영도간부'를 포함한 '간부', 학교, 농촌이다. 1995년이라는 것은 제2차 5개년 프로젝트 마지막 해이다.

이 프로젝트에서는 단지 강사가 강연하거나 미디어가 계몽을 하는 것만이 아니라 시험을 부과하는 것이기도 하였다. 텍

---

111) 이하, 제1차 5개년 프로젝트에 관하여는 '中國法律年鑑1987'(法律年鑑社, 1987) 37면.

112) 제2차 프로젝트에 관하여는 '中國法律年鑑1991'(中國法律年鑑社, 1991) 107-112면. 제3차 프로젝트에 관하여는 '中國法律年鑑1997'(中國法律年鑑社, 1997) 216면을 참조하였다.

스트나 강의내용에 따른 시험이긴 하지만, 여기에 합격하지 못하면 그 만큼 수당이 지급되지 않고 또한 그 직장 전체의 평가에서도 감점이 된다.113)

농촌에서는 농민이 열심히 참가하고 질문까지 하였다고 한다. 농촌에서의 도급계약관련 분쟁은 많고, 법이 정하는 대로 계약하고 또한 그것을 이행하며 만일 분쟁이 발생하였을 때에는 법과 계약이 정하는 대로 해결되는 것은 농민에게 있어 절실한 바람이었을 것이다.114)

제6 _ 결어

법률을 싫어하고 재판을 싫어하는 중국인이라는 과거의 중국인상은 버려야 한다. 만일 중국인이 법률을 싫어하고 재판을 싫어한다고 하면 그것은 구미나 일본의 일반 시민일지도 모른다. 중국에서도 인적 네트워크로는 어떻게 할 수 없으면 재판을 이용하고, 법을 이용한다. 그 때 설득적 수법(설리와 심

113) 필자는 1985년부터 1987년까지 상해, 북경에 유학하고 있었지만, 이발소에서 법률지식보급 학습활동에 참가하게 되고 또한 그 시험에 합격하지 않으면 그 만큼 수당이 지급되지 않는다는 내용의 이야기를 들었다. 단, 이발 중인 이발사와의 대화이기 때문에 정식 조사는 아니다.

114) 이것도 정식 조사의 성과가 아니고 친구인 중국 법학자의 이야기이다. 또한 농촌에 계몽활동으로 가는 것은 젊은 연구자에게 있어서는 본급 이상의 수당이 붙었기 때문에 쌍방 열심히 하였다.

복)이 이용되지만, 이것도 단순히 유가사상과 연결하여 중국특유의 것이라고 생각해서는 아니 된다. 그 특징을 끌어낸다면, 민사적인 분쟁도 적절한 처리를 하지 않으면 형사적인 사건으로까지 격화될 가능성이 있다는 현실적인 인식을 배경으로 하여, 인민내부의 모순이나 화를 중시한다는 이야기를 통해 해결하는 것이다. 중국은 법보다도 중요한 화의 정신에 따라 사람들이 마찰을 일으키지 않고 살아왔다는 매력이 없는 사회가 아니다.

단, 여기서 법이라거나 법률로 부르고 있는 것을 어떻게 관념하는지는 또한 별개로 논할 필요가 있다. 서양법이 복잡한 인간관계를 권리의무관계라는 형태로 기호화, 단순화하는 것으로 분쟁해결이나 예방의 실마리를 발견하려고 하는 지혜라면, 율령제를 축으로 하는 동아시아법은 다양한 인간의 행위를 '功'에 대해서는 '賞'을, '罪'에 대해서는 '罰'을, 정밀하게 준비하는 것으로 질서를 형성하려고 하는 지혜이며, 사람의 행위의 정량적 평가를 가능하게 하고 있다.[115] 중국에서는 종래 통치계급의 의사 또는 지배의 도구로서의 법이라는 정의가 공식적이었지만,[116] 1990년대 후반 이후 권리를 본위로 하여 정의하는 방향으로 움직이고 있는 것처럼 생각된다. 따라서 앞

115) 전통 중국법이 갖는 '공죄상벌'성에 관하여는 溝口雄三=丸山松幸=池田知久編, 中國思想文化事典, 東京大學出版會, 2001의 石川英明 주담당인 '法'항목을 참조하기 바란다.

116) '現代漢語詞典', 商務印書館, 修訂本, 1996 修訂三版.

으로 우리는 중국인도 또한 법의 세계에 살고 있다는 것을 전제로 한 다음, 사람들이 그 '법'이라는 것에 무엇을 기대하고 있는지를 생각한다는 조금 세세한 교류방법을 생각하여야 할 것이다.

[高見澤磨]

제 11 장

한국의 사회와 법

- 한국인, 일본인 닮았나 닮지 않았나? -

제1 _ 서

이 장에서는 한국사회 및 한국인에 초점을 맞추어 한국에서 이루어진 법의식조사나 거기서의 법의식연구의 성과를 이용하면서, 한국사회 또는 한국인이 갖는 법 내지 법제도에 대한 평가나 이미지를 밝혀보겠다. 또한 피아의 비교도 하고 상당히 한정된 형식이지만 한일양국의 법문화의 차이도 검토하여 보겠다.

제2 _ 한국에서의 법의식론

□ 전통적인 법의식론

법의식론은 전후 일본의 법학계가 즐겨 논해 온 테마의 하나지만, 실은 한국에서도 상당히 이른 단계부터 이 문제가 논해져 오고 있다. 한국 민법은 제정이 1958년, 시행이 1960년부터인데 1960년대 후반에는 벌써 법의식에 관한 논문이 몇 가지 발표되고,[117] 그 후에도 이 테마에 관하여는 계속하여 논의가 이루어지고 있다. 참고로 川島武宜著, 日本人の法意識(岩波新書)의 발행은 1967년이다. 일부에는 일본의 법학계의 영향이 있었을지도 모르지만, 법의식론이 활발히 논의되어 온 사실은 기본적으로 당시의 일본이 놓여진 상황과 매우 유사한 구조가 한국사회에도 있었다고 추측된다.

그러한 논의 중에서 주장된 것은 한국인은 전통적으로 법을 기피하고 법에 대한 공포심을 갖고 있으며 준법정신도 약하거나,[118] 한국인은 준법정신과 권리의식이 약하고 반드시 충분히 법이 그 일상생활에 정착되어 있지 않은 - 즉 '"법의 생활

117) 필자는 접하지 못했지만, 양승두, 한국인의 법의식, 한국사회과학논집 제9집, 1968이나 이태재, 우리나라 법의식에 관한 소고, 최해태박사 화갑기념논문집, 1969라는 논문이다. 또한 그 후의 한국문헌에 관하여는 靑木淸, 〈資料〉韓國法制硏究院, 國民法意識調査硏究, 南山法學16권 3=4호, 1993, 320면 주(3) 참조.

118) 高翔龍, 現代韓國法入門, 信山社, 1998, 27면 참조.

화가 충분하지 않다"[119]는 것이다. 이것이 '한국인의 법의식'에 관한 한국의 통설적 이해이다.

한국에서는 "법은 도덕적인 레벨에서의 컨트롤이 듣지 않는 사람을 위하여 존재하는 것이다"[120]는 의식이 있고, 사회를 규율하는 기본적 규범은 유교윤리라고 생각되어 왔다. 1988년의 서울 올림픽을 계기로 한국사회는 크게 변해오고 있다. 이러한 변화는 이웃 일본에도 잘 알려져 있는 바이지만, 그 한편으로 전통적인 사회규범, 가까운 예로 말하면 예를 들어 연장자나 선생님 앞에서는 담배를 피우지 않는다고 하는 '장유유서'에 기인하는 룰은 지금도 유지되고 있다. 그 의미에서는 큰 변화를 이루고 있는 한국사회이지만, 법이나 사회규범에 관하여 오랫동안 회자된 것은 지금도 해당되지 않을까 추측된다. 이러한 인상론적 법의식론을 검증하고 한국인의 법의식을 실증적으로 밝히려고 한 연구에, 한국의 정부기관의 하나인 한국법제연구원[121]이 전국 규모로 실시한 법의식조사연구가 있다. 이에 이하에서는 이 조사결과를 바탕으로 '한국인의 법의식'의 실상을 밝혀 보겠다.

---

119) 한국법제연구원, 국민법의식조사연구 - 법치주의의 정착가능성 진단 -, 1991, 13면 이하에서는 이러한 형태로 통설적 이해를 표현하고 있다.

120) 한국법제연구원, 전게주(119), 82면.

121) 한국법제연구원은 한국 내외의 법제에 관한 전문적인 조사, 연구 및 법령정보의 체계적 수집, 관리 등을 목적으로 1989년에 공포·시행된 한국법제연구원법(법률 제4141호)에 기하여 1990년에 설립된 정부계 연구기관이다. 그 법의식조사를 소개하는 허가를 준 한국법제연구원에 감사드린다.

□ 한국법제연구원에 의한 법의식조사연구

한국법제연구원은 1991년과 1994년에 당시 재적하고 있었던 박상철 연구원[122]을 연구책임자로 하여 한국 전토에서 앙케이트 조사방식에 의한 법의식에 관한 실태조사를 하였다.[123]

91년 조사는 1991년 4월 22일부터 1주일에 걸쳐 한국 전국에서 성인 남녀 2000명을 대상으로 94년 조사는 1994년 4월 1일부터 10일에 걸쳐 제주도를 제외한 한국 전국에서 성인남녀 1200명을 대상으로 각각 실시되었다. 양 조사에서 이용된 조사표는 기본적으로는 거의 같은 내용의 것이다. 이러한 조사는 겨우 3년밖에 공백이 없었기 때문에 회답결과에는 그다지 큰 변화는 없다. 참고로 그 사이에 일어난 큰 일로는 김영삼 정권의 등장이 있다. 같은 정권은 그때까지의 군사력을 배경으로 한 정권[124]과 다른 32년만의 문민정권이었다. 그것은 한국 민주화 과정 중의 하나의 큰 사건이었다.

---

122) 박상철씨(현재 경기대학교 교수)는 이 연구회가 2002년 신춘에 도쿄와 나고야에서 개최한 국제심포지엄에도 참가하여 주었다. 다시 한번 감사드린다.

123) 1991년 조사에 관하여 한국법제연구원, 전게주(119) 보고서가 1994년 조사에 관하여는 한국법제연구원, 94 국민법의식조사연구, 1994가 각각 발행되어 있다. 이 중 전자에 관하여는 青木, 전게주(117), 279면 이하에서, 보다 간결한 형태로는 青木清, 韓國國民法意識調査について, ジュリスト1007호, 1992, 22면 이하에서 이미 소개되어 있다.

124) 한국에서는 이러한 것을 권위주의체제라고 부른다.

상기 2개의 조사에 관한 보고서는 한국인의 법의식에 관하여 1980년대 후반부터 시작된 한국의 민주화영향으로 과거의 가치관이 상당 정도 변화하고, 참가의식과 권리의식이 높았던 반면, 질서에 대한 복종의식이나 법과 질서에 대한 준법의식이 결여되고 법을 경시하는 풍조가 만연하고 있다고 분석하고 있다.[125] 그러나 후술 조사결과에 나타난 수치를 보는 한 보고서가 말하는 정도로는 그다지 크게 변화한 것은 아니다. 적어도 법의식에 관한 종래의 통설적 이해를 돌이킬 정도의 결과로는 되지 않았다. 역시 한국인에게 있어서는 법은 가까이에 있는 것이 아닌 것 같다.

제3 _ 한일비교

우리 법의식국제비교연구회가 한 국제조사의 대상은 직접적으로는 중국(1995), 일본(2000) 그리고 미국(2001) 3개국이다. 우리의 직접적인 목적도 이들 3개국 간의 국제비교이다. 그러나 전기 한국법제연구원의 법의식조사의 조사결과를 참고로 하면 한국과 이들 3개국과의 차이도 어느 정도 알 수 있는 것도 사실이다. 실제로 우리가 작성한 질문표 중에는 우리의 독자적인 문제관심에서 만든 질문군과 이것과는 별개로 선행연

125) 한국법제연구원, 전게주(119), 45면 이하.

구가 있으면 그것과의 비교도 가능하도록 고안한 질문군이 있고, 상기 한국법제연구원의 조사는 우리가 참고로 한 선행연구의 하나이다. 이에 이러한 조사의 조사결과를 이용하면서 어디까지나 비교검토가 가능한 범위에서만 한일 양국의 법의식을 생각해 본다.

□ 법의 이미지

양국의 조사에는 법의 이미지에 관한 질문이 몇 가지 있다. 한국조사의 "만일 이 세상에서 법이 전부 없어지면 어떻게 된다고 생각합니까"라는 질문에 대하여는 1991년 조사에서는 89.3%로 거의 9할의 사람들이 '불편해진다'고 답하고 있다. 1994년의 조사에서는 '사회가 전혀 유지될 수 없게 된다'라는 회답지가 하나 추가되고 그것이 가장 많은 회답이 되었지만, 아무튼 양 조사에서 한국인이 법의 필요성을 인정하고 있는 점에 변화는 없다.

일본조사에서도 동종의 질문이 있지만 조금 묻는 방법이 다르고, 2가지 의견, 즉 "법이 없어도 기본적으로는 지금 사회질서는 유지된다"는 의견과, "법이 없으면 사회는 혼란에 빠지고 무질서하게 된다"는 의견 중 어느 쪽에 찬성하는지를 묻고 있다. 회답은 혼란에 빠지고 무질서하게 된다는 후자의 의견에 찬성하는 자가 압도적으로 많다. 구체적인 수치는 이하

〈표1〉과 같다.

<표1>

<table>
<tr><th colspan="3">한국</th><th colspan="2">일본</th></tr>
<tr><td colspan="3">1. 만일 이 세상(우리 사회)에서 법이 모두 없어지면 어떻게 된다고 생각합니까.</td><td colspan="2" rowspan="2">질문(3) A와 B의 2가지 의견이 있습니다. 당신은 어느 쪽에 찬성합니까.
(다) 지금 사회에서 법이 없어진 경우에 대하여
(A의 의견) 법이 없어져도 기본적으로는 지금의 사회질서는 유지된다.
(B의 의견) 법이 없어지면 사회는 혼란에 빠지고 무질서하게 된다</td></tr>
<tr><td></td><td>91년</td><td>94년</td></tr>
<tr><td>1) 오히려 좋아진다</td><td>3.3(66)</td><td>1.3(16)</td><td>1) A에 찬성</td><td>2.6(28)</td></tr>
<tr><td>2) 비슷하다</td><td>7.5(149)</td><td>3.4(41)</td><td rowspan="2">2) 어느 쪽이라고 하면 A에 찬성</td><td rowspan="2">6.0(64)</td></tr>
<tr><td>3) 불편해진다</td><td>89.3(1785)</td><td>21.7(260)</td></tr>
<tr><td rowspan="3">4) 사회가 전혀 유지할 수 없게 된다(이 선택지는 94년만)</td><td rowspan="3">-</td><td rowspan="3">73.6(882)</td><td>3) 어느 쪽이라고 말할 수 없다</td><td>9.6(102)</td></tr>
<tr><td>4) 어느 쪽이라고 하면 B에 찬성</td><td>34.2(364)</td></tr>
<tr><td>5) B에 찬성</td><td>47.6(506)</td></tr>
</table>

아울러 한일 양국 모두 최초의 수치는 %를 그 다음의 ()안의 수치는 회답자수 숫자를 각각 표시하고 있다. 또한 한국 측 회답란에 있는 91년은 1991년 조사를, 94년은 1994년 조사를

각각 의미하고 있다(이하, 같다).

다음으로 "분쟁이 발생했을 때에 '법적으로 해결합시다'라는 말을 들으면 어떠한 감상을 가게 됩니까"라는 질문에 대하여 한국에서는 91년 조사도 94년 조사도 '합리적이다'라는 회답이 30%를 초과하고 있지만, '인정이 없다'와 '불쾌하다'라는 네거티브한 평가도 적지 않고, 이러한 양자가 모든 조사에서도 약 반수를 점하고 있다. 한편 일본조사에서는 '법적으로 해결합시다'라는 표현에 대한 반응을 조사하는 점은 같지만, 역시 질문의 방법이 약간 다르고, 합리적인지 여부, 인정이 없는지 여부, 불쾌한지 여부라는 형태로 각각의 항목에 관하여 평가를 요구하고 있다. 그리고 각 항목에 관하여 '어느 쪽이라고 하면'이라는 것을 포함하면 합리적이다, 인정이 없다, 불쾌하다는 회답이 모두 다수를 차지하고 있다(〈표2〉).

한일 양국 모두 법 그 자체에 대한 호감도는 그다지 높지 않지만, 사회 안에서 법이 하고 있는 역할 내지 기능이라는 측면에 관하여는 그 유용성을 높게 평가하고 있다고 말할 수 있다. 이러한 점에서는 한국인과 일본인 사이에서는 그다지 큰 차이는 없다고 정리할 수 있다.[126)]

---

126) 이것은 법의식국제비교연구회 주최의 국제심포지엄에서 박상철교수도 지적하고 있었던 점이다.

<표2>

한국		
4 분쟁이 발생했을 때에 '법적으로 해결합시다'라는 말을 들으면 어떤 감상을 갖게 됩니까.		
	91년	94년
1) 바람직하다	16.8(336)	21.0(251)
2) 합리적이다	32.3(645)	30.4(364)
3) 인정이 없다	23.9(478)	24.5(293)
4) 불쾌하다	26.9(538)	24.2(290)

일본			
질문(5) 거래한 상대방과 분쟁이 발생하였기 때문에 교섭을 시작하려고 하자 상대방으로부터 '법적으로 해결합시다'라는 말을 들었을 때 당신은 어떻게 느낍니까.			
	합리적이다	인정이 없다	불쾌하다
그렇게 생각한다	25.6(261)	20.0(198)	20.2(198)
어느 쪽이라고 하면 그렇게 생각한다	35.4(360)	31.7(315)	25.0(245)
어느 쪽이라고 말할 수 없다	24.8(253)	31.4(311)	32.7(319)
어느 쪽이라고 하면 그렇게 생각하지 않는다	8.0(82)	9.5(94)	10.9(107)
그렇게 생각하지 않는다	6.2(63)	7.4(73)	11.2(110)

□ 범죄방지의 자세

형사범죄방지의 자세 · 대응에 관한 질문에서는 인가에 도둑이 침입한 경우를 예로 들어 질문이 작성되어 있다. 그 때의 대응을 묻고 한국인은 '경우에 따라서'라는 것을 포함하면

70~80% 사람이 (경찰 등에)통보한다고 답하고 있다. 한편 일본조사에서도 66%의 사람이 경찰에 통보한다고 답하고 있고, 여기서도 대처방법 내지 사고방식에 관하여 양국의 유사성을 지적할 수 있다. 아울러 부가하면, 한국의 경우 이웃과 힘을 합하여 잡는다는 사람이 91년 조사에서 19.4%, 94년 조사에서 11.4%로 되어 있는데 비해, 일본의 경우에는 9.9% 밖에 잡으려고 하지 않는 것 같다. 한일의 차이나 94년 한국조사에서의 저하 등 흥미로운 수치가 나와 있지만, 여기서는 이러한 수치의 소개만으로 그치려고 한다(〈표3〉).

<표3>

<table>
<tr><th colspan="3">한국</th><th colspan="2">일본</th></tr>
<tr><td colspan="3">15. 도독이 이웃집의 담을 넘는 것을 본 경우 당신은 어떻게 합니까</td><td colspan="2">질문(9) 도둑이 이웃집의 담을 넘는 것을 본 경우 당신은 어떠한 행동을 합니까. 다음 중에서 하나를 골라 주세요</td></tr>
<tr><td></td><td>91년</td><td>94년</td><td rowspan="3">1) 도둑을 잡는다</td><td rowspan="3">9.9(103)</td></tr>
<tr><td>1) 항상 신고한다</td><td>48.6(971)</td><td>65.2(782)</td></tr>
<tr><td>2) 경우에 따라 신고한다</td><td>24.0(480)</td><td>17.1(205)</td></tr>
<tr><td>3) 무서우니 신고하지 않는다</td><td>5.1(101)</td><td>3.8(46)</td><td>2) 경찰에 통보한다</td><td>66.0(688)</td></tr>
<tr><td>4) 귀찮으니 신고하지 않는다</td><td>3.0(59)</td><td>2.5(30)</td><td>3) 이웃집에 알린다</td><td>22.9(238)</td></tr>
<tr><td>5) 이웃과 힘을 합하여 잡는다</td><td>19.4(388)</td><td>11.4(137)</td><td>4) 아무것도 하지 않는다</td><td>1.2(13)</td></tr>
</table>

□ 법의 존재

일상생활을 함에 있어 어느 정도 법을 의식하고 있는지를 묻는 질문에서는, 한국은 모든 조사에서 과반수가 상식적으로 살아가면 좋다고 회답하고 있다. 일본조사에서는 이것 또한 질문의 방법이 다소 다르고 한국조사에서 이용된 각 회답지에 대하여 각각 평가를 묻고 있다. 상당히 비교하기 어려운 형태로 되어 있지만, 적어도 일본에서도 상식에 따라 살아가면 좋다고 생각하는 사람이 많고, 이 점은 한국과 공통되어 있다고 말할 수 있다(〈표4〉).

<표4>

한국		
22 당신은 사회생활을 함에 있어 어떻게 살아가는 것이 피해를 입지 않고 살아가는 방법이라고 생각합니까.		
	91년	94년
1) 상식적으로 살면 된다	56.3(1125)	50.9(611)
2) 법대로 살면 된다	13.1(262)	14.6(175)
3) 법에 관련되는 것은 가능한 피하는 것이 좋다	8.3(166)	7.8(93)
4) 법이 잘 안통할 때는 적극적으로 개정되도록 한다	14.0(280)	16.3(196)
5) 경우에 따라서는 법을 지키지 않는다	8.3(166)	10.4(125)

일본			
질문(6) 당신은 사람들이 사회생활을 함에 있어 어떻게 살아가는 것이 좋다고 생각합니까.			
	상식에 따라 살아가면 좋다	법에 따라서 살아가면 좋다	법에 관련되는 것은 가능한 피하는 것이 좋다다
그렇게 생각한다	45.0(463)	12.2(121)	5.3(52)
어느 쪽이라고 하면 그렇게 생각한다	36.3(375)	33.0(327)	10.0(97)
어느 쪽이라고 말할 수 없다	14.3(148)	40.3(339)	42.2(410)
어느 쪽이라고 하면 그렇게 생각하지 않는다	2.6(27)	8.9(88)	23.8(232)
그렇게 생각하지 않는다	1.8(19)	5.6(55)	18.7(182)

□ 공정도 이미지

한일 양국의 조사는 각종 국가기관에 대하여 국민이 갖는 공정도 이미지에 관해서도 질문을 만들고 있다. 여기서도 양국에 공통된 경향을 읽을 수 있다.

• 입법기관 및 행정기관

국회나 정부가 법률을 만들 때의 공정도 이미지는 양국 모두 공정하다는 것과 불공정하다는 것이 반반이다. 단, 일본조사의 경우, '어느 쪽이라고 말할 수 없다"는 것이 가장 많은 회답이 되어 있고 이것을 어떻게 평가하는지는 약간 문제가 될 것이다. 참고로 이러한 회답경향은 여기에 한하지 않고 다른 질문에서도 때로 발견할 수 있다. 어떤 의미에서 일본인의 특성이 나타나 있는 것이라고도 말할 수 있다. 이에 대하여 한국조사에서는 이 질문에 관하여는 '어느 쪽이라고 말할 수 없다'라는 선택지마저 놓여 있지 않다. 설문의 작성방법에도 한일 각각의 특성이 나타나 있다고 말할 수 있는 것일까. 그것은 둘째치고 공정 대 불공정이라는 대비로 간다면 양국모두 불공정하다는 자가 약간 많다.

아울러 공정도 이미지에 관한 질문군에서는 94년 조사의 회답지가 91년의 그것과는 다르다. 91년 조사는 공정한지 여부라는 척도가 이용되어 있음에 비해 94년 조사는 (법이) 지켜지고 있는지 여부라는 척도를 쓰고 있다. 이 때문에 〈표5〉에서는 그것을 나누어 별개의 형태로 수치를 표시하고 있다.

<표5>

한국		일본	
31. 이하의 각 부분은 어느 정도 공정하다고 생각합니까. 가) 국가나 정부가 법률을 만들 때		질문(11) 이하의 각 기관은 다음과 같은 장면에서 어느 정도 공정하다고 생각합니까. 마) 국회나 정부가 법률을 만들 때	
91년	91년	공정하다	5.6(58)

공정하다 5.8(115)	매우 잘 지켜지고 있다 2.8(33)	어느 쪽이라고 하면 공정하다	21.2(219)
대략 공정하다 42.7(848)	대략 잘 지켜지고 있다 40.5(483)	어느 쪽이라고 말할 수 없다	42.6(440)
대략 공정하지 않다 39.4(782)	그다지 지켜지고 있지 않다 51.4(616)	어느 쪽이라고 하면 공정하지 않다	16.2(167)
공정하지 않다 12.1(240)	전혀 지켜지고 있지 않다 5.0(60)	공정하지 않다	13.4(138)

이에 대하여 행정기관이 법을 적용하여 업무를 수행할 때의 공정도 이미지는 양국 모두 공정이라는 쪽에 보다 많은 회답자가 나와 있다(〈표6〉).

<표6>

한국		일본	
나) 행정기관에서 법을 적용할 때		가) 행정기관이 법을 집행할 때	
91년	91년	공정하다	10.2(105)
공정하다 6.8(135)	매우 잘 지켜지고 있다 3.4(40)	어느 쪽이라고 하면 공정하다	33.7(347)
대략 공정하다 50.0(991)	대략 잘 지켜지고 있다 52.4(624)	어느 쪽이라고 말할 수 없다	40.7(419)
대략 공정하지 않다 35.1(696)	그다지 지켜지고 있지 않다 41.7(497)	어느 쪽이라고 하면 공정하지 않다	10.2(106)
공정하지 않다 8.0(159)	전혀 지켜지고 있지 않다 2.5(30)	공정하지 않다	5.1(53)

• 경찰

한편 경찰에 대한 공정도 이미지는 한국에서는 91년 조사에서 과반수, 94년 조사에서 반 정도가 네거티브한 이미지를 갖고 있다. 일본 조사는 가나가와현 경찰과 니이가따현 경찰을 중심으로 한 경찰불상사 사건의 보도가 나온 직후에 실시되었는데, 한국의 결과는 그 일본 조사의 수치보다 상당히 나쁜 수치로 되어 있다(〈표7〉).

<표7>

한국		일본	
다) 파출소나 경찰서에서 법을 적용할 때		가) 경찰이 법을 집행할 때	
91년	91년	공정하다	9.8(101)
공정하다 4.6(92)	매우 잘 지켜지고 있다 5.4(64)	어느 쪽이라고 하면 공정하다	32.5(336)
대략 공정하다 40.8(809)	대략 잘 지켜지고 있다 45.7(544)	어느 쪽이라고 말할 수 없다	37.0(383)
대략 공정하지 않다 41.7(827)	그다지 지켜지고 있지 않다 44.6(531)	어느 쪽이라고 하면 공정하지 않다	12.8(132)
공정하지 않다 12.9(255)	전혀 지켜지고 있지 않다 4.3(51)	공정하지 않다	7.9(82)

- 검찰

경찰에 대한 이미지는 양국에서 약간 다르지만, 검찰이나 법원에 대한 공정도 이미지는 양국 모두 공통적으로 높다고 말할 수 있다. 검찰은 다음과 같다(〈표8〉).

<표8>

한국		일본	
라) 검찰에서 법을 적용할 때		다) 검찰이 법을 집행할 때	
91년	91년	공정하다	13.4(137)
공정하다 11.5(227)	매우 잘 지켜지고 있다 8.3(99)	어느 쪽이라고 하면 공정하다	37.6(386)
대략 공정하다 50.4(996)	대략 잘 지켜지고 있다 54.2(34.3)	어느 쪽이라고 말할 수 없다	36.6(375)
대략 공정하지 않다 30.1(595)	그다지 지켜지고 있지 않다 34.3(408)	어느 쪽이라고 하면 공정하지 않다	8.3(85)
공정하지 않다 8.1(160)	전혀 지켜지고 있지 않다 3.1(37)	공정하지 않다	4.1(42)

- 법원

법원에 관하여는, 한국에서는 70~75%의 사람이 공정 내지 법이 지켜지고 있다고 평가하고 있고, 다른 기관과의 차이가 현저하다(〈표9〉).

이와 같이 보면 한국의 경찰에 대한 공정도 이미지를 별개로 하면 각종 기관의 공정도 이미지는 그 순번을 포함하여 양국에서의 반응은 극히 유사한 것으로 되어 있다.

<표9>

한국		일본	
마) 법원에서 판결이 내려질 때		라) 법원이 판결을 내릴 때	
91년	91년	공정하다	22.5(232)
공정하다 19.7 (391)	매우 잘 지켜지고 있다 11.7(139)	어느 쪽이라고 하면 공정하다	41.0(423)
대략 공정하다 55.0(1090)	대략 잘 지켜지고 있다 59.1(703)	어느 쪽이라고 말할 수 없다	27.8(287)
대략 공정하지 않다 19.6(389)	그다지 지켜지고 있지 않다 26.6(317)	어느 쪽이라고 하면 공정하지 않다	5.2(54)
공정하지 않다 5.6(111)	전혀 지켜지고 있지 않다 2.6(31)	공정하지 않다	3.5(36)

□ 한국 독자의 반응

이상 법의 이미지에서 공정도 이미지까지 4개의 질문군을 살펴보면 한국인의 법의식과 일본인의 법의식의 유사성이 상당히 현저하게 지적할 수 있다고 생각되는데, 그 한편으로 한일 조사에서 그 회답상황이 상당히 크게 다른 것도 있다.

법의 이미지를 묻는 "당신은 '법'이라는 말을 들으면 제일 먼저 어떠한 감상을 가집니까"라는 질문이 그것이다. 이 질문에 대하여 한국 조사는 91년 조사에서 '공평하다' 13.4%, '민주적이다' 11.1%, '엄격하다' 18.9%, '불공평하다' 24.7%, '권위적이다' 32.0%으로 되어 있다. 이들 수치는 94년 조사에서도 거의 변하지 않았다. 아무튼 한국에서는 법에 대한 신뢰가 극히 낮은 점을 읽을 수 있다. '불공평하다', '권위적이다' 라는 네거티브한 평가로 과반수를 넘고, 나아가 '엄격하다'는 평가도 더하면 무려 75% 정도에 이른다.

이에 대하여 일본 조사에서는 '자유를 지킨다' 24.4%, '공평하다' 23.7%로 되어 있고 이 2가지 회답으로 전회답자의 약 반 정도가 된다. 나아가 민주적이라는 회답도 더하면 65%의 사람들이 법에 대하여 긍정적인 이미지를 갖고 있는 것이 된다. 법에 대하여 거리를 두는 일본인이지만, 법에 대한 신뢰는 반드시 낮지 않다(〈표10〉).

<표10>

한국			일본	
1. 당신은 '법'이라는 말을 들으면 제일 먼저 어떠한 감상을 가집니까.			질문(4) 당신은 '법'이라는 말을 들으면 제일 먼저 어떠한 인상을 가집니까. 하나만 ○ 해주세요.	
	91년	94년	1) 자유를 지킨다	24.2(248)
1) 공평하다	13.4(267)	13.0(156)	2) 공평하다	23.7(243)
2) 민주적이다	11.1(221)	12.8(153)	3) 민주적이다	17.2(177)
3) 엄격하다	18.9(378)	19.1(229)	4) 탄압적이다	5.5(56)
4) 불공평하다	24.7(494)	24.9(298)	5) 불공평하다	10.6(109)
5) 권위주의적이다	32.0(640)	30.3(363)	6) 권위주의적이다	11.8(121)
			7) 기타	7.0(72)

한일의 이 차이를 생각하기 위해, 또는 그 차이를 상대화하기 위해 동종의 질문의 미국조사와 중국조사의 결과를 보도록 하자.

선택지는 일본조사와 같은데, 미국조사에서는 '자유를 지킨다'가 42.4%, '공평하다'가 13.7%로 되어 있다. 이에 대해 중국조사에서는 '공평하다'가 39.3%, '자유를 지킨다'가 23.3%로 되어 있다.[127] 이러한 양국의 조사결과와 비교하면, 일본조사의 수치마저 일본인이 미국인이나 중국인에 비교하여 법에 대해 부정적인 이미지를 갖고 있다는 것을 말해준다. 그리고 이것을 바탕으로 다시 한국조사의 결과를 보면, 한국인의 법에 대한 부정적 이미지가 얼마나 현저한지를 잘 알 수 있다. 법에 대하여 부정적 이미지를 씻을 수 없는 일본인을 훨씬 압도할 정도의 네거티브 톤의 회답결과로 되어 있다. 이 회답은 한국에 극히 특징적인 것이다.

이 결과를 어떻게 이해하여야 할까. 한국의 법에 대한 불신은 학력이 높으면 높을수록 또한 소득이 높으면 높을수록 나아가 정칙적으로는 진보적이면 일수록 격한 결과로 되어 있다.[128] 한국에서는 오랫동안 군사력을 배경으로 하는 소위 권위주의체제가 계속되어 왔다. 그리고 역대의 통치자들은 그러한 체제를 유지하기 위한 도구로서 법을 이용하여 왔다. 따라서 국민의 입장에서는 법은 정치체제를 유지하기 위한 권력자

127) 자세히는 이 책 제2부 제3장(河合幹雄 담당) 참조.

128) 한국법제연구원, 전게주(119) 보고서, 60면.

의 도구이고, 국민의 권리를 지켜주는 도구로는 도저히 생각할 수 없었던 것 같다.[129] 이러한 경위가 이번의 한국국민의 법의식에 강하게 영향을 주고 있는 것 같다.

제4 _ 변동하는 한국의 법환경

□ 입법자세

이상의 검토에서 보면, 법의식에 관하여는 한일 양국에는 상당한 유사성을 인정할 수 있다. 그러나 다른 한편으로 근래의 한일 양국 사이에서는 그러한 유사성보다도 양자의 상위성을 의식시키는 사정 내지 사실이 계속되고 있다.

우선 한국의 입법에 관한 것인데, 근년 한국의 법제정의 대담함에는 놀랄만 하다. 종래의 입법 스타일에서 보면 매우 혁신적, 선진적인 내용의 입법이 정력적으로 이루어지고 있다. 필자의 전문영역인 국제사법이나 가족법이라는 영역에서도 최근 각각 매우 대담한 입법이 실현되었다. 1990년의 가족법 개정은 한국 국내에서도 '혁명적인 개정'이라거나 '획기적인

---

129) 이 지적은 우리 법의식국제비교연구회가 개최한 국제심포지엄에 한국에서 참가한 한국 성균관대학교 고상용교수가 한 것이다. 고상용교수의 견해에 찬성함과 동시에 귀중한 지적을 해 주신 고상용교수에게 다시 한번 감사드리는 바이다.

개정'이라고 평가되는 등 전통적으로 한국 사회가 중요시 해온 가족에 관한 여러 가지 룰을 과감하게 폐지하고 있다.[130] 다른 한편 국제사법 분야에서도 2001년 제국의 선진적인 견해를 야심적이라고 말할 수 있을 정도로 채용한 새로운 국제사법전을 공포, 시행하였다.[131] 모두 그 내용은 매우 놀라운 것이었다. 그 선진성 때문에 이러한 법과 한국의 현실 사회가 잘 조화될지 걱정할 정도이다.

법의 개정이나 새로운 법의 제정에 대하여 극히 신중한 우리나라의 자세와 비교한 경우 입법작업에서의 이 차이는 매우 크다고 말할 수 있다.

□ 헌법재판소

상위점의 제2는 법의 적용의 장면에 관한 것이다. 최근 일본에서도 잘 알려진 것인데, 한국에는 헌법재판소가 있고 헌법판단은 이 재판소에서 이루어지고 있다. 그 헌법재판소가 최근 헌법판단을 하는 것에 매우 적극적으로 임하고 있다, 헌법위반 또는 헌법위반이라고는 말할 수 없지만 헌법의 정신에

130) 이 개정에 관하여는 青木清, 韓國家族法の改正とわが國涉外事件への影響(上)(中)(下), 戶籍時報393호16면(1990), 395호23면(1991), 397호27면(1991) 참조.

131) 이 개정에 관하여는 青木清, 韓國國際私法の改正, 國際法外交雜誌100권6호1면 참조.

반하는 '헌법불합치'의 판단이 계속 나오고 있다. 한국 가족법을 얘기할 때 반드시 인용된다고 할 수 있는 유교적 윤리제도를 그 배경으로 하는 '동성동본 불혼'제도에 대해 내려진 헌법불합치결정(1997.7.16.), 적출부인의 출소기한을 1년으로 한정하는 한국 민법 847조1항에 대한 헌법불합치결정(1997.3.27.), 상속개시 후 소정의 기간 내에 한정승인 내지 포기를 하지 않으면 단순승인을 하였다고 보는 법정단순승인제도에 대한 헌법불합치결정(1998.8.27.) 등 현행 법률제도에 대하여 적극적으로 헌법판단을 내리고 그 수정을 요구하고 있다.

헌법판단을 그다지 하려고 하지 않는 우리나라의 사법기관과 비교하면 이 점에 관한 차이도 매우 크다고 말할 수 있다.

입법이나 행정의 영역에서 이러한 적극적인 자세가 계속되면 당연히 그것은 한국인의 법의식에 대해서도 일정한 영향을 줄 것이다. 그 결과, 한일 사이에는 새로운 차이점이 만들어지게 될 것이다. 현시점에서는 그것이 어떠한 형태로 나올지 또는 어떠한 부분에서 나타날지 예상하는 것은 불가능하다. 아무튼 종래 한일의 법제도에 관하여는 대충 그 유사성에 현혹되기 쉬웠지만 앞으로는 지금까지 이상으로 그 상위점에 주의를 하면서 무엇이 유사하고 무엇이 다른지를 자세히 볼 필요가 있는 것이 아닌가 생각된다.

[青木清]

"소유 · 계약 · 사회" 연구에 관하여

- 결론에 갈음하여 -

1. 이 책 공간의 경위

이 책은 법의식국제비교연구회가 1994년부터 2002년에 걸쳐 한 3가지 연구내용 - "'소유권'개념 발생의 구조", "계약의식의 국제비교 : 22개국/지역 계약의식조사로부터", "미 · 일 · 중 3개국 법의식조사 : 동양사회의 법과 서양사회의 법" - 의 엣센스를 세상에 알기쉬운 형태로 제시하는 것이다. 이 책의 공간에 앞서 이 책에 쓰여진 내용은 '머릿말'에도 쓴 것처럼 2002년 1월 도쿄국제심포지엄 "서양사회의 법과 동양사회의 법 - 사람은 왜 법을 어기는가, 일미중 법의식조사로부터", 나고야국제심포지엄 "법과 사회의 기본구조를 찾는다 - 소유 · 계약 · 사회"에서 발표되었다. 그 심포지엄에서 게스트로 기조강연을 하여 주신 문화청장관 河合隼雄선생님과 법의식국제비교연구회 대표인 가또와의 공동편집에 의해 심포지엄의 내용을 중심으로 이 책의 공간이 기획된 것이다. 이 책의 제1장과 제2장은 2개 심포지엄의 기조강연내용을 반영하고, 3장 이하가 개별보고를 반영한 것으로 되어 있다.

2. 법의식국제비교연구회의 연구활동과 연구성과

이 책의 내용이 법의식국제비교연구회의 연구계획 전체 중에서 어떻게 자리잡는지를 제시하기 위해 연구회와 그 활동상황을 소개하도록 하겠다.

법의식국제비교연구회 발족 전의 선행적 활동은 1986년 연구회 대표자인 가또와 마이클 영의 컬럼비아대학 로스쿨에서의 죠인트 렉쳐 '일본법 - 일본인과 미국인의 법의식' 및 같은 1986년 가을 가또에 의한 미국비교법학회에서의 보고 '일본과 미국에서의 법과 법률가의 사회적 역할'에서 시작된다. 그 후 현 연구회 멤버의 일부가 한국인학자와 공동으로 '동아시아의 법의식' 심포지엄을 1991년에 서울에서 개최하는 등의 활동을 하였다. 이 시기의 연구성과는 아래의 일람표와 같은 논문으로 공표되었다.

Masanobu Kato	1987	The Role of Law and lawyer on Japan and the United States	Brigham Young University Law Review 1987 No. 2 pp.627
加藤雅信(위 번역)	1993	法と社會-日米法意識比較を手掛りに-	現代民法學の展開, 有斐閣, 2-80면
マイケル・K・ヤング	1989	'法'は日米を隔てるか	日本貿易振興會
加藤雅信	1992	特集・東アジアの法意識-はじめに	ジュリスト1007호12면
加藤雅信	1992	日本人の法意識	ジュリスト1007호13-21면
青木清	1992	韓國國民法意識調査について	ジュリスト1007호22-23면
韓國法制研究院	1992	韓國國民法意識調査研究(抄)	ジュリスト1007호24-27면
朴相哲	1992	韓國人の法意識	ジュリスト1007호28-31면
太田勝造	1992	日本における民事裁判-和解兼弁論弁論兼和解を中心に	ジュリスト1007호32-36면
洪起汶	1992	韓國における民事裁判	ジュリスト1007호37-40면
加藤雅信	1992	日本における裁判手續きと和解	ジュリスト1007호41-44면
青木清	1992	韓國家族法と日本の家族法	ジュリスト1007호45-49면
韓琫熙	1992	韓國家族法の改正	ジュリスト1007호50-52면
朴相哲	1992	한국인의 법의식	사법행정377호, 5-9면
加藤雅信	1992	일본인의 법의식	사법행정377호, 10-15면
洪起汶	1992	한국에서의 집중심리의 동향	사법행정377호, 16-21면
太田勝造	1992	일본에서의 민사재판의 심리	사법행정377호, 22-27면

연구내용을 보다 넓게 국제적인 비교를 가능하게 하기 위해 이 연구 그룹이 확대 · 개조되고, 법의식국제비교연구회가 1994년 6월에 발족하였다. 이 연구회 멤버의 출신국은 10개국[132]에 걸친 국제적인 연구자집단으로 '소유 · 계약 · 사회'의 3가지 테마의 연구, 분석을 중심으로 활동을 전개하고 있다.

다소 구체적으로 말하면 마지막의 '사회'에 대해서는 서양사회와 동양사회에서의 법의 사회적 기능의 위치의 차이를 분석하려고, 일본, 중국, 미국의 3개국에서 전국적인 법의식조사를 전개하고 있다(일본 1350케이스, 중국 5000케이스, 미국 1000케이스의 전국조사, 중국에서는 중국사회과학원, 중국국가통계국과 공동). 수도권을 중심으로 한 선행조사는 일본에 있지만, 전국에서의 법의식조사는 중국, 미국은 물론 일본에서도 처음이다. 이 책의 3장, 4장, 6장 이하의 내용이 이 조사를 기초로 한 것 내지 이 조사와 관련된 것이다.

'계약'에 관하여는 이 보고서에 언급한 세계22개국/지역(일본, 한국, 대만, 중국, 중국반환 전의 홍콩, 필리핀, 베트남, 태국, 인도, 이스라엘, 이집트, 스웨덴, 독일, 이탈리아, 프랑스, 영국, 스페인, 미국, 멕시코, 브라질, 뉴질랜드, 호주)에서의 계약의식조사를 전개하고 있다. 이 책의 2장, 4장은 이 조사를 기초로 하고 있다(아울러 이 연구프로젝트의 성과의 일부는 최초로 1995년도 세계사회학학회 법사회학부회대회(RCSL)에서 구두보고의 형태로 발표되었다).[133] 계속하여 다음 해

132) 연구회 멤버의 출신국은 미국, 아르헨티나, 한국, 스웨덴, 태국, 중국, 독일, 일본, 뉴질랜드, 베트남 10개국이다.

133) Kato, Masanobu & Akira Fujimoto, An International Comparison of

인 1996년에 일본 조사분의 결과를 ジュリスト특집, 日本人の契約觀と法意識[134]로서 게재된 일련의 논고에서 공표하고 있고, 국제조사의 전체상은 '契約意識の國際比較-日本人は契約を守るのか、破るのか'(22개국/지역 계약의식조사기본보고서)에 나와 있다.[135]

'소유'에 관하여는 연구회의 대표인 加藤雅信의 개인연구 형태로 진행되었는데, 이 책의 제2장은 이 조사를 기초로 하고 있다. 어떠한 조건이 갖추어졌을 때 소유개념이 발생하는지를 토지소유권 등을 중심으로 농경사회, 수렵채집사회, 유목사회의 비교조사를 시도하고 있다(필드 워크를 한 지역은, 몽고, 네팔 히말라야, 중국 운남성 라오스 국경지역, 아마존, 안데스, 파타고니아 등이다). 이 연구내용은 '소유권'만이 아니라 '지적 소유권'발생의 구조에도 미치고 있다. '사회'와 '계약'에 관하여는 연구성과가 발표진행 중인데, '소유'에 관하여는 성과발표는 완료되고, 加藤에 의한 "'소유권'의 탄생"이 공간되어 있다.

법의식국제비교연구회는 다음에 든 멤버로 구성되어 있다. 또한 앞의 선행연구 이후의 법의식국제비교연구회가 공표한 연구성과 등을 아래에 정리하였다. 이 책의 베이스가 된 2002

Contract Consciousness - Which is more unique, Japan or U.S.?-(presented at the 1995 Annual Meeting, Research Committee on Sociology of Law(RCSL), International Sociological Association).

134) 特集 · 日本人の契約觀と法意識, ジュリスト1096호, 1996. 이 특집에 게재된 개별 논고에 관하여는 다음 절의 발표문헌 등의 일람을 참조.

135) 名古屋大學法政論集196호(特集号, 기본보고서는 藤本亮 집필).

년 1월에 도쿄와 나고야에서 개최한 국제심포지엄의 기록도 계속하여 게재한다.

※ 직위는 번역자를 제외하고 모두 원저 출판당시의 것을 말한다.

代表	加藤雅信 (Masanobu Kato)	名古屋大學大學院 法學硏究科 敎授
	Michael K. Young	George Washington Law School Dean
會員 (ABC順)	青木清 (Kiyoshi Aoki)	南山大學 法學部 敎授
	藤本亮 (Akira Fujimoto)	活水女子大學 健康生活學部 助敎授
	Reinhold Fahlbeck	Lund 大學 法學部 敎授
	Daniel H. Foote	東京大學大學院 法學政治學硏究科 敎授
	Alejandro M. Garro	Columbia Law School 敎授
	平林美紀 (Miki Hirabayashi)	金澤大學法學部 助敎授
	李衛東 (Weidong Ji)	神戶大學大學院 法學硏究科 敎授
	河合幹雄 (Mikio Kawai)	桐蔭橫浜大學 法學部法律學科 敎授
	金祥洙 (Sang-Soo Kim)	서강대학교 Law School 敎授
	Pichet Maolanond	Thailand 人權委員會委員・弁護士
	野口裕之 (Hiroyuki Noguchi)	名古屋大學大學院 發達科學硏究科 敎授
	Luke Nottage	Sydney 大學 法學部 敎授
	岡田幸宏 (Yukihiro Okada)	同志社大學 法學部 敎授
	太田勝造 (Shozo Ota)	東京大學大學院 法學政治學硏究科 敎授
	Thomas Raiser	Humboldt 大學 法學部 敎授
	菅原郁夫 (Ikuo Sugawara)	名古屋大學大學院 法學硏究科 敎授
	高見澤磨 (Osmau Takamizawa)	東京大學 東洋文化硏究所 敎授
	Nguyen Cuu Viet	Hanoi 大學 法學部 敎授

法意識國際比較研究會의 研究活動成果(特集寄稿論文도 包含) (2003年 3月 現在)			
加藤雅信	1995	「所有權」概念の發生の構造・私論-上地所有權の發生と無体財產權の成立の手がかりに(1) ~ (7完)	『ジュリス. ト』1069号69-73頁, 1071号84-88頁, 1072号74-80頁, 1074号122-128頁, 1075号99-103頁, 1077号128-138頁, 1078号82-89頁。
加藤雅信	1995	法人類學の新たな地坪を求めて	『ジュリス. ト』1079号108-111頁。
加藤雅信	1996	特集 日本人の契約觀と法意識-はじめに	『ジュリス. ト』1096号40頁。
加藤雅信 太田勝造	1996	契約環境の変化と契約遵守	『ジュリス. ト』1096号41-43頁。
法意識國際比較研究會	1996	日本人の契約觀	『ジュリス. ト』1096号44-59頁。
法意識國際比較研究會	1996	日本人の各國イメージと契約紛爭	『ジュリス. ト』1096号60-63頁。
籐本亮	1996	契約遵守度と權力志向	『ジュリス. ト』1096号64-68頁。
	1996	アメリカ人からみた日本人の契約觀	『ジュリス. ト』1096号69-70頁。
	1996	日本人の契約意識-オーストラリアからの觀察(※)	『ジュリス. ト』1096号71-73頁。 『青山法學論集』
加藤雅信	1998	「所有權」の誕生	39巻3・4号61-91頁。
法意識國際比較研究會=中國社會科學院法學研究所日本法研究	1999	「中國人の法意識」調査基本報告書	『名古屋大學法政論集』108号1-74頁。
法意識國際比較研究會	1999-2000	中國人の法意識-1995年 中國全國調査(1) ~ (5)	『ジュリス. ト』1169号95-99頁, 1172号104-110頁, 1173号116-127頁, 1178号69-79頁, 1188号49-63頁。

法意識國際比較研究會	2000	中國法意識スケーリング (1) (2・完)	『名古屋大學法政論集』 183号1-41頁, 184号1-40頁。
加藤雅信	2001	『「所有權」の誕生』	三省堂。
法意識國際比較研究會	2001	「日本人の法意識」調査基本報告書-2000年3月全國調査	『名古屋大學法政論集』 187号1-64頁。
法意識國際比較研究會	2001	「日本人の法意識」スケーリング	『名古屋大學法政論集』 189号1-21頁。
藤本亮 (法意識國際比較研究會)	2002	中國社會における紛爭解決行動と裁判所利用の法意識-1995年全國調査データから (1) ～ (4・完)	『判例タイムズ』 1076号45-47頁, 1077号63-71頁, 1079号67-73頁, 1080号73-80頁。
法意識國際比較研究會	2002	「米國人の法意識」調査基本報告	『名古屋大學法政論集』 193号1-72頁。
法意識國際比較研究會	2003	契約意識の國際比較-日本人は契約を守るのか, 破るのか	『名古屋大學法政論集』 196号1-114頁, 319-419頁。
藤本亮 (法意識國際比較研究會)	2003	22ヵ國/地域契約意識調査基本報告書	『名古屋大學法政論集』 196号115-318頁。

法意識國 際比較硏究會의 硏究活動에 관한 에세이			
加藤雅信	1997/6-12	契約意識調査余滴 (1) ～ (6完) ヨーロッパ,アジア, 南米	『書齋の窓』有斐閣 465号38-44頁, 466号77-80頁, 467号21-28頁, 468号56-60頁, 469号54-59頁, 470号20-27頁。
太田勝造 河合幹雄	1998/1・2	契約意識調査余滴 [續 (1)] タイ協同調査雜感	『書齋の窓』有斐閣 471号44-51頁。
藤本亮	1998/3	契約意識調査余滴 [續 (2)] アメリカ調査の〈紀〉錄	『書齋の窓』有斐閣 472号46-51頁。
青木清	1998/4	契約意識調査余滴 [續 (3)] それは韓國から始まった	『書齋の窓』有斐閣 473号36-41頁。
金祥洙	1998/5	契約意識調査余滴 [續 (4)] オーストラリアの思い出	『書齋の窓』有斐閣 474号47-51頁。
Luke Nottage	1998/6	契約意識調査余滴 [續 (5)] ニュージーランドにおける社會實驗主義と形式志向	『書齋の窓』有斐閣 475号48-52頁。
青木清 岡田幸宏	1998/7・8	契約意識調査余滴 [續 (6)完] 最後になった, 契約意識調査プレリュード	『書齋の窓』有斐閣 476号38-43頁。
加藤雅信	2000/9-2000/6	インド紀行(1) ～ (9完)	『書齋の窓』有斐閣 479号44-48頁, 498号40-43頁, 499号50-53頁, 500号78-82頁, 501号17-19頁, 502号11-15頁, 503号47-51頁, 504号42-45頁, 505号43-47頁。
加藤雅信	2001/9	エジプト斷章 - インディア vs. アラビック・ワールド	『書齋の窓』有斐閣 507号32-36頁。
加藤雅信	2002/9-2003/3	ユダヤの心とアラブの心 (1) ～ (7完)	『書齋の窓』有斐閣 517号30-35頁, 518号50-53頁, 519号42-46頁, 520号38-41頁, 521号46-48頁, 522号32-35頁, 523号32-35頁。

도쿄국제심포지엄

서양사회의 법과 동양사회의 법

- 사람은 왜 법을 어기는가, 일미중의 법의식 조사로부터

일시 : 2002년 1월 12일(토) 13시~18시

장소 : 국제교류기금 국제회의장(아크 모리 빌딩 20층)

주최 : 법의식국제비교연구회, 국제교류기금 일미센터

후원 : 법무성, 일본변호사연합회, 일본법사회학회, NHK

후원 : 朝日신문사, 토요타자동차, 사회과학국제교류기금 江草기금

연구협력 : 나고야대학, 조지워싱턴대학, 메릴랜드대학, 중국사회과학원, 한국법제연구원

협찬 : 일본법사회학회 관동연구지부

프로그램

종합사회 : 青木清(南山大)

게스트 : 河合隼雄(文部科學省顧問, 前國際日本文化センター所長)

개회사 : 加藤雅信(名古屋大)

기조강연 : 인간의 마음과 법 河合隼雄(文部科學省顧問)

조사보고

〈일미중〉 3개국 법의식비교조사

藤本亮(活水女子短大), 河合幹雄(桐蔭横浜大), 岡田幸宏(三重大), 高見澤磨(東京大), 野口裕之(名古屋大), 太田勝造(東京大), ダニエル・フット(東京大), 박상철(경기대)

미국사회에서의 법과 인간 - 일미비교 마이클 영(조지워싱턴대학)

변동하는 중국과 일본에서의 법과 사회 加藤雅信

파넬 토론

사회 : 太田勝造

파넬 : 河合隼雄, 마이클 영, 加藤雅信, 藤本亮

폐회사

리셉션 : 도쿄 전일공호텔 갤럭시 홀(요참가비) 18:30~

나고야국제심포지엄

법과 사회의 기본구조를 탐구한다

- 소유・계약・사회

일시 : 2002년 1월 14일(일) 13시~18시

장소 : 아이치현 산업무역회관본관 5층 국제회의장

주최 : 법의식국제비교연구회, 나고야변호사회

후원 : 법무성, 일본변호사연합회, 국제교류기금 일미센터, 일본법사회학회, NHK나고야

후원 : 朝日신문사, 나고야TV, 토요타자동차, 사회과학국제교류기금 江草기금

연구협력 : 나고야대학, 조지워싱턴대학, 메릴랜드대학, 중국사회과학원, 한국법제연구원

협찬 : 일본법사회학회 관서연구지부

프로그램

종합사회 : 河野正憲(名古屋大), 岡田幸宏(三重大)

개회사

제1부 소유와 계약

기조강연

소유의 사회구조 加藤雅信(名古屋大)

조사보고 20개국 계약의식비교조사

太田勝造(東京大), 河合幹雄(桐蔭横浜大), 藤本亮(活水女子短大)

제2부 사회와 법

중국사회와 법 高見澤磨(東京大)

지정토론 陶安あんど(東京外大)

한국사회와 법 박상철(경기대)
青木清(南山大)

지정토론 고상룡(성균관대)

미국사회와 법 마이클 영(조지워싱턴대학)

지정토론 ダニエル・フット(東京大)
フランク・ベネット(名古屋大)

일본사회와 법 菅原郁夫(名古屋大)

지정토론 本間靖規(名古屋大)

제3부 질의응답

사회 野口裕之(名古屋大)
松浦好治(名古屋大)

폐회사

리셉션 : 아이리스 아이치(요참가비) 18:30~

지금까지의 공동연구에 일선을 긋는다는 의미에서 이 책을 출판하였는데, 앞서 소개한 연구성과 이외에 앞으로 "중국인의 법의식"(가제), "동양과 서양의 법의식 - 일미중 3개국 전국법의식조사로부터"(가제), "세계속에서 보는 일본인의 계약관 - 22개국/지역 국제비교조사로부터"(가제) 등을 간행할 예정이고, 또한 제외국에서의 간행도 계획하고 있다.

加藤雅信 · 藤本亮 기

역자 후기

이 책은 앞의 서문에서도 보듯이 가또교수가 중심이 되어 하여 온 '소유 · 계약 · 사회'연구에 관한 세 가지 도서 중 시기적으로는 '소유권의 탄생'과 '한국인과 일본인의 계약관'의 중간에 간행된 것이다. 결과적으로 위 3가지 도서를 모두 번역하게 되었는데, 이 책은 원저 출판과는 달리 가장 늦게 번역출판하게 되었다. '소유권의 탄생'의 번역본이 나온 것이 2005년이었으므로 7년 만에 3가지 모두의 번역이 완료된 것이 되었다. 통상의 해석론 중심의 법학도서와는 달리 필드워크를 중심으로 한 작품을 7년간 3개나 번역하여 출판할 수 있게 되었다는 점에서 감회가 새롭다.

이 책의 번역은 원래 3년 정도 전에 가또교수로부터 타진이 있었는데, 그 간의 여러 사정으로 번역작업이 늦어지게 되었다. 특히 어려운 문제는 출판가능성이었고, 그 동안의 번역서에서 보듯이 가능한 출판조성을 얻으려고 노력한 결과 다행이도 번역출판조성을 받을 수 있게 되어 이번에 출판하기에 이른 것이다.

이 책의 내용은 주로 미국, 중국, 일본의 비교를 중심으로 하며 법의식에 관한 실증적인 데이터를 비교 분석하고 있다. 그 결론은 인상론과는 달리 어느 하나의 기준으로 설명할 수 없는 것이 각국의 법의식의 내용이라는 점이다. 이러한 점은 우리나라의 법의식도 비슷한 것이 아닐까 생각되기도 한다. 예를 들어 소송에 들러가면 화해를 싫어하고 끝까지 싸우려고 하는게 우리의 민족성이라고도 말해지는데, 이러한 인상론이 과연 타당한 것인지, 이 책에서와 같은 조사를 하면 밝혀지는 것이 아닌가도 생각된다.

이 책이 출판되기까지는 많은 분들의 도움을 받았다. 번역출판을 허락하고 한국어판 서문을 특별히 집필하여 주신 가또 교수님, 어려운 여건 속에서도 번역출판조성을 하여 준 국제교류기금, 번역출판에 동의하여 주신 원저 공저자들과 有斐閣(유우히가쿠), 출판조성 신청 시 많은 서류작업을 도와준 시즈오까 로스쿨 宮下修一(미야시타슈이치)교수님, 이 책에 나와 있는 많은 도표를 변환하여야 하는 등 어려운 편집 작업을 통해 출판에 이르게 하여 주신 법우사 황영성 사장님, 도표작성을 도와 준 송연화군을 비롯하여 그 밖의 교정작업을 도와준 서강대학교 법학전문대학원 학생들(곽우림, 김민후, 김용진, 박준형, 이동원, 이보미, 이승기, 이창섭)에게 이 자리를 빌려 심심한 사의를 표하는 바이다.

2012년 9월 길일

김상수

사항색인

▌편저자 소개

河合隼雄(가와이 하야오)
1928년 생
1952년 교토대학 이학부 졸업
츄리히 융구 연구소에서 배우고 일본인으로서 처음으로 융구파 분석가의 정식자격을 취득. 프린스턴대학 객원연구원.
현재 문화청장관. 교토대학 명예교수
교육학박사. 전문은 임상심리학
【主要著作】
주요저작은 "河合隼雄著作集(전14권)"(岩波書店, 1997-1999년), "河合隼雄著作集 第2期(전11권)"(岩波書店, 간행중)에 집대성. 최근의 주요작은 "個人の探求"(編著, NHK出版), "いのちの對話"(2002년, 潮出版社), "'出會い'の不思議"(2002년, 創元社)외 다수.

加藤雅信(가또 마사노부)
1946년 생
1969년 도쿄대학 법학부 졸업
하버드 대학, 런던대학 객원연구원.
미국 콜롬비아대학, 하와이대학, 북경대학 객원교수.
현재 上智大學法科大學院敎授, 弁護士(アンダーソン・毛利・友常法律事務所)
법학박사. 전문은 민법, 법사회학.
【主要著作】
『新民法大系シリーズ 전6권』(有斐閣, 2002년부터 2005년까지 5권까지 간행), 『「所有權」の誕生』(三省堂, 2001), 『天皇－昭和から平成へ, 歷史の舞台はめぐる(日本社會入門1)』(大藏省印刷局, 1994), 외 다수.

▌역자 소개

김상수
고려대학교 법과대학 졸업
일본 나고야대학교 대학원 법학과 수료(법학석사)
법학박사(나고야대학교)
나고야대학 법학부 조교수(1993. 9~1998. 2)
사법시험위원, 변리사시험위원, 행정고등고시위원, 입법고등고시위원,
변호사시험위원
동국대학교 법과대학 교수
현재 서강대학교 법학전문대학원 교수

【저서・논문】
日本比較民事訴訟法
韓國民事訴訟法
オ-ストラリアの民事司法
証券仲裁
위법한 일부판결과 그 구제방법, 판례월보 366호
저당권의 실행과 관련된 민법의 개정, 민사법학 18호
소유권의 탄생(번역)
한국인과 일본인의 계약관(번역)
民事訴訟法槪論[제5판 증보판]
民事訴訟法判例百選[제3판]

2012년 11월 1일 초판 인쇄
2012년 11월 10일 초판 발행

편저자 河合隼雄 加藤雅信
번역자 김상수
발행인 황영성
발행처 **법 우 사**
서울 관악구 삼성동 1526-5 2층
전화 : (02) 876-2261 팩스 : (02) 875-2263
E-mail : hys8009@hanmail.net
등록 2001. 4. 30. 제301-10-1747호(倫)

정가 25,000원

ISBN 978-89-97060-16-0 93360